多元交融 愉悦创新

小苗学生在菊园

王涣文 编著

华东师范大学出版社
·上海·

图书在版编目(CIP)数据

多元交融,愉悦创新:小留学生在菊园/王涣文编著.—上海:华东师范大学出版社,2021
ISBN 978-7-5760-1641-3

Ⅰ.①多… Ⅱ.①王… Ⅲ.①留学教育-教育管理-研究-中国 Ⅳ.①G649.1

中国版本图书馆 CIP 数据核字(2021)第 085744 号

多元交融,愉悦创新
小留学生在菊园

编　著　王涣文
责任编辑　彭呈军
审读编辑　教心分社
责任校对　邱红穗
装帧设计　柯　毓　卢晓红

出版发行　华东师范大学出版社
社　　址　上海市中山北路 3663 号　邮编 200062
网　　址　www.ecnupress.com.cn
电　　话　021-60821666　行政传真 021-62572105
客服电话　021-62865537　门市(邮购)电话 021-62869887
地　　址　上海市中山北路 3663 号华东师范大学校内先锋路口
网　　店　http://hdsdcbs.tmall.com

印 刷 者　上海景条印刷有限公司
开　　本　787×1092　16 开
印　　张　22
字　　数　364 千字
版　　次　2021 年 6 月第 1 版
印　　次　2021 年 6 月第 1 次
书　　号　ISBN 978-7-5760-1641-3
定　　价　78.00 元

出 版 人　王　焰

(如发现本版图书有印订质量问题,请寄回本社客服中心调换或电话 021-62865537 联系)

序言：扎根中国大地·办国际教育的家门口学校

张民选

洋泾菊园实验学校位于上海陆家嘴，是浦东开发开放后，将当地一些有历史的小学和初中撤并后，组建的浦东第一所九年一贯制公办学校。

浦东开发开放三十年取得了一系列辉煌成就，基础教育办学成果也有目共睹。菊园实验不仅勇于探索试验九年一贯新学制，办学质量不断提升；而且还吸引了越来越多外国学生前来求学，在公办学校里用中文学习全日制中国课程。这是浦东义务教育对外开放办学成果的又一例证，在当今中国也值得珍视。

改革开放和社会交往的全球化发展，使现代城市越来越具有多元化、国际化的特征。随着上海涉外家庭急剧增多，其子女教育需求也日趋多样。上海也包括浦东为他们开办了外籍人员子女学校，提供国际课程和外国课程。但也有一些涉外家庭，希望子女进入上海公办学校学习汉语、在上海学习中国文化和中国课程。2000年，上海市教委出台了《上海市中小学接受外国学生管理实施细则》，首次明确了中小学接受外国学生的管理规范。在当时的浦东新区社发局支持下，菊园实验开始尝试招收外籍人员子女，为他们提供中国九年义务教育，让他们学习中国本土课程，成为现代开放多元社会的一个缩影。

2006年，上海市教委印发《上海市教育委员会关于本市中小学、幼托园所接受外国学生（幼儿）若干规定的通知》，规定指出，在本市合法任职或就业的外籍人员的偕行子女，可向居住地所属的教育行政主管部门申请，就近入读区内的中小学、幼托园所；对于父母不在本市任职或就业、直接从境外申请来本市中小学就读的外国学生，各区具有较好教学条件、较高教学和管理水平的学校可申请直接从境外招收外国学生的资质。根据此规定，上海市教委批准了59所"上海市直接境外招生学校"。洋泾菊园实验学校凭借良好的社会口碑、优质的教育教学资源，特别是已有6年的外籍学生管理的实践经验，成为上海市招收外国小留学生的定点学校。这开启了菊园实验学校中外学生融合教育的新篇章，使菊园实验成为一所非同寻常的中外老百姓家门口的学校。

2020年,《教育部等八部门关于加快和扩大新时代教育对外开放的意见》正式印发。《意见》指出,要加快和扩大教育对外开放,大力提升我国教育的国际影响力,提出要做强"留学中国"品牌。改革开放以来高等教育"留学中国"模式,探索了招收外国留学生有益的经验成就,增强了我们的文化自信。但在基础教育领域,"留学中国",特别是外国学生到公办学校就读尚不多见。像菊园实验这样,由中国老师给外籍学生教授中国课程的案例更为罕见。如果说中外学生学习国际课程或外国课程是一种单向的国际教育形式,那么外籍学生在公办学校与中国学生一起学习中国课程,则是扎根中国大地办国际教育的一种双向的全新形式,这在当代中国具有开创性、探索性的价值和意义。

本书记录了菊园实验学校审时度势、抓住时机,在社会大变革的时代,主动迎接多元化社会的新挑战,悦纳国际社区的新需求,积极更新教育思想,不断创新办学理念的心路历程;展现了学校从国际性交流活动中发掘优质资源,教师在日常挑战中吸收各国经验、创新教学实践、营造包容并蓄又文化自信的校园氛围,从而实现中外学生融合教育的探索实践。

本书还汇集了丰富鲜活的教育教学案例,叙说了中国老师面对没有中文语言基础的学生,如何带领他们融入上海学校、学习中国课程的故事;记录了从为中国学生进行单向的国际理解教育,到为中外学生提供双向国际理解教育的发展转变;提炼了将外籍学生与中国学生、外籍学生与外籍学生的日常交往转化为国际理解教育的宝贵资源,升华为学校接纳、交融文化的宝贵经验。

目前,菊园实验已经成为学生多元化最具特色的上海义务教育公办学校。不同文化背景的学生在同一个校园共同学习和生活,证明了来自不同国家和地区间孩子们完全能够友好交往融合互助,展现了学校和教师能够为人类的相互尊重、为各国孩子的共同学习成长作出贡献。菊园实验是当代中国基础教育中的一个国际文化交流融合的实验场。

祝愿洋泾菊园实验学校扎根中国大地的国际教育越办越好!祝愿洋泾菊园实验的各国孩子们共同进步、健康成长!

(本文作者为上海师范大学教授,博士生导师,联合国教科文组织教师教育中心负责人,曾任上海师范大学校长、上海市教育委员会副主任。)

目 录

第一部分　洋菊宝从世界各地来到菊园 ……1

第一章　办学思想：历史传承与时代精神 ……2
第二章　课程建设：全面发展与个性发展 ……9
第三章　教师队伍：校本研修与专业成长 ……15

第二部分　小小联合国从梦想变为现实 ……25

第四章　融学校集体：多元温暖的大家庭 ……26
 1. 俄宝不扎堆，快乐融集体 ……32
 2. 陪伴成长从讲故事开始 ……35
 3. 从"享乐"到"乐享" ……38
 4. 当第一遍铃声响起时 ……41
 5. 外籍学生戴上了红领巾 ……43
 6. 空中课堂，情系伊朗 ……47
 7. 尊重是中外学生友谊的基础 ……50
 8. 从"孙猴子"到"小老师" ……52
 9. 小"牌"大用 ……55
 10. 八班的心情故事 ……58
 11. "用心"爱，讲"规则" ……60
 12. "爱的教育"三重奏 ……63
 13. 如何做好一名外籍班班主任 ……65

第五章　融课程教学：智慧创新的"洋"课堂 ……68
  1. 让每个学生都能接受的"礼物" ……74
  2. 给小小联合国教英语 ……78
  3. 品青团，仿写话 ……81
  4. 教学相长，结对互助 ……83
  5. 在中华文化中学"圆" ……85
  6. 从自信到思辨 ……87
  7. 用笔浇灌心灵之花 ……92
  8. 从看图说话到看图写话 ……97
  9. 让英语课成为中外文化的载体 ……100
  10. 似曾相识的拼音 ……102
  11. 与众不同的"笔" ……104
  12. "国际范儿"的课本剧 ……107
  13. 洋菊宝更需要因材施教 ……110
  14. 让数学思维在广阔空间中驰骋 ……114
  15. 借助算盘培养低年级国际学生的数感 ……116
  16. 菊华院来了一群"小老师" ……120
  17. 国际部语文综合课程的开拓与创新 ……123
  18. 在菊园感受无国界的体育精神 ……131
  19. 培育文化使者，传播中华魅力 ……134
  20. 我在菊华院的美好时光 ……137
  21. 论外籍学生在英语教学中的微渗透 ……139
  22. 以文启人，以情动人 ……143

第六章　融综合活动：文化交融的实践者 ……146
  1. 与中华非遗零距离 ……152
  2. 探秘大世界，非遗嘉年华 ……155
  3. 诵读吟唱，浸儒中国传统文化 ……158
  4. 慈善菊园 ……161

5. 我是"小花旦" ……163

6. 用文化融入中国国庆节 ……166

7. 其乐融融的重阳节 ……169

8. 颂传承，致匠心 ……171

9. 写年味福字，品福祸相依 ……173

10. 当感恩节遇上重阳节 ……175

11. 蛋与蛋的碰撞，在春天的校园 ……177

12. 独具匠心的"青花瓷之旅" ……179

13. 小留学生们的青花瓷之约 ……181

14. 春意一盏闹元宵 ……184

15. 让学习如呼吸般自然 ……186

16. 富有音乐天赋的洋菊豆 ……188

17. 洋菊豆与"曹灿杯" ……190

第七章 融心灵共育：愉悦关爱的共同体 ……193

1. 守候花开的幸福 ……199

2. 用爱撑起内心的渴望 ……202

3. 用生命影响生命 ……206

4. 解读好孩子这本书 ……209

5. 用爱浇灌洋菊花开 ……212

6. 在交融中齐心上游 ……214

7. 俄罗斯男孩的中国情 ……216

8. 让美化作看得见的竞争力 ……220

9. "虎妈""虎儿"变形记 ……224

10. 我领家长进班级 ……227

11. 三种语言不同而内容相同的一次家长会 ……232

12. 和插班生家长的第一次家访 ……234

13. 赏识是提高自信心的动力 ……236

第三部分　小使者从菊园走向世界 ……239

第八章　新国际理解教育：双向互动与中外融合 ……240
　　1. 最美的记忆：菊园时光 ……244
　　2. 从世界到菊园，从菊园走向世界 ……246
　　3. 中国，我的第二故乡 ……248
　　4. 校园因交融而精彩，课程因互鉴而丰厚 ……252
　　5. 关注领导力，提升执行力 ……257

第九章　新国际学生教育：扎根本土与对外开放 ……265
　　1. "国宝探秘——赴一场'青花瓷'之约"主题式综合课程
　　　（2019）……269
　　2. "境外学生看浦东"主题式综合课程（2020）……275
　　3. "探秘大世界　非遗嘉年华"主题式综合课程
　　　（2020）……281
　　4. "春意一盏闹元宵"菊华院主题式综合课程
　　　（2021）……285
　　5. 用征文活动激励外籍学生写作 ……288
　　6. 用教"洋菊豆"的方法教英国学生 ……291
　　7. 中教外教齐携手，共助菊豆笑颜开 ……294
　　8. 灵活运用教材，探秘数学之美 ……297
　　9. 探索国际教育的第三种形式 ……301

第十章　新教育国际交流：全球视域与文化自信 ……306
　　1. 2018年开启新一轮中英数学教师合作交流 ……310
　　2. 中英牵手互为良师益友，取长补短实现合作共赢 ……314
　　3. "真正的上海数学"从菊园走向世界 ……318
　　4. 从摆手到携手：国际部家长委员会 ……320
　　5. 2019—2020中英数学教师交流项目举办 ……326

6. 英国教师走进洋泾菊园实验学校,感受这里的魅力课堂
 ……330
7. 中英教育深入合作:交流,原来可以改变这么多 ……334

后记 ……338

大手牵小手,乐享游园会

第一部分
洋菊宝从世界各地来到菊园

上海市洋泾菊园实验学校是一所百年老校，1906年创建的震修小学堂是它的起源，黄浦区第二中心小学是它的前身；上海市洋泾菊园实验学校也是一所新学校，它是浦东新区第一所九年一贯制的实验学校，1997年由三校合并暨更名而成。

浦东开发开放，让百年老校焕发新的生机活力。在社会大变革的时代，传承"震修、启新"历史精华，凝练"多元交融、愉悦创新"思想文化，成为洋泾菊园人特有的时代精神。在先进办学理念的指引下，学校主动迎接多元化社会的挑战，悦纳国际化社区的需求，办最紧密型的九年一贯制实验学校，办最国际范的老百姓家门口的好学校。

20多年来，学校全面贯彻落实党的教育方针，积极推进素质教育，构建适应学生全面发展和个性发展需要的公办教育，在五育融合视野下，加强学校课程建设，培养学生的生长力、领导力和创新力，提高学生的综合素质和实践能力。20多年来，学校弘扬"心往一处想、劲往一处使、拧成一股绳"的菊园精神，创建市区教师专业发展学校，积极开展校本研修，加强教师队伍建设，形成了"尊重、关爱"的师生关系文化，"团结、进取"的教师成长文化，为承载梦想与未来的菊园学子，肩负起社会责任和时代使命。

今天的菊园：多元交融，中外学子争做有梦想、尽责任的新时代好少年；愉悦创新，全体师生致力融一体、丰两翼的有特色的好学校。

第一章

办学思想：历史传承与时代精神

第一部分
洋菊宝从世界各地来到菊园

黄浦江畔、明珠塔下,我有一个快乐的家园……每天清晨,伴随着欢快的校歌声,菊园学子迈入校门,开启一天快乐的学习生活。

上海市洋泾菊园实验学校位于浦东新区陆家嘴国际社区,在启新路、浦城路、商城路的交汇处,是一所拥有2 400多名学生的九年一贯制学校,其中来自境外家庭的学生约占10%,有海外背景的家庭近四分之一。多元化、国际化的学校特点,让很多人会误以为这是一所国际学校、私立学校。

其实,洋泾菊园是一所地地道道的公办学校,1997年由三所学校合并而成,它们是浦东新区第二中心小学、启新小学和启新中学,其中历史最悠久的是浦东新区第二中心小学,即浦东新区成立之前的黄浦区第二中心小学,它的前身是1906年创建的震修小学堂;启新小学和启新中学创建于20世纪60年代。震修小学堂由教育家黄炎培等进步人士创办,由杨家渡旧私塾改造而成,"震修"意为:在时代即将迎来大变革的前夜,中华孩童要修身修学,为民族振兴和社会进步而时刻准备着。震修学堂的创建还有一个目的,就是为当时的浦东中学输送生源,这在浦东中学档案中有详细记载;中小衔接的设计思路,与今天的一贯制学校非常相似。"启新"意为:启迪新思想、开启新教育,新中国创建新学校,要为新中国培养时代新人。

菊园,历史沿革

1997年9月三校合并时,学校校名更改为上海市菊园实验学校。在首任校长汪熙武的带领下,三校教职员工服从组织安排,从陆家嘴大开发的大格局出发,坚决支持三校合并,从头再出发,传承三校优秀文化,开展校风、学风、教风建设,开展九年一贯新学制的办学实验,坚持上海市足球传统项目学校的办学特色。1999年,在洋泾中学时任校长胡雨芳建议下,菊园实验学校加入洋泾教育联合体,再次更名为上海市洋泾菊园实验学校,汲取名校办学思想和管理经验,推进了学校的快速发展。四年时间里,三校教职员工励精图治,发扬了"拧成一股绳"的团结奋斗精神,站稳脚跟,探索实践,顺利地度过了磨合稳定期,开启了学校合并后良性发展的新征程。

菊园,蓬勃发展

2001年8月,第二任校长田志明到任,在陆家嘴大发展的背景下,学校虽然还没有更好的经济条件,但田校长思考的是走内涵发展之路。他积极倡导学生素质教育,带领全校师生开展素质教育实验校建设,探索九年一贯制学校课程衔接的实践研究,加强艺术教育、体育教育,并首开招收外籍学生学习中国课程的先河。五年时间里,全校教职员工创新实践,以学生发展为本,将学生全面发展与个性发展相统一,凝练出"构建适应学生发展需要的教育"的办学理念,开启了学校的融合发展期,以素质教育为办学特色,赋予了九年一贯制学校新使命。

2007年秋天,洋泾菊园隆重举行三校合并暨更名十周年庆典活动,学校也迎来了第三任校长和新的发展机遇。此时,周边社区已是高楼林立,来自海内外的人才集聚,上海标志性建筑三件套——上海中心、环球金融中心、金茂大厦,耸立为校园的背景。学校见证着上海发展的高度,见证着浦东现代化的程度,也见证着陆家嘴成为国际金融中心的速度。现代化、国际化的地理位置,让校园充满着时代气息,多元化、国际化的生源背景,注定了学校的未来之路,必将朝着融合创新的方向前进。

面向未来,我们不能忘记来时的路。回首百年过往,历经风云变迁,变化的是校舍、校址、校名,不变的是教育者的家国情怀和理想信念。为传承三校优秀精神文化,"震修、启新"成为了今天学校的校训,教育救国的社会责任感,教育兴国的时代使命感,值得我们世代传承。

面向未来,我们坚持先进的办学理念,让"构建适应学生发展需要的教育"体现教育公平。义务教育阶段是少年儿童人生观、价值观的启蒙期,人文情怀、科学精神的奠基期,在这个人生的重要阶段,需要为他们提供五育并举的素质教育,并在全面发展基础上,关注和尊重学生个性差异,为学生个性化发展搭建平台、提供机会。适应学生全面发展和个性发展需要的教育,才是公平的教育。

面向未来,我们更要适应社会变化进步,不断丰富发展办学思想,不断进行教育变革创新,不断推动学校发展进步。伴随着改革开放,社会交往的全球化趋势日益显现,现代城市越来越具有多元化的特征,上海陆家嘴已演变为一个多元化的国际社区,学校敞开胸怀接纳社区和世界各地的少年儿童,成为了现代多元社会的一个缩影。面对社会的新变化,我们没有固步自封、墨守成规,而是在坚持中国文化自信,扎根本土办教育的前提下,满怀对教育事业的激情,主动迎接新课题、新挑战。在学校办学实践中,营造多元化交流氛围,创造多元化融合机会,以饱满的热情学习国内外先进经验,创造性地开展本土化建设,形成了富有新时代特色的学校精神文化,即"多元交融、愉悦创新"的办学思想。在新办学思想的指引下,根据社会发展的新要求,学校提出了建设"一体两翼"未来学校的办学特色,即:中外学生共同活动融为一体,师生教学相长融为一体,放眼世界国际化交流,技术赋能信息化应用,让全球素养和数字素养为"一体"添翼,助力师生向着未来起飞。

立德树人,既要有民族性,更要有时代性,培养有梦想尽责任的新时代好少年,是我们的育人目标。菊园学子要从小有梦想,将个人愿望与祖国命运结合起来,将人生理想与实现中华民族伟大复兴的中国梦统一起来;菊园学子要从小立大志,在时代浪潮中,敢于直面挑战,勇于担当责任,对国家社会负责、对家人他人负责,对自己和未来负责。只有把梦想与责任统一起来,作为个人前进的内驱力,才能收获愉悦成长的幸福人生。

一体两翼,锦绣菊园

与时俱进,春华秋实。20多年来,在"多元交融,愉悦创新"思想文化引领下,学校坚持"构建适应学生发展需要的教育"办学理念,坚持"一体两翼"办学实践特色,发扬团结奋斗精神,努力培养有梦想尽责任的新时代好少年。学校办学成绩得到了家长和社会的充分认可,成为一所名驰浦东、享誉上海、老百姓家门口的好学校,也先后荣获上海市行为规范示范校、上海市少先队红旗大队、上海市安全文明校园、上海市教师专业发展学校、上海市教育信息化应用标杆培育校、上海市依法治校示范校等重大荣誉称号。

第一部分
洋菊宝从世界各地来到菊园

节日派对,自己动手

近些年来，越来越多的外籍学生家长，为他们的子女选择就读洋泾菊园实验学校，选择学习公办学校的中国课程，这既是对中华文化的向往，也是对洋泾菊园的充分认可，对"多元交融、愉悦创新"思想文化的极大认同。中外学生适应菊园的学习生活，主要得益于教师文化的先进性，他们尊重每个学生、尊重他们的个体发展差异，关爱所有学生、关爱他们的健康成长、静待花开，和谐民主、平等融洽的师生关系，让涉外家庭放心地把孩子送到菊园，交给值得信任的老师们。洋泾菊园的学生文化是淳朴守纪、活泼进取、勤奋求真、务实向上，无论学习成绩怎样，语言交流有没有障碍，同学们都会把最热情、最和善的心意传递给自己的同伴，相互鼓励、彼此帮助的同学关系，让来自异国他乡的小伙伴们没有了陌生感，交到新的中国好朋友，这让外籍学生喜欢到学校读书，喜欢参加各种各样的学校活动，喜欢与他们朝夕相处的老师们、开心相伴的同学们。共同的学习生活，让不同文化背景的学生，建立起彼此尊重的交融关系，中外小朋友之间相互理解与容纳，展现了当今社会中不同族群之间的国际理解与安乐共存的真实样态。学习中文，了解中国文化，融入中国生活，洋菊宝将来无论在世界什么地方，都将是与中国人友好交往、热爱中国的人。

公办学校办国际教育，没有前人经验可以借鉴，也没有现成模式可以照搬。只要我们坚持"多元交融、愉悦创新"的思想文化，为学生提供全面发展和个性发展的公平教育，就会赢得中外学生和家长的信任和爱戴。

第二章

课程建设：全面发展与个性发展

办适应学生发展需要的教育,就要建设适应学生成长需要的课程。

什么样的课程是适应学生发展需要的课程?这要体现在学生全面发展和个性发展两方面,学校课程建设要从学生主体出发,既要满足学生全面发展的需要,也要满足学生个性发展的需要,从而真正体现对每一位学生的教育公平,体现对中外全体学生的教育公平。因此,学校根据学生发展需要的三个层次,设计和实施"三体三需"课程,即:面向全体学生的必需课程、面向群体学生的乐需课程、面向个体学生的特需课程,既体现九年一贯的纵向优序,也注重五育并举的横向优融;既体现培养有梦想尽责任的新时代好少年的育人目标,也注重提升学生规划人生、领导合作、创新创造等高阶素养,提升菊园学子的生长力、领导力、创新力。课程既体现五育并举的完整性,也注重五育融合的实践方式;既发挥九年一贯制的学段优势,也加强五育融合与长程一体的学校课程建设,让洋泾菊园全体学生得到全面发展和个性发展。

首先是面向学校全体学生发展的必需课程。

一是纵向优序的小初一贯衔接课程建设。九年一贯制学校课程建设,要特别关注小初学段间的有效衔接和顺利过渡。学校将小初学段的科学实验教学内容,进行一体

手工制作鸟巢

化衔接性的设计,并将传感器技术引进到科学实验教学中,开展长程性、数字化的科学实验教学,极大提高了学生的数字化素养和创新实践能力,也有力推进了上海市教育信息化应用标杆培育校和浦东新区智慧校园项目试点校的建设。综合实践活动课程作为实践性课程,其长程性的纵向衔接递进,能促进学生可持续发展,弥补小学或初中独立学段缺乏衔接性的遗憾。学校每年在每个年级开展生命成长主题活动,从幼小衔接的"我是小学生啦",到初高衔接的"感恩母校、放飞梦想";生涯教育主题活动,从生涯启蒙的"假如我是银行职员(职业)",到生涯探索的"一日金融人(行业)",为高中阶段的生涯规划做准备。大手牵小手是九年一贯制学校特有优势,我们开展了初中生给小学生做小辅导员、小先生、小教练等综合实践活动,通过互动让学生感受体验、服务等学习方式,提高学生社会责任感和实践能力,锻炼他们的领导力。

二是横向优合的综合实践活动课程建设。综合实践活动是从学生的生活世界出发,面对真实情景开展跨学科、跨领域的实践活动,引导学生运用学科知识分析解决实际问题,使学科知识在综合实践活动中得到延伸、重组。2017年开始,我校成为上海市小学低年级主题式综合活动课程试点校,在一、二年级开展主题式综合实践活动课

面向全体菊园学子,优化综合实践活动课程

程建设。学校将学习准备期、快乐活动日、少先队活动、专题教育、校园节日、文化主题月、生涯教育、生命成长教育等教育活动与教学活动进行整合,开展了"我是小学生啦"、"我们是双胞胎"、"假如我是图书管理员"等主题式综合实践活动,从生活中寻找课程主题,在做做玩玩中开展学习活动。中英校际连线作为中外教育交融的综合实践活动,为初中生学习提供了国际化资源。通过开展"梦想与团队"中英交流活动,为学生提供全球视域下的主题式、体验式、探究式、项目式学习机会,培育学生全球素养和国际理解力,是本土教育和国际教育双向融合的典型案例。

其次是面向不同群体学生发展的乐需课程。

一是满足不同优势兴趣学生的发展需要。为了让学生选择有兴趣的课程,为培养有特长的拔尖人才做准备,学校改进了过去先开课程,再让学生选课的做法,利用多元智能测评工具,先了解学生的先天优势和后天兴趣,通过数据来分析学生兴趣方向,为不同兴趣类型的学生开设与之发展需要相匹配的课程。群体性课程通过拓展课探究课、学生社团俱乐部、城市少年宫、快乐活动日等组织形式实施,学生根据自己的兴趣选课。目前,学校每个年级都开设了20门以上的拓展课探究课,有五大类学生俱乐部,每类有至少10个以上的社团。节假日期间,还会通过城市少年宫、假日雏鹰小队等组织学生开展活动。由于前期关注了学生的个性差异,课程能够适应学生的能力发展需要。随着时代发展和人工智能时代的来临,学校还开设了科技类拓展课,如单片机、编程、机器人等;开设了科艺融合类探究课,如头脑奥林匹克、科学实验秀、细菌作画等STEAM课程,为发掘跨领域综合型及科创型拔尖人才,探索早期培养路径。

二是多元文化外籍学生的发展需要。外籍学生的基础课程与上海学生一样,用汉语学习本土课程。外籍学生的多元文化背景,决定了他们既要延续国外文化活动,同时也对中国文化有学习的需要,这也是他们将来成为全球性人才必备的素养。为了了解外籍学生的发展需要,学校与国际部家长进行沟通,将世界文化与中国文化融合,为外籍学生开设了中外艺体及科创课程,比如:中国舞、踢踏舞、中国功夫、跆拳道、机器人、小小爱迪生等;设计实施了人文类主题式综合实践活动,比如:"一带一路"青花瓷、走进非遗上海大世界、四季中的华夏习俗等。国际部菊华院的综合课程,既促进了中外文化融合,也提高了文化自信,为外籍学生成为未来中外交流使者奠定了基础,课程也入选了市教委"基于区域特色的综合课程创造力研究"子项目。

最后是面向特殊个体学生发展的特需课程。

一是拔尖人才早期培养的需要。国家拔尖人才的培养,要从娃娃抓起。学校要发掘和培养拔尖人才的苗子,为他们的早期培育提供条件和支持系统。比如在科技创新领域,通过跨学科、体验式、探究性的学习方式,组织科技创新大赛、明日科技之星等学习活动,筛选和指导出类拔萃的学生,开展小课题研究和科学探索。2020 学年,在浦东新区教育局和科协组织的浦东小院士评选活动中,杨帆同学当选为五位小院士之一。作为上海市体育传统项目校和浦东新区体教结合项目校,学校与家长合作共育,输送了足球、篮球、高尔夫、网球等项目的拔尖人才后备力量。

融创菊园,骋意未来

二是特殊学生呵护关爱的需要。作为老百姓家门口的学校,学校也有特殊学生随班就读,需要个性化的辅助。学校专门为特殊学生配备专业教师,他们随时可以离开行政班级,由特教老师带领他们开展个别化学习。特殊学生教育最需要的还是克服障碍,特别是智障残疾学生,首先要解决的是他们适应社会、自我管理的问题。为此,学校还特意与浦东新区辅读学校开展共建,向他们学习特殊学生教育教学经验,为特殊学生融入社会和健康发展做准备。

外籍学生之所以放弃学习国际课程,跟上海小朋友一起学习地地道道的中国课程,就是看中了上海基础教育的优势,看中了洋泾菊园课程适合他们的发展需要。掌握中文、了解中国文化,与中国的小朋友有同样的数学水平,掌握与中国孩子的学习差距,根据小留学生家长们的愿望,菊华院设计实施以中国国家基础课程为主,融合了特色拓展课和实践探究课,形成"基础＋特色＋活动"的课程体系,满足外籍学生全面发展和个性发展需要。

第三章

教师队伍：校本研修与专业成长

有人说,一个好校长就是一所好学校;但有一群好教师,才能成就一所好学校。办适应学生全面发展和个性发展需要的公平教育,就要建设一支适应学生成长需要的优秀教师队伍。

上海市教育学会会长尹后庆曾担任浦东新区教育局局长,当时他积极推进浦东新区校本研修学校及教师专业发展学校的建设,推进学校的课堂教学改进计划。2007年9月开始,洋泾菊园实验学校将校本研修定位为学校内涵发展的首要工作,总结办学经验,成为了浦东新区的校本研修学校。经过一年多的校本研修学校建设,学校构建了教师研修课程的基本框架,营造了教师积极进取的研修氛围,取得了校本研修学校建设的阶段成果,在浦东新区教师专业发展学校评审中,得到了上级领导和专家的充分认可。此后,学校再接再厉,继续创建上海市教师专业发展学校,通过项目化校本研修,推进教师专业成长的实践策略,于2011年被市教委评为上海市教师专业发展学校暨见习教师规范化培训基地。

连线世界,合作共赢

14年来,学校坚持不懈地探索校本教师专业发展的创新策略。从学校层面出发,优化教师专业发展组织架构,规划和推进学校教师队伍建设;从教师层面出发,组建新型学习团队,充分调动教师专业发展的积极性和主动性,开展跨领域高质量的校本研修活动;从社会发展出发,培育教师的高阶素养,提高教师面向未来的育人能力。

一是学校要优化组织管理架构,提升教师队伍建设的领导力。

目前许多基础教育学校不设置教师队伍建设的专门机构,教师专业发展工作主要由学校的教科研室及师训部门负责管理。教师队伍建设的重要性和教师专业发展的专业化,决定了学校层面设置专门组织领导机构的紧迫性和必要性。经过深入调研和精心筹备,学校由校长挂帅,统筹党支部、行政、工会、教育教学管理、教科研、人事、师训等组织和部门的力量,成立了学校教师专业发展委员会,设立教师发展中心这个新的职能部门,专门负责教师队伍建设和教师专业发展工作。

教师职业生涯是由职初到胜任,从不成熟到逐渐成熟的完善过程。教师专业发展委员会要对教师的全面发展和持续发展负责,科学制定教师队伍建设长远规划和教师专业发展行动计划,充分发挥学校党政工组织、人事部门的功能,带动教师队伍建设的全面推进,引领教师队伍健康发展和专业成长。教师发展中心负责工作的具体实施,依据教师专业发展需求,制定校本研修计划,设计研修活动方案,统筹协调师训、教科研、教育教学等部门的合力,组织教师开展高效高质量的校本研修活动。

加强特色教研组建设,引领教师专业发展

由于打破了行政化管理模式,形成了校长主体责任,教师专业发展委员会组织管理,教师发展中心组织实施,其他部门配合落实的扁平化组织架构,加之绩效考核奖励和多元过程评价的激励机制,保障了学校教师专业发展工作的顺利推进,提升了学校在教师队伍建设方面的领导力。

二是学校要引导教师精神追求,焕发教师专业发展的内驱力。

有人说,现在的学校教师普遍存在着比较严重的职业倦怠,职称评好后就基本停滞了专业发展的步伐,丧失了专业发展的强烈意愿。实际上,我们每个人都有积极上进的本能和愿望,每位老师也都有自己的价值判断,现实中学校教师存在的主要问题,并不是教师职业倦怠的问题,而是他们不知道为什么要专业发展、如何专业发展的问题。

学校从引导教师人生追求出发,倡导科学的教育观、学生观、发展观,凝练教师共同的核心价值观,升华教师的精神境界,明确教师的目标方向。从文明公约入手,规范教师职业操守,加强师德师风建设;从文化认同出发,征集教师教育语录,弘扬正能量的主流文化,形成了"我们尊重学生、尊重他人、尊重自己,我们关爱学生、静待花开,我们心往一处想、劲往一处使,我们立身修学、与时俱进"的教师核心价值观,形成了尊重、关爱、团结、进取的洋泾菊园教师精神特质。

目前,学校师生关系平等民主,教师之间互帮互助,教育沙龙、师徒带教、团队带教等活动,成为青年教师、见习教师快速成长的助推器。优秀骨干教师还积极参加教育公益活动,为新疆等边远地区的学校带教青年教师。

在共同的精神追求下,教师就会认同学校的发展愿景,认同学校的办学理念,把个人进步与学生成长、学校发展密切结合起来,形成教师学生学校命运共同体。在共同的价值认同下,教师就会积极拓展成长空间,主动加入各类学习组织,追求教育教学的专业力,提升综合素质的学习力。在共同的教育理想下,教师就会感受到学校发展的勃勃生机,教师主动发展的生命活力。

三是学校要开展主题项目研修,激发教师团队合作的创造力。

校本研修管理工作,学校一般都归在教学或教科研部门,会让人误以为校本研修活动就是教研活动或教科研活动。对教师的培养,不是单纯的强调掌握学科知识和教学技能,或是简单的强调申报课题和撰写文章,教师专业发展不仅仅是教学或教科研

第一站
洋泾菊园实验学校

在中国驻英国使馆教育处公使衔参赞王永利、上海市教委副主任贾炜等陪同下，贾斯蒂·格里宁参观了洋泾菊园实验学校。

洋泾菊园实验学校是上海市教委"中英数学教师交流项目"的基地学校。交流伊始，双方的话题自然围绕中英数学教师交流展开。

第一教育报道　贾斯蒂·格里宁访问我校

的专业发展，而要转向更加注重教育境界和专业素养的提升，帮助教师在职期间提高综合能力和持续发展的动力。

目前，上级主管部门实行条块管理，通过学段或专题布置工作，师训工作也不例外。洋泾菊园是九年一贯制学校，必须依靠自身力量整合各项工作。教师专业发展工作依托教师专业发展委员会来统筹规划，建立立体化网络化的校本研修项目系统，分步骤、分层次、分主题开展校本研修活动，形成纵向衔接、横向整合、项目实施、统筹推进的校本研修特色。

夯实教师队伍建设，促进菊园可持续发展

首先，学校将校本研修项目分为三大基本类型，组建各项目管理团队，遵循任务驱动、自主发展的研修原则，采取个人与团队相结合的学习制度，开展项目研修活动。一是主题式分类项目，主要涵盖通识素养、德育建设、课程建设、教学改进、学校管理等五大方面，从学校主要工作内容来安排研修活动。二是递进式分层项目，将教师队伍按照年龄、特色等划分为"菊杰"创新型青年教师、"菊俊"骨干型成熟教师、"菊韵"研究型高端教师三个层次，组建不同发展阶段、不同发展程度教师的项目团队，开展以自我提升为目标的研修活动。三是专题式特色项目，包括国际化办学、信息化应用、学生社团指导、心理健康指导、科创教育、艺术教育、体教结合等，通过教师团队开展研修活动，体现学校特色及亮点工作。

其次，学校为校本研修活动提供三大支撑系统。一是构建分层、分类系列化的教师校本研修课程，倡导学校既是学生的学校，也是教师的学校；学校既要有学生学习的课程,也要有教师研修的课程。教师专业发展委员与教师发展中心进行顶层设计,指导各项目团队开发开设模块化、系统化的研修课程。二是构建教学研究、教科研、教师培训一体化的教师校本研修机制,教研组不仅仅只是教师的学科组织,更是教师专业发展的组织。学校鼓励教师在参加学科教研活动的同时,参加全体教师必备素养及教育技能的培训学习,将教研教科研师训有机融合起来,有效落实研修学习活动。三是构建市区校三级课题项目实践研究的校本研修策略。目前,以综合实践活动课程建设为主题的市级课题,引领学校的教育改革,带动学校在综合素质评价、五育融合等方面的发展。

校本研修探索跨学段、跨学科、跨领域的管理模式,打破了行政体系制约,加强了学校专业性工作的管理,提高了校本研修活动的综合效益,也向学校教师专业发展从以行政化管理为中心走向以学习型组织建设为中心,跨出了坚实的一步。

四是学校要培育教师高阶素养,提高现代新型教师的胜任力。

随着全球化和数字化时代的来临,具有更加宽广的国际视野,具有更高水平的信息技术,成为新时代教师的必然要求。洋泾菊园位于陆家嘴金融贸易区、国际化社区,既是义务教育公办学校,也接纳外籍学生学习中国课程。在中国国际化现代化的制高

中英校际连线十周庆

中英数学教师交流活动英国媒体采访

点办学,对教师素养和专业能力提出了更高的要求。学校将国际化的全球素养、信息化的数字素养,确定为教师主体发展的两翼,即"一体两翼"。

首先,为提升教师全球素养,开拓国际化交流的机会。加入国际交流研修项目,就能抓住教师发展的机遇。近年来,学校先后参与了英语教师培训、双语教学实验、中英校际连线、中英数学教师交流、骨干教师赴美研修、上海境外人员子女学校研修、惠灵顿课程联盟等对外项目,开拓了教师的国际视野,提高了教师的全球素养。2007年11月,与英国爱德华国王六世学校开展"中英校际连线——梦想与团队"项目共建,中英教师开展了体育与领导力、戏剧与艺术、演讲与辩论、信息与科创、生涯与劳动、数学与科学、语言与人文等主题的交流活动。2013年,成为首批市教委中英数学教师交流项目学校,数学组与前来上海的英方教师互动交流,数学教师在对外输出教学智慧的同时,也向英方学习数学教具、综合课程等方面的经验。2017年,加入惠灵顿课程联盟,借助浦东地域的优质国际教育资源,开展了生涯教育、项目化学习、综合多元评价等方面的交流活动。这些国际交流活动,极大地增强了教师的国际理解、中外融合、取长补短、本土创新等能力。

其次,为提升教师数字素养,搭建信息化应用的平台。生活中的信息化应用日益

第一部分
洋菊宝从世界各地来到菊园

合作共赢，未来可期！

普遍，教育信息化应用也迫在眉睫。经过调研发现，教师有信息化应用的强烈愿望，却不知道该如何提升水平，尤其担心教育技术转型会造成教学质量的下滑。近年来，学校积极创建浦东新区智慧校园项目校、上海市教育信息化应用标杆培育校，借助市区两级教育信息化应用项目的驱动，技术赋能教育教学成为教师的必修课。在课程建设方面，应用多元智能软件测评数据，分析学生的先天优势和后天兴趣，根据学校资源及社会需求，为学生群体开发和实施个性化课程。在教学研究方面，将小学及初中的科学课程，进行九年一贯递进衔接优化，通过传感器技术开展数字化科学实验教学研究；数学教研组还加入了华东师大亚洲数学教育中心的数字化教材的开发研究。在学习空间方面，开发教师校本研修云资源、云课堂，将面对面的现实研修与基于网络的虚拟研修相融合，创设数字学习空间，实现数字化教学资源共享。

外籍学生学习中国课程，我们的教师要面对一群与众不同的教育对象，以宽广的胸怀接纳他们，以专业的素养滋养他们。菊园有一群有教无类的好教师，洋菊宝才会在他们的阳光雨露下茁壮成长。因为爱老师而爱学习，因为爱学习而爱学校、爱上海、爱中国。

俄宝学汉字

第二部分
小小联合国从梦想变为现实

　　伴随着中国的改革开放和社会发展，越来越多的国际家庭来到上海工作和生活，小留学生就读公办学校的现象已屡见不鲜。

　　菊华院——洋泾菊园实验学校国际部，寓意为外籍学生融入菊园大家庭学习中华本土课程、快乐人生绽放华彩。 菊华院就像一个小小联合国，每年都有近30个国家的100多名外籍学生，最多时近150人。 截至目前，先后有来自世界上40多个国家的近千名外籍学生，曾在这里学习和生活过。 近年来，菊华院的生源结构也发生了显著变化，"一带一路"国家学生比例明显增加，占到外籍学生总数的40%，俄罗斯联邦共和国成为上升最快的生源国，俄籍学生人数已超过外籍学生总数的15%。 洋泾菊园成为了浦东新区外籍学生最多、规模最大的义务教育公办学校。

　　为了让洋菊宝们健康快乐地成长，学校敞开胸怀、全心接纳，帮助他们顺利融入温暖的大家庭，在多元交融的集体中茁壮成长；老师们在智慧创新的"洋"课堂中，带领他们快速融入中国课程的学习，浸润中华文化；学校开展中外文化交融、丰富多彩的综合活动，提升他们的综合素养和实践能力；教师用无私博大的爱走进他们的内心世界，与国际家庭建立教育合作共同体，共同关爱呵护他们的心灵。

　　正如中国的教育理念： 有教无类、悉心教导，因材施教、静待花开。

第四章

融学校集体：多元温暖的大家庭

人的社会属性决定了我们都会成为集体的一员。集体是有共同目标的人组成的社会组织，成员之间相互影响、团结一致，为实现共同的目标而努力。

洋泾菊园的每位学生都是学校大家庭中的一员，少先队、班集体就是他们在学校的社会组织，在集体中学习和成长是他们的共同目标。通过民主选举产生的班委会、队委会，代表着集体的利益，肩负着集体的职责，带领成员队员建设集体凝聚力，开展丰富多彩的集体活动。成员队员都要遵守集体纪律，为集体做好事，优秀的集体能够促进每个同学的健康成长。因此，在菊园这个大家庭中，无论中外学生，只要加入了自己的组织，真正融入了集体生活，集体主义的价值观就会让同学们互帮互助、共同成长。

中国少年先锋队简称少先队，是学生自己的先进集体。洋泾菊园实验学校少先队组织是上海市红旗大队，其创造性地开展了组织教育、自主教育和实践活动。以从小学习做人、从小学习立志、从小学习创造为目标，通过少代会选举产生的大队委员会，带领全体少先队员开展自主管理和红领巾活动。

在学校办学思想、办学目标的引领下，以及大队辅导员和中队辅导员们的指导下，通过大队主题集会的形式，学校少先队组织会定期开展主题教育活动。国庆节前夕，组织少先队员召开迎国庆大队主题集会，开展"民族精神代代传"展示活动，传承中华优秀文化；儿童节前夕，组织少先队员召开庆六一大队主题集会，开展"群星耀菊园"学生表彰活动，学习身边的好榜样。各中队也会在少先大队的带领下，开展丰富多彩的自主教育活动。寒暑假期间，假日雏鹰小队会自发组织起来，开展红领巾社会实践活动。诸如此类的课程活动，让菊园的中外小朋友都在学校这个温暖的大集体中快乐地成长。

有人会好奇地问，外籍学生能够加入少先队吗？他们也能戴红领巾吗？学校活动主要通过少先队组织开展，外籍学生只有加入了少先队，才能真正融入到学校集体生活中来。

那么如何解决这样的难题？

《中国少年先锋队章程》规定，凡是在中国境内的6周岁到14周岁的少年儿童，自愿参加少先队，愿意遵守少先队队章，经监护人的同意后，向所在学校少先队组织提出申请，经批准就能成为少先队队员。所以外籍学生是可以加入少先队组织的。

然而，是否就能如中国儿童加入少先队这么顺理成章呢？在入队之前，学校充分

多元交融，愉悦创新
小留学生在菊园

考虑到国籍的多元、文化的差异，将外籍学生加入少先队提到重要议程来研究实施，具体由大队辅导员牵头的大队部负责。

他们没有简单化地做这件事，而是周密地策划、精心地施工、细致地分解实施步骤，大队辅导员赵老师与外籍班中队辅导员真是孜孜矻矻、费尽心思。

首先是让低年级外籍学生充分参加学校少先队活动，并从中感受体验到成长的快乐与满足，从而对少先队活动乐此不疲。其次让外籍学生慢慢地明白只有表现优秀的同学才能戴上红领巾，真正加入少先队组织！潜移默化中，外籍学生已从内心高度认同少先队组织，并以加入组织为荣。最后一步就是与外籍学生家长充分沟通，让他们了解少先队是带领少年儿童树立远大理想、培养优秀品德的先进组织；当然这当中也离不开外籍学生对家长的影响力度。大部分外籍学生家长都同意自己的孩子加入少先队，因为他们相信学校、深信孩子们通过少先队能更深入地融入学校的集体生活，在集体中健康成长，从集体中获取力量与快乐。

除了少先队组织，学生还有自己的班集体，是班级的一名成员。成为一名小学生后，小朋友就要在班级中开始集体生活了，班主任就是他们在学校的家长，带领小朋友开始学校的学习和生活。目前，洋泾菊园的小留学生，在小学阶段有独立的外籍班，到了初中阶段随班就读，融入到中国学生的班集体中。

洋泾菊园的外国小朋友来自五湖四海，他们和中国小朋友一起在菊园快乐学习、快乐生活、快乐成长。但是，每个外籍班都是来自至少10个国家成员的小小联合国，外籍学生的班主任们遇到了巨大的挑战，在语言各异、文化多元的背景下，沟通都存在问题，更不要说让他们融入班集体、融入学校大家庭的生活了！

老师们的教育智慧是无限的，在学校"多元交融、愉悦创新"教育理念的引领下，她们八仙过海，各显神通，创造了一个又一个奇迹。

成懿君老师是二年级外籍班班主任，她抓住上海一年级学生的学习准备期，利用唱儿歌、演哑剧等教育形式，让刚刚入学的外国小朋友领会，"第一遍铃声响起时"应该怎样做。从养成学生良好的行为规范出发，开始了她的育人实践。

吴奕老师是一年级外籍班班主任。拿到学生名单时她大吃一惊，9个俄罗斯宝宝集合在了一个班级中。为了让母语既不是汉语，也不是英语的洋菊宝快速融入班集体，必须从统一语言入手。她不是语文老师，却担当起汉语启蒙的重任，制定了"陪伴

一起动手做汤圆

式"共读计划:一年级绘本故事,边看边听;二年级童话故事,边听边跟;三年级科普故事,边读边聊……用小朋友喜闻乐见的形式,学习故事中的好习惯、好品德,跨越了语言障碍,缩短了班集体的融入期。

卢江海老师的班主任宗旨是:用力就会称职,用心才会优秀。既用力也用心的倾情付出,让洋菊宝们懂得了讲规则、守规矩,养成了良好的学习和生活习惯。她还会把学生们画的图画、拍的照片、写的"说明书"及文章、获得的荣誉等编辑成册,见证孩子们的快乐成长,留下美好的回忆,充满着卢老师浓浓的爱心。

张敏慧老师在开学准备期还发现,外籍学生的姓名五花八门,中文的、英文的、各种各样语言的,写得不一样,叫法也不一样,名字和人对不上号,这是老师们最大的障碍。讲规矩、搞活动、学知识还没开始,就被"名字"打败了。张老师就指导孩子们把自己的名字制作为名片，立在学生的课桌上……太多的困难都没有难倒我们的老师，她们千方百计、想方设法，把小小联合国融为了一个快乐团结的班集体。

李伟文老师是四年级外籍班班主任，遇到不同文化、不同性格带来的问题，李老师的策略就是培养孩子们的责任心，给他们小岗位，做做小老师，抓住孩子喜欢被表扬、被肯定的天性，将他们收服在如来佛的手心。

殷嘉滢老师是菊华院最年轻的班主任，她善于向前辈学习求教，善于争取家长的配合，特别是当她发现学生做好事、有进步时给予的赞美，就像催化剂，催生了学生的自信和自尊，就像黏合剂，增强了集体的凝聚力。

虞吉老师曾担任初中部外籍班班主任，她设计的班级节日活动充满了智慧。她启发同学们，过节的形式不仅仅是吃吃喝喝、玩玩乐乐，还可以与特殊福利院的大朋友一起活动，用自己的劳动向他们献出爱心，学会包容、学会尽责、学会从"享乐"到"乐享"。

宋颖老师做初中国际班的班主任，以"爱"为出发点，善于将校内活动、社会热点作为教育契机，对学生进行正面引导，通过参与、体验的方式培育学生的爱心、同理心和责任心，润物无声地润泽学生内心、积蕴成长的内在力量。

吴沈玥老师做班主任的八年级班级，有位伊朗女学生，男同学跟她开玩笑引起了不小的风波。吴老师抓住教育契机，策划召开了"美丽伊朗"主题班会，让同学们走近异国风土人情，讲述两国友好往来的故事，既维护了同学情谊，也懂得彼此尊重民族情感。在抗击疫情的特殊时期，她还组织同学们帮助远在伊朗的女同学顺利完成了在线学习。

集体的温暖不仅仅来自班级，更来自学校这个大家庭。有一年学校举行优秀学生颁奖典礼，井内同学当选为优秀外籍学生，准备上台领奖时，旁边的小伙伴发现他的大衣没有穿好，都上来帮他整理衣冠。看到孩子们之间的举动，是那么的自然温馨，彼此有爱、相互关怀，这不正是学生全球素养的真实体现吗？正是这些点点滴滴的暖心之举，让井内不仅和同学结成了深厚的友谊，更是深深地爱上了中国。

快乐活动日、梦想与团队……学校还有各种各样的学生社团组织，都让小留学生们在同伴的交往中、在活动的参与中体验成长的快乐。无论在怎样的集体中，教师们的全心付出，接纳、包容、帮助的集体主义文化，让小留学生们融入了菊园这个大集体，也融入了让我们自信的中华文化。

将来走出校园这个物理空间,学校对同学们的文化影响仍会持续着。在多元交融环境中的成长,让中外学生学会了与他人和谐共处,具备了优秀的集体主义文化,为他们成为世界公民打下了坚实基础。

洋泾菊园,遇见你、愉悦我,我们温暖的中外大家庭!

1 俄宝不扎堆，快乐融集体

在今年接班之前我就知道我们班有很多俄罗斯小朋友。我从未去过俄罗斯，但是由于国际部工作的特殊性，我教过不少俄罗斯孩子，也看到不少俄罗斯的家庭，然而9个"俄宝宝"集合在一起，在学校国际部成班史上也是头一遭。如何克服语言障碍，如何对这些孩子进行有效的管理教育，如何让外籍孩子和中国孩子在班级中和谐融合、共同进步，这些难题在接班前就反复盘旋在我的脑海中。

第一步应该是充分了解这9个俄罗斯孩子和他们的家庭。所以在家访之前我在学校的家访表格基础上重新做了一个征询表，增添了针对国际班实际情况的个性化内容。比如何时来到中国，什么原因来中国（工作原因短期逗留还是已经扎根安家），中文起始水平如何，父母能否用中文进行沟通，父母在学习方面对孩子有什么要求（和国内的孩子一样，能够利用中文进行简单沟通或者崇尚快乐教育）。

俄宝融集体

我深知只有做好家访工作，尽可能了解外籍孩子的背景、能力和需求，才能更好实现家校合作，帮助他们尽快融入中国公办学校的教育环境，实现有效的班级管理。

家访后，我对所有孩子的信息进行分类整理，把结果反馈给所有任课老师。我知道班主任的工作不止是自己学科上的教学工作，更是搭建班级学生和各科老师之间的沟通桥梁。何况那么多有语言交流障碍的孩子，更需要得到所有老师的配合和支持，才能保证教育方法的持续性和连贯性。

开学前，我设想了所有教学场景，但是到了正式开学那天，见到9个金发"俄宝宝"聚集在一起，才发现困难远比想象的还要大，还要多。俄罗斯小朋友的语言能力各不相同，6个孩子中文和英语能力都不高，包括最简单的上厕所、喝水表达都不顺畅，2个孩子英语能力尚可，但是中文基础也几乎为零，只有1个孩子由于在上海出生长大，又经过3年公办幼儿园的教育，中文和英语能力都很不错，可是俄语表达慢慢退化，只能听懂不能流利进行表达。参差不齐的语言水平，难以统一的语言种类让原本设计的"互帮互助翻译小组"构想成为泡影。

在上课时出现了让人哭笑不得的一幕，老师用中文授课，仅会俄语的宝宝开始寻找同伴以求帮助。而那个英语和中文能力卓越的孩子马上自告奋勇来做翻译，可是俄语宝宝听不懂太多英语。这时候俄英双语孩子出面来解决难题，七嘴八舌地将英语转化成俄语，教室里"热闹非凡"，就好像多国会议，可是教学节奏被打乱，教学效率降低，各科老师纷纷向我反映无法完成教学进度，而那些华裔孩子也很难集中精力上课，该是作为班主任的我拿出办法，解决问题的时候了。

首先我根据中文水平把学生分为两组：一组是在中文环境长大，中文为母语，能够用中文进行有效沟通的"中文宝宝"；另一组是中文不能顺畅交流或者零基础的外籍宝宝，这个群体绝大多数都是俄罗斯国籍，所以我亲切地称他们为"俄宝宝"。利用午休时间，我分别召开了两次会议。在"中文宝宝"会议上，我向他们说明了"俄宝宝"语言不通的现实问题，希望他们能够在课间尽量邀请他们参与游戏活动，让每个中文宝宝能拥有一个俄宝宝作为好朋友。同时，我和"俄宝宝"们也做了约定，在课堂上表达观点时只说中文，即使遇到表达难题，也可以采用肢体语言帮忙，或者夹杂简单的英语单词也可以，但是尽量不说俄语。中文宝宝当好认真的学习者，外籍宝宝也做专注的倾听者，大家都做好自己的角色，课堂上不需要翻译者。规范一旦制定，课堂逐步井然有序，各科老师能够按照教学计划推进教学内容，更重要的是，班级形成了良好的学习氛围。"俄宝宝"用静下来的时间去观察、去思考、去模仿，课堂上应该怎么坐，如何回答问题，怎样去完成课堂练习，而他们的行为改变又良性循环，带动"中文宝宝"以自律模式树立榜样形象。

但是我深知这只是治标，要在根源上解决问题只有真正提高"俄宝宝"的中文语言水平。如何提高中文能力，语言环境很重要，而"俄宝宝"更多时候还是会聚在一起聊天、做游戏。如何让不同语言的孩子真正融合在一起呢？我突然想到了自己是英语教师，除汉语、俄语之外的第三门语言——英语，在全中文的教学环境中，英语课就变成一个"既有趣又有用的存在"，中文课堂不容易实现的合作朗读、角色扮演，在英语课上就可以被巧妙利用。我在每一次课堂表演中都"有心"将"俄宝宝"和"中文宝宝"组合在一起。"俄宝宝"虽然英语能力不强，但是天性开放，在表演上绘声绘色，惟妙惟肖。"中文宝宝"英语基础普遍比较突出，可是上台演出很难放开，性格上比较害羞。这样的组合却呈现出意想不到的效果，他们性格互补，语言互助，英语课堂精彩纷呈。而频繁合作又加强了学生之间的了解，这份情谊从课上延续到了课下。有时我会故意留下一些小任务，希望他们在课后做好准备。当我在课间看到金发的孩子和黑色头发的孩子凑在一起，叽叽喳喳说个不停时，禁不住打心底笑出来。虽然听到的是中文、英语、俄语三门语言的"混搭"，但是他们从未感觉到障碍和不适，而是充满着热情和真诚，放学了还会意犹未尽，这种和谐的美才是国际部该有的"大美"。

洋泾菊园的国际部是一个很特别的地方，刚开始接触有点害怕，可是待久了又充满迷恋。这里每个孩子都是一本耐人寻味的书，这个学期我有点好运，读到了一套"俄国"童话，虽然阅读的序章有很多困难挫折，但是现在已经渐入佳境，欲罢不能……

美国著名教育评论家埃里斯和福茨（Ellis A K 和 Fouts）曾经指出："如果让我们举出一项真正符合'改革'这个术语的教育改革的话，那就是合作学习。"是的，小组合作有利于培养学生的社会适应性，锻炼在多国语言融合和多样化价值观碰撞中和他人和谐共处，为将来成为"世界公民"打下良好基础；而国际部孩子参差不齐的语言能力和认知水平正好能在小组活动中得到互补的机会，在大集体中创建小环境，让不同起点的孩子都学得生动、活泼，品尝成功的喜悦，这才是教育的价值所在。

（小学英语教师　吴奕）

陪伴成长从讲故事开始

外籍班孩子的外貌、家庭情况、兴趣爱好、价值观念各不相同,但是有一点不谋而同——他们有强烈学习中文的欲望,都想在这里学好中文。

汉语难学是世界上公认的,但是我相信无论学习什么语言,从有趣的故事入手,一定能将孩子的"耳朵""眼睛"牢牢吸引住。虽然我不是语文学科老师,但是我深知一个班主任的责任就是有效管理班级,建设良好班风,形成集体合力,那么语言的融合就是跨越的第一步。

当我接手新班时,就会实行"陪伴式"共读计划。计划分为主线和支线。主线内容基本固定。根据孩子的年龄段和中文能力选取不同形式的故事。一年级,绘本故事,

爱阅读促成长

多元交融，愉悦创新
小留学生在菊园

边看边听；二年级，童话故事，边听边跟；三年级，科普故事，边读边聊；四年级，历史故事，边思边问；五年级，经典名著，边读边记。支线内容结合学校的主题月和主题活动，选择有针对性的内容阅读，有时还辅助以纪录短片帮助理解，扩展认知。如此循环，孩子们学习中文的心态从害怕到不抗拒，再到习惯，慢慢喜欢。中文已经融入他们的生活，变成一种习以为常的工具，再也离不开。

曾经班上新转来一位菲律宾女孩，强烈的求知欲和孱弱的中文能力形成巨大落差。一到课间，她就站在窗口不停掉眼泪，把所有人都屏蔽在她的世界之外。我知道，四年级的语文知识给零基础的她带去了巨大挑战，纵使我24小时为她补习也无法短时间赶上其他孩子，没有提升，就无法为她带去真正的学习激情和自我肯定。这一刻我们应该放弃具有明显标准线和目的性的抄写本、练习卷，而转向温柔有趣、温暖人心的故事阅读，或许能打开她的心灵之窗，成为她的语言之钥。

于是我特意在历史话题下选择有意义的故事，比如海底两万里——人类探秘马里亚纳海沟；征服极点——为什么要去攀登珠穆朗玛峰等，故事引人入胜，又鼓舞人心。结合图片和纪录短片，我的娓娓道来，同伴们争先恐后的发言，慢慢融化了她那颗"生人勿进"的心。从低头不语，到偶有目光交流，再到聚精会神和目不转睛。我明白，我所说的语句她不一定全懂，但是故事本身已经带给她无形的力量，引领她走近汉语，走近课堂，也走近老师和同学。这可谓是一个神奇的开始，之后的成长和蜕变就显得如此令人惊叹又顺理成章。中文就好像一个充满魔力的水晶球，吸引着她不断靠近。学习语言变得不那么痛苦，学习的意义不在于卷面上冷冰冰的成绩，而是能够阅读更多书籍，看到更大的世界。她的"无心"，我的"有心"，推动她在语文成绩上突飞猛进，并达到国内学生的平均水平，毕业之前由于自身突出表现，荣获了"优秀国际生"的称号。在这一路上，我从未对她提出过具体的要求，但是陪伴已是最珍贵的关爱。

而对于新接班的孩子，我也有自己的方法，牢牢抓住他们的心。正逢学校进行"科技月"的主题活动，其中一项内容是学习科学家的故事。全中文的文稿已经很难让一年级的外籍学生明白，当中频繁出现的专业词句更让他们一头雾水。语言障碍和认知挑战大大影响学校精心准备的活动的效用。这时，我又想到了语言教学的好助手——绘本故事。曾经暑假我给儿子读过一个名为《神奇的小草》的绘本故事，它用浅显的语言，辅以精致的图片讲述了中国伟大的科学家屠呦呦的生平。于是我利用班会课先进行铺垫,将这位诺贝尔医学奖获得者和青蒿素结缘的故事用近乎口语化的语句娓娓道出,所有的目光都聚焦在屏幕上,教室里鸦雀无声,我好像触碰到了那份感动人心的专注。我越讲越投入,孩子越听越过瘾,一直到故事结尾,他们还意犹未尽。翻过最后一页,教室里还是没有任何声音,时光在这一刻好像静止了。在故事阅读过后,我再播放关于屠呦呦的记录视频让孩子们观看。虽然画面并不生动,只是一个主持人站在演讲台上长时间的讲述,背后只有几张简单的照片。但是孩子们丝毫不在意,半个小时的时间,看得津津有味。待讲到肯尼亚的母亲因为这一枚中国神奇的小草而获得新生,生下健康婴儿之后,为宝宝取名"科泰新"这个情节时,金发碧眼的外籍孩子竟然交换眼神,频频点头,好似亲自经历过一般。我看到这一幕,不禁感叹,故事的力量妙不可言,妙亦可言。

如今,我更加坚定在外籍班实行"阅读"规划。当学生出现不良行为之后,让故事告诉我们如何用冷静替代慌乱,用沟通替代说教,用他们能接受的语言走进他们的内心!当学生出现学习困难之时,让故事告诉我们如何规避规范化、统一化的辅导模式,利用心理学、统计学、科学知识从根源上查找原因。让孩子发现自身具备的潜能,用积极的力量实现自己小小的目标!开启阅读,给孩子们一个友善的语言学习环境;讲个故事吧,听故事的人也会学着编写故事,他们从中汲取了力量。用平易近人的故事包装起生涩严肃的知识概念,触摸孩子们心灵的最深处,无形中照亮他们成长的每一步。

(小学英语教师 吴奕)

3 从"享乐"到"乐享"

2010年至2012年,在我担任国际部中学阶段独立编班的班主任期间,七年级的一次圣诞节活动,给我留下了深刻难忘的印象。

以往每年的圣诞活动,洋菊豆们都非常期待,因为我们都会与一到五年级的洋菊豆们,欢聚一堂庆圣诞。在活动中,洋菊豆们互赠礼物、表演节目(课程展示)、给优秀外籍学生颁奖等,欢度圣诞的同时,也展示了拓展课的教学成果,如踢踏舞、中国武术、音乐剧、新疆舞、古诗词朗诵等。而2011年的那次圣诞节,刚好轮到以班级为单位,围绕班级文化建设展开活动。作为班主任的我就想,小学阶段多为庆祝性活动,步入中学阶段,洋菊豆们的心智年龄也应该得到相应的成长,该如何更有意义地度过这个圣诞,如何让他们更深层次地了解圣诞节的真正意义呢?

圣诞节本是西方国家的传统节日,而在菊园,中外师生一起过节,是我们对于多元

享乐齐祝福

文化的理解与尊重。除了玩得开心,学生们更应该去了解的,其实是爱与关怀,是感恩之心。现在都市儿童大多生活在长辈庇护下的幸福之中,与真实社会接触不多,成人世界的酸甜苦辣距离他们还很遥远,"大爱无疆"之类的道理,对他们而言,大多也仅仅是在书本里、电影中看到的,缺乏切身体会与情感共鸣。于是,我就想把这个想法作为切入点!

当时我正好关注到有一个特殊福利院,福利院里有一群生理和智力上有缺陷的孩子们,但是他们学会了串珠,并且他们制作的串珠作品"东方明珠"惟妙惟肖,"双龙戏珠"栩栩如生。碰巧我们国际部的学生在劳技课上也学过串珠,学习过程并不简单,制作过程十分繁复。七年级国际班的学生想进一步了解这些孩子们,想知道他们是如何学会串珠的。所以学生们讨论圣诞庆祝活动时,我提议邀请福利院的那些"天使"一同庆祝圣诞,一同分享串珠的乐趣,劳动的喜悦。于是,我们的学生就写好倡议书,发给了对方。福利院很快就回复了,表示他们会派师生来参加活动。我对学生们说,今年的圣诞庆祝,我们不只是简单的才艺表演(课程展示),更是把这个本来是"享乐"的过程变成"乐享"的过程。"享乐"是我们自己享受被爱的快乐,而"乐享"是我们要乐于去

乐享懂感恩

付出爱,把自己的爱分享给他人,所以我就取了从"享乐"到"乐享"这个名字作为庆祝主题。其实,我就是想通过这个契机,让学生们把爱与关怀送出去,懂得感恩,从而促进学生们的成长。为了让更多的学生体验"享乐"到"乐享"的过程,我将这个想法与六年级国际班的宋颖老师进行了沟通,马上得到了六年级师生的积极响应,于是我们两个班级联手策划组织了以从"享乐"到"乐享"为主题的圣诞庆祝活动。

到了圣诞节,福利院师生应邀来到了学校参加聚会。活动内容是我们六、七年级两个班的学生们负责策划、组织的,有唱歌、器乐表演、诗歌朗诵、课本剧表演等。其中,福利院孩子们和我校学生串珠作品的拍卖活动,将整个"乐享"圣诞庆祝活动推向了高潮,福利院孩子们当场制作的串珠作品最受欢迎。如果不是身临其境,我们无法想象,这些精美的串珠手工艺品出自一群特殊儿童之手。

活动庆祝中,福利院的三个孩子也带来了歌曲《感恩的心》,台上台下相互呼应,更有学生主动上台与那些福利院的小天使们手牵手一同合唱。这些孩子们虽然不能和国际班学生正常交流,但是从他们真挚的眼神和纯朴的笑容里可以看出,他们正享受着爱,享受着来自洋菊豆们的爱。

节目表演完后,福利院的孩子们深深地向我们鞠了一躬,以感谢我校学生的热情邀请、精心准备,大家都非常感动。整个活动结束后,家长和学生都认为这次的圣诞活动意义深远,让孩子们在享受快乐、付出爱的同时,也知道在自己幸福家庭之外,还有这样一些与众不同的同龄人,他们也在努力生活,努力学习,微笑面对生活的不易;同样,他们也需要被爱,需要我们这样一群和他们同龄的正常人向他们这一群弱势群体付出爱。这次活动,除串珠作品拍卖所得之外,家长们和学生们还自发进行了现场捐款,把心意送到了他们手中,福利院师生也很感动。

在与福利院的互动活动中,洋菊豆们不仅分享了节日的欢乐,也进一步懂得了什么是被爱和付出爱。人民教育家陶行知先生曾说过这样一段话:"真的教育是心心相印的活动,唯独从心里发出来的,才能打到心的深处。"先生的这番话,我们不难体会,离开了情感,一切教育也将无从谈起。洋菊豆们从小都在爱的氛围中长大,被爱成了他们稚嫩思维中的理所当然,而这次的乐享体验,让他们感受到了付出爱的美妙感觉,也是他们美好人生的初体验。

(国际部干事　虞吉)

4　当第一遍铃声响起时

来自不同国家的洋菊豆们,一年级入读洋泾菊园实验学校菊华院,形成了一个个班集体。然而,这些孩子的文化背景、行为习惯都不一样。怎样让他们养成较为规范的行为习惯呢?去年我回到了一年级任国际班班主任,开学第一天就发生了一件有趣的事。

班里有一位非常调皮的小男生,他来自巴基斯坦。开学第一天,最让他搞不清的就是学校的铃声,每一次铃声响起,他隐约知道应该做些什么事,但又不确定,于是开始左顾右盼、不知所措。

一、情境活动、明理知规

午会课的时候,我就给同学们"科普"上课铃声。第一遍铃声,我们叫做"两分钟预备铃",当我们听到铃声时,表示下课时间已经结束,我们将要进入上课状态,我们需要迅速检查下节课需要用的书、练习册和学习用品是否已经准备好,还要调节自己的情绪、人坐端正、集中精神,等待课程的开始。当第二遍铃声响起时,就开始正式上课了。可是这位"小巴"同学好像什么都没听懂,这可怎么办呢?

我提议!我们来表演一个"哑剧",大家不准说话,用表演的方式来演示一下第一遍铃声响起时,应该要做好什么。我邀请这位"小巴"同学来做指挥员,只要看到我的手势,就开始——打铃!

"铃铃铃"——第一遍铃声响了,小朋友们纷纷从教室外、走廊里回到座位上。同学们迅速检查了数学书、练习册和垫板,放在桌子的左上角,把铅笔盒压在最上面,小手放在桌上,人马上坐端正,教室里鸦雀无声。

"铃铃铃"——第二遍铃声响了,数学课开始啦!

"小巴"同学恍然大悟!原来铃声这么神奇,听到铃声,我们要做这么多事。

二、儿歌记忆、养成习惯

回到办公室,我正与大家分享午会课的收获,我们贴心的张老师马上提议说:"我下午语文课就教他们一首'预备铃'儿歌!"

上课铃声响,赶快进课堂。书和文具盒,放在桌子上。

上课专心听,小手放桌上。发言要积极,声音要响亮。

孩子们在"第一遍铃声响起时"读得朗朗上口,配合午会课的行动,他们既学会了行为规范,又学会了儿歌,也理解了其中的含义。

都说培养一个好习惯需要21天,一年级学生入校的第一个月即为我校的学习习惯培养期。像"两分钟预备铃"这样的主题只是其中的一个,参与策划与实施主题活动的不只是班主任,就像我与语文张老师这样的密切配合,班级的所有学科老师都重视学习习惯培养期的课程开发,并且他们都注重依据学科特点,积极发挥各自的智慧,帮助学生尽快养成良好的学习习惯,适应新的集体生活。

在入学的一个月后,学校各个班级的风貌可以说是"焕然一新"。希望在菊园培养的好习惯,不仅能让洋菊豆们的学习更高效,还能够让他们受益终身。

(小学数学教师　成懿君)

外籍学生戴上了红领巾

一、洋菊宝和红领巾

从进入学校的那一刻起,校园中就洋溢着少先队员的靓丽身影。这一切在我校外籍学生眼中特别稀奇。好奇的外籍学生总会向老师们问起"他们戴着的是什么?""他们每一个人都戴着,很好看!""我也想戴!"耳濡目染、浸润式的文化熏陶和教育氛围,让外籍学生从内心有了对加入少先队、戴上红领巾的向往和期盼。

根据《中国少年先锋队章程》,"中国少年先锋队是中国共产党领导下的少年儿童组织,凡是6周岁到14周岁的少年儿童,愿意参加少先队,愿意遵守队章,向所在学校少先队组织提出申请,达到入队要求后,经批准,就成为队员"。加入少先队对于一名

我是少先队员我自豪

普通的中国孩子来说再平常不过,但是对于洋泾菊园实验学校这样一所设有国际部、拥有众多外籍学生的公办学校来说,这似乎变成了一项挑战——如何给外籍学生戴上红领巾?

中国少年先锋队是中国共产党领导下的少年儿童组织,个别外籍学生的家长往往会片面地认为加入少先队和参与党派有直接关系;外籍学生家庭大多信仰宗教,这也成为了影响他们参与少先队组织和活动的一大"阻碍"。同时,现行的《中国少年先锋队章程》也没有具体阐述少年儿童的国籍属性,它的合理性和可行性一直以来成为了影响外籍孩子加入少先队的一大因素。

在华就读公办学校的外籍家庭,绝大部分都热爱中国,特别是对于中国文化,他们都有着浓厚的兴趣,这些外籍学生,在飘扬着红领巾的校园中,他们能够以更开放、更包容的思想去走进少先队组织,走进中国的少年儿童组织。

二、如何给"洋菊宝戴上红领巾"

(一)"欢乐和荣誉"促了解

营造充满快乐情感、个人荣誉和个性发展的少先队阵地,加强外籍家庭对少先队的认同感。加强外籍学生及家长对少先队组织的认同感——不理解往往是因为不了解——让外籍家庭尤其是外籍学生对少先队组织产生认同感、向往感是戴上红领巾的第一步。

在日常对外籍学生的课程设置上,特别是团队教育的相关课程中,主题月活动中的欢声笑语、学习比拼上的积极参与、体育场上的拼搏英姿、艺术舞台的绚丽画面以及劳动活动的挥洒汗水,这一切都被外籍学生及家长看在眼中,印在心里。特别是每一次活动飘扬在校园中的红领巾,外籍学生越发认同少先队员所代表的少先队组织是一个优秀的学生"集合体",在其中充满着成长和快乐。在日常的中队管理中,中队辅导员老师都会强调少先队组织是优秀的少年儿童组织,所有加入少先队的学生都是出色的、有特长的、有理想的,他们是一群快乐的孩子。我校国际部与国内部一同学习、参与活动,平日生活学习、玩耍活动的场所都在一起,这也更加拉近了红领巾和"洋娃娃"的距离。玩在一起、欢笑在一起、学在一起、成长在一起,对于他们来说已经和中国"融"在了一起。这也就为了解少先队、认同少先队、加入少先队打好了基础。

（二）"中国文化"做桥梁

中国优秀文化是一块"响当当的招牌"，凭借文化共通共融的桥梁作用对外籍学生品德的养成形成积极影响。外籍学生的家庭大多受过西方文化的影响，崇尚个体、自由，这与"少先队员"追求个体德、智、体、美、劳全面发展有着相通之处。

在针对外籍学生的队课学习和培训中心，我们发挥了大队委员会集体的智慧，我们深入学习了《中国少年先锋队章程》，在其中，也有针对个体发展的重要意涵，"树立远大理想，培养优良品德，勤奋学习知识，锻炼强健体魄，培养劳动精神"。少先队组织对于集体和个体都提出了明确的要求。对于外籍学生，我们强化了个体发展的目标：成为一位优秀的、出色的、光荣的优秀外籍生。这些积极的、优秀的品格操守是不分国籍和文化的。东西方都有伟大的英雄、出色的科学家、了不起的艺术家，这些都成为了外籍学生入队培训的学习内容，同时，我们也时刻牢记少先队的性质。在队课上，来自高年级的小辅导员们教外籍学生认识"五旗"，了解中华文化知识：传统节日、中华美食、中国民俗等和中华文化有关联同时又有趣味性的内容。在有针对性地强化外籍家庭重视的个体发展的同时，也融入了中国文化，将中华民族勤劳、质朴、智慧的优秀品质通过一段段故事、一次次活动、一首首歌谣，传递到了外籍学生的心中和他们的家庭中，做到了中西交融，求同存异。

（三）"小手牵大手"

家庭和家长往往成为入队的小阻碍，我们并没有采取传统的方式进行沟通，而是由外籍学生——我们最可爱的"解说员"的力量打消家长的疑惑和不安。小手牵大手，由外籍学生向家长宣传，打开他们"疑惑"的心。

学生的力量是不可忽视和小瞧的，相比家长，学生生活在学校，成长在学校，他们对于少先队组织的亲和力感受最深，对于少先队组织的熟悉程度最大，对少先队组织的认同感最强，他们可以绘声绘色地向家长"摆事实，讲道理"。曾有一位家长因为家庭原因一直心存疑虑，并没有在入队申请书上签字，可到了第二天，外籍学生就高高兴兴地将签过字的入队申请书带来学校交给中队辅导员，辅导员也好奇地问原因，他只说："我和妈妈说，我很开心，我很快乐，我也希望和大家一样戴上红领巾，这很光荣。"简单的几句话，这个"洋娃娃"就把什么是少先队组织的问题给讲清楚了，充满快乐，十分光荣，这就是我们传递给外籍学生，传递给外籍家庭的来自少先队的明信片。

多元交融，愉悦创新
小留学生在菊园

  如今的校园中，无论是外籍学生还是中国学生，他们胸前都佩戴着鲜艳的红领巾，他们都有着同样的名称——"光荣的少先队员"。他们在校园中，在少先队组织的关怀下，在中国的大地上，像树苗一样茁壮成长，沐浴着阳光雨露，收获属于少年儿童的快乐和荣光。

（小学语文教师 赵胤兴）

6　空中课堂，情系伊朗

　　新冠疫情的暴发出乎所有人的意料，暴发的时间正值寒假，所有学生都在家与亲人们共享假期时光。小茹也不例外，回到了祖国伊朗，享受短暂的家庭欢聚。

　　但是谁也不曾想到，随着疫情在各个国家之间逐渐蔓延，世界各国停飞了多数的国际航班，其中就包括中国与伊朗之间的航班。尽管想尽了办法，小茹还是没能如期在中国学生返校学习的时候，与同学们一起回到学校。为了能够紧跟学校课程的进度，小茹开始了远程的线上学习生活。

　　回到学校的中国学生们犹如放了一个漫长的寒假，虽然对回到学校见到老师同学

我在伊朗　有你相伴

感到兴奋,但是精神面貌总感觉大不如前,缺少了昂扬向上的精气神。作为班主任,心中很是着急。

就在这个时候,我收到了一封来自小茹爸爸的长长的信,信中各类照片记录了小茹远在伊朗的线上学习生活。有在家坚持体育锻炼的照片;有夜已深时,仍然对着电脑反复学习课程的照片;有完成的练习题的照片,厚厚的一叠;有整理的笔记的照片,工工整整一笔一画……她的爸爸在信中这样说道:"小茹每天非常刻苦,甚至比在学校的时候更加刻苦,因为她深深地知道,学习资源来得不容易,有很多人正在帮助她。……我的女儿每天花十个小时以上的时间刻苦学习,进行体育锻炼,所有的学习资料都要反复琢磨好几遍才罢休。……小茹喜欢学习中国的课程,我们作为家长也坚定地相信上海的课程是好的课程,我们不想放弃。尽管这样会让我们的女儿更加辛苦,但这一切都是值得的。……小茹正迫切渴望着回到中国,回到课堂。"

读罢此信,我深受感动,第二天就在班中开了一堂名为"疫情远程学习 绽放生命异彩"的班会课。课中向同学们转述了小茹爸爸在信中所描述的内容,展示了医务工作者们和各行各业的英雄们为了保证同学们能安全地回校学习所付出的巨大努力和牺牲。

渐渐地,我看到有一些最近学习"倦怠"的同学们,低下了头。我趁热打铁,进一步提出让大家一起想想办法怎样才能帮助我们的小留学生,来一次"守护小留学生"的班级集体行动!让同学们自己也做一次守护他人的"小英雄"!

同学们的反响出奇热烈,纷纷表示愿意提供力所能及的帮助。有的提出将自己每天每门学科的笔记、作业,拍照发送给小茹供她在家自学;有的愿意向每门学科的老师要课堂PPT发给远在异国的小留学生,等等。

班会课结束以后,每天坚持发送学习资源包的工作在班级里轰轰烈烈地展开了,一天一个学习资源包的收集和整理要花去教师和小干部的不少时间和精力,但同学们毫不懈怠。有一位小干部在周记里这样感叹道:"曾经以为自己只是一个需要被大人们保护的孩子,但通过'守护小留学生'的行动,我发现自己也可以绽放自己微弱的能量,帮助到更有需要的人。这份被他人需要和依赖的感觉,让我明白了责任的分量。"我给这篇周记留言:"恭喜你!你挖掘到了生命中最闪亮的东西!"

与此同时,我也欣喜地发现,同学们的精神面貌和学习状态正在渐渐变好,整个班级充满着积极奋斗、互相帮助的喜人氛围。我想,在这次疫情的影响下,绽放出生命异彩的可不止我们的小留学生,还有班上的每一位同学。

现在,小茹已经如愿回到了中国,回到了同学们、老师们的身边。看着彼此已经有一年未见的同学们和小茹,我觉得他们的心灵更靠近了。

(初中物理教师　吴沈玥)

7　尊重是中外学生友谊的基础

小娜来自伊朗,在小学时随着在上海工作的父母开始了在中国的求学。小娜的家庭有着虔诚的宗教信仰以及民族情结。因为文化根基的巨大差异,这样一个伊朗籍的孩子在以中国孩子为主的班级集体中与大家日夜相处,难免产生碰撞。那怎样才能促进不同文化、不同信仰的孩子们相互理解呢?

在我的班级中就发生了这样一件事。

一天放学后,我收到了一条来自小娜的长长的信息。在信息中,小娜向我讲述了今天放学后与同学一起值日时发生的一件事。班上的男同学出于调皮,以及对伊朗国家文化的不了解,开玩笑地大声说道:"在你们伊朗,女孩儿不是九岁就可以结婚了吗?你怎么不回伊朗去结婚呀?"小娜向我表示她与她的家人对此言论强烈不满,要求对方小男孩在全班面前郑重道歉。

我非常惊讶,一个平时如此温和,总是笑脸盈盈的小姑娘,此时此刻居然如此强烈地表达了自己的不满和意见。我仔细思考了两位孩子发生矛盾的原因,是由于两个国家的孩子对彼此祖国文化很陌生但又好奇,同时也没有进行有效的沟通和相互了解而造成的。

而我在中间能做的,就是一定要让两国的孩子们加深沟通与理解,尤其是要让中国的孩子们了解、喜爱伊朗的风土人情文化。

我给小娜专门打去了一个电话,在电话里,小娜这样和我说:"我和我的家人对于中国学生对伊朗有如此深的误解而感到痛心。我们一家热爱我们自己的祖国,就犹如你们每一个中国人热爱中国一样,这种情绪是不可以被侵犯的。我也希望老师可以引导同学们正确地认识伊朗这个美丽的国家。"听完她的一番话,我的情绪也被强烈地感染了,这么一个温柔的小姑娘,在以她自己微小的力量维护着自己祖国的尊严。我甚至想,班上那些从未离家的中国学生,无从体会这种强烈的对祖国的热爱,小娜却在这一点上拥有着超越同龄人的成熟。

我深受感触,原来不仅中国孩子因为缺少与小留学生的沟通而无法共情于对方对祖国的强烈情感，哪怕是作为成年的教师本人，我也未曾想到民族情感在小小的小娜心中竟有如此重的分量。想到这，我决定必须严肃对待这件事，通过这件事让全班同学尊重外籍同学的民族情感，了解其国家的风土人情，并向小娜学习这种维护国家尊严、珍视民族情结的珍贵情感。

我找来那位与小娜产生矛盾的男同学进行谈话，转达了小留学生内心的想法。这位男同学很快承认了自己的错误，并且表示，并没有歧视伊朗的意思，只是对伊朗这个异域风情国家的文化感到神秘与好奇。道听途说了一些关于伊朗的风俗传闻，觉得有趣，才会对小娜说出那样的话。中伊两位学生在我的引导下很快在班中达成了和解。

而我并没有因为这件小事的风平浪静放弃这次教育孩子们的契机，我特意专门召开了一次"美丽伊朗"主题班会，指导同学们提前策划实施，让小娜准备介绍了伊朗的风土人情和文化，也提前让其他同学（包括那位开玩笑的男生）准备展示两国人民友好往来的人物、故事等。

班会如期举办，气氛热烈，效果显著。相信小娜和同学们的情感更加融洽了；关键是我们班级的中国孩子们懂得了尊重外籍同学的民族情感以及了解其所属国家的风土人情，并在潜移默化中学习了小娜这种维护国家尊严、珍视民族情结的珍贵情感。

通过这次事件，我切实感受到，作为一个班主任，既要掌握教育工作的一般规律特点，又要像艺术家一样，善于抓住教育契机，在最适当的时机对学生给予教育，从而达到事半功倍的效果。

（初中物理教师　吴沈玥）

8 从"孙·猴子"到"小·老师"

最近几年我带的国际班孩子有不少俄罗斯籍的,有人把俄罗斯民族称作"战斗民族",我也深深地体会到了这个评价背后所反映的文化差异。

普遍来说,俄罗斯家长对孩子的管教方式跟我们中国家庭有很大的差异。他们认为孩子之间的玩耍打闹,即便发生肢体的冲撞也是正常的,都可以接受。但是班级里并不是只有俄罗斯孩子,别的家长对此会有不一样的看法,同时,这也存在一定的安全隐患。此外,由于俄罗斯孩子比较多,他们全部聚集在一起的时候,他们交流的不是中文也不是英文,而是俄语。这样不仅容易形成小群体,也不利于他们学习中英文,甚至不利于打破班级内部的文化隔阂。

洋泾菊园以中文教育为主,多元交融也是我校的理念,班集体的每位同学间都需要沟通交流,小群体并不利于班级管理。我作为班主任兼英文老师,肯定希望他们在

李老师和学生在一起

课上甚至课下都能多用英语进行交流。我对孩子们说,你们来到菊园是来学习的,要克服在校内总是用母语交流的弊端,不然学习语言的进步就小了。

在这样的背景下,我如何突破小群体给班级管理及语言学习带来的双重困境呢?故事还是要从小V这个俄罗斯小男孩说起。

小V非常聪明,和其他俄罗斯孩子一样,他的运动能力也很强。但是在所有的俄罗斯孩子中,他最难安静下来,最不会把握和同学之间"玩耍打闹"的分寸。在英语课上还好,在别的课上他通常都管不住自己,任课老师们都感到头疼。特别是在学习踢踏舞、武术这些拓展课程的时候。俄罗斯孩子表现得更是"high",其实就是很过分,甚至像"孙猴子"一样满地打滚,对老师也不太尊重。面对这样特殊的孩子,我决定就从小V入手,采取鼓励为主的策略争取他的进步。

有一天,我对小V说:"小V,你的英文很好,我请你做老师的课堂小助手,担任课代表。"小V很高兴。

我又说:"但是作为课代表你首先要管好自己,这样才能让同学们服气的。"

于是,我向他提出了如果能做到在所有课上都不打架,我就会对他有所奖励,可以少做作业,小V欢呼起来:"yeah!"

小V表现好了,我兑现诺言,让他少做作业。同时,我让他负责教其他几个俄罗斯孩子完成作业,当"小老师"。比如,英语比较弱的一个女孩子乌利亚,小V要教会她朗读。在这个过程中,老师即做到了一诺千金,取得了孩子的信任,同时小V的英语水平也不会因为少做作业而退步。

一段时间后,我发现小V非常快乐地做着课代表的工作。每天早上到校后,他主动去问乌利亚的英语背诵情况,"乌利亚,你背好了吗?快来我这里背。"就这样,小V慢慢地带动了俄罗斯孩子学习英文的积极性。

我也会不时提醒小V,比如,今天有踢踏舞课,你要想一想今天上课的表现怎么样呀?能不能做大家的榜样呢?他很聪明,因为他想做老师的小助手,想做好英语课代表这件事情,所以他会在武术课或者踢踏舞课上对自己有约束。在做课代表之前,他是毫无顾忌的,想翻跟斗就翻跟头。

小V的转变同时也影响了另外两位俄罗斯孩子小尼和小莎。他们也开始积极帮班级做事。早上来了之后,我发现小莎、小尼主动帮班级扫地。他们跟我说:"老师,我也想为班级做事。"我非常高兴,于是结合班级管理需要给他们安排了事务。比如,让小莎担任"小节能员",管理班级的空调、电灯的开关。我发现,他们都做得很好。

  从班级管理的角度出发,我其实是培养他们的责任心,并在表扬他们的同时对他们形成约束。老师的鼓励使得他们想要有更好的表现,自然而然对自己的行为就有所要求。如此,这个小群体逐渐形成了互帮互助的良好作风,并且在班级中开始发挥正能量。不管是班级管理还是学习上,大家都在不断进步。我的目的也达到了。

  就这样,我抓住问题的关键,并且结合孩子喜欢被表扬、肯定的天性,以小 V 为突破口,树立榜样,化解了小群体给班级管理及语言学习带来的双重困境,使得班级面貌"焕然一新"了。

(小学英语教师　李伟文)

第二部分
小小联合国从梦想变为现实

9 小·"牌"大用

刚到菊华院的孩子,有从小在上海长大的,也有从其他城市来到上海的;更有几个孩子,开学前才从自己的国家来到中国。崭新的环境、陌生的老师和同学、不同的文化、听不懂的语言,都造成他们的惶惑不安。

作为老师,我们在短短的开学准备期,不仅要让这些刚入学的小留学生适应中国本土学校的学习环境,渗透中文教学,激发他们对汉字的兴趣,更要跟上国内同级孩子们的各种学习生活及良好的习惯养成。

谁都想不到,我们碰到的第一个难题竟然是"名字"。

外籍班孩子的名字:中文的、中文加英文的、英文的,这些还算好认;最难的是俄罗斯孩子们的名字:英文的书写,完全不同的拼读形式。比如尼卡(Nika),这是她日常的称呼,但在她的全名中却要仔细辨认才能找到。于是,作为班主任的我常常会接到其他老师的"求救"电话:

"张老师,尼卡是名单中的哪个?"

"张老师,两个伊凡(Ivan),哪个是哪个啊?我问了他们,但他们自己也找不到自己的名字。"

……

就连我也在入学典礼那天陷入了名字的迷局中:对着名单读的名字没人响应;把名字写在黑板上,依然没人认领。细问家长才知孩子们平时用的名字和名单上的有很大出入。中国的孩子在家只用中文不用英文名;外籍的特别是俄罗斯的孩子名字太长,只用其中一部分。所以孩子们自

请读出我的名字

己也没能认全自己的名字。

讲道理、立规矩、办活动,这些好方法还没开始就被"名字"打败了!如何解决这个问题,考虑到孩子的年龄和心理特点,我设计了"姓名牌制作"活动。

我的要求很简单,有中文名字的写中文名,实在没有中文名的,就写方便我们认读的英文名字;写完名字,可以用自己喜爱的图案进行装饰。

第一天早上,孩子们一进教室就拿出自己精心制作的姓名牌,放在桌上。那一刻,他们的眼神中少了前一天的紧张、胆怯,对班级更是有了主人般的感觉。"姓名牌"也成了他们第一次交流的桥梁,活泼外向的几个孩子已经拿着自己的"名片"相互认识;内向的孩子也忘记了自己所在的陌生环境,在自己的位置上静静听着其他人的交流。"冰"就这么自然而然地破了。

小小姓名牌让老师们在课堂上快速而准确地叫出他们的名字,课堂教学和常规训练变得极为高效。两周时间还没到,他们便很有小学生的样子。

小留学生的中文水平参次不齐,有的能认识几个简单的汉字,有的会说日常用语,还有的在进入菊华院前,从来没有接触过汉语。在没有进入正式教学前,"姓名牌"变身成为我们有趣的"识字牌"。

第一天的早自习,我让孩子上台介绍自己,并带着大家一起朗读自己的名字。简简单单的两个字或三个字打开了他们说中文的大门,自然、随意却又极有意义。就这样,之后的每一节课,我们都会请几个孩子带读他们的名字。眼睛看着、耳朵听着、嘴上念着,一张小小的"姓名牌"让小留学生们第一次从字形到字音,完整地接触了中文,更有了开口说中文的自信。

孩子的记忆多是照相式的图片记忆。名字卡上的几个字,就是一张完整的图片。如果把名字中单独的汉字拿出来,它就变成了一张新的图片。

我读"姓名牌"中露出的一个字,孩子们猜完整的名字;请一个孩子站起来,其他人从放在讲台上的名字中找出正确的姓名牌;随意拿出一个名字,请他们先认读再送到主人的桌上。这些活动让孩子们有了自信,也让他们彼此之间更加熟悉。此时,班级中的氛围温馨、和谐,中文也如朋友般围绕在他们身边。

小小"姓名牌"缓解了小留学生初到菊华院的紧张与拘束;小小"姓名牌"拉近了他们与中文的距离;小小"姓名牌"开启了他们在菊华院的中文学习之旅。一件小小的道具，几个小小的游戏，都能成为教育的契机、途径。

揣一颗爱心，带一双慧眼，小留学生的到来也让我们有了更多思考和创新的机会。

（小学语文教师　张敏慧）

10　八班的心情故事

亲爱的孩子们、家长们：

　　时光飞逝，不经意间，五年的光阴从我们身边溜走啦！一年级的"小萝卜头"们，长高了，个儿都快超过卢老师啦！长大了，都牢牢记住了卢老师的"名言"！五年了，人生有多少个五年啊！在性格和习惯养成最关键的阶段，卢老师陪伴你们度过啦！但是你们有没有在私底下抱怨过卢老师要求太高？有没有讨厌过那块你们写铅笔字时出现的超级大橡皮？有没有厌烦过一起制定的包罗万象的班规呢……

"书"写我们的故事

记得在我还是个很年轻的老师时,有次家访结束前,那位妈妈郑重其事地将女儿的手交到我手上,微笑着说:"卢老师,我将我最珍贵的宝贝交给您,希望您如我这般善待她!谢谢您!"那个场面让我终生难忘,此后,我暗下决心:我的每一个学生娃儿都是我"最珍贵的宝贝"!

一直说你们运气好,因为有卢老师!其实,卢老师何尝不是!伴随着你们的成长,丰富了我的情感体验,让我感受了成功的喜悦,收获了"你们真挚的爱"和感动!卢老师永远爱你们!

只是,世上没有不散的宴席,小学毕业前夕,再复习下"卢老师的名言":

1. 学得踏实,玩得痛快!
2. 做事前,思考下时间、地点和场合,什么时间,该做什么事,就做什么事!
3. 诚实是解决问题的最好办法!
4. 做任何事都要尽自己最大的努力去做,努力了,不一定成功;不努力,肯定没有收获!竭尽全力了,就算失败也心安理得,不会后悔!
5. 学会管理时间,学会管理情绪。
6. "绅士"们和"淑女"们,永远记住安全和身体健康是最重要的!

离别总是惆怅与不舍的,但是,卢老师还有近十年的时间在菊园等待你们,等你们来和我分享你们收获的喜讯!当然,也愿意分担你们的忧愁和烦恼,更愿意帮助遇到困难的你们!卢老师永远支持你们!

加油吧!奋斗吧!亲爱的娃儿们,你们的明天定会更美好!

最后非常感谢正钧、咏钰妈妈、知颐妈妈、歆然妈妈和瑞米妈妈,谢谢你们的辛苦付出,把卢老师和你们在菊华院共同度过的五年美好时光浓缩成这本册子,权当卢老师送给你们的珍贵"毕业礼物",好好收藏一辈子!

此致

敬礼!

卢江海

2019 年 6 月 16 日

(小学语文教师　卢江海)

11 "用心"爱,讲"规则"

"用心"爱

我一直这么认为:"用力"就会称职,"用心"才会优秀!多年来,我用心对待自己的每一个学生,把他们当作自己的孩子!感谢可爱的孩子们成就了现在的我,与他们朝夕相处、共同成长的日子真的很快活!

每每下课后,孩子们就围着我聊天,"赶"也"赶"不走……

我常常边批本子,边和他们聊天,嘴里嘟囔了句"手好冷啊!"正钧马上伸出他两只肉乎乎的小胖手,摊到我面前说:"我的手暖,你冷就用我的手捂捂吧!只要你手冷就捂我的手吧!"然后,每节下课就来问我手冷不冷,感动啊!

咏钰在我边上默默地站了半天,问她有事吗?她说她长了三颗蛀牙,想让我看看(呵呵,好吧!卢老师就当回"牙医"吧!)。"张开嘴巴,我看看,哦,是有三颗蛀牙,记得每天刷牙少吃糖哦!提醒妈妈赶快带你看牙医哟。"

"琪琪要把贴纸贴在同学身上……"每天都有不计其数的"告状"啊!好吧!"琪琪,为什么要贴呢?来,把手心摊开,我看看。"手心里是一颗粉色的"小钻","哇,很漂亮啊!"琪琪很委屈:"我也觉得很好看,才想贴的,我很喜欢咏钰。""哦,是这样,来,咏钰,告诉琪琪,你喜欢这个贴纸吗?"咏钰摇摇头说:"我不喜欢!""琪琪,明白吗?你喜欢的东西,别人未必喜欢,贴纸很好看,可是咏钰不喜欢,所以你这样做,她不开心!如果你送给喜欢的人,她一定会很开心!比如卢老师就很喜欢,看我手机上就有(都是学生贴的)。""那我送给卢老师。"琪琪把它贴在我的手机上了。

……

天天伴着孩子们,极偶尔地外出,便会感受到孩子们的"牵挂",和孩子们在一起,每天都"精彩"!

作为一个"老主任",在带班过程中也会遇到"新问题"。家长的教育理念是百花齐放的,对孩子的学习要求各不相同,孩子之间差异也特别大,所以和每个家长沟通的方式也要有所不同！同时,我们不仅要完成所有国内班班主任要完成的工作,还要完成国际部的各项工作,常常让自己觉得静下心来思考工作、和学生谈心的时间越来越少!但一旦见到孩子们,就会拥有解决问题的动力,"用心"爱,就会有收获!

小学阶段是习惯养成的关键期,因此,我非常注重培养他们的学习习惯:我采用编儿歌、口令等形式,将学生学习习惯的培养融入情趣之中,从写字到读书,让学生在情趣之中慢慢地养成良好的习惯。同时,我也很注重培养他们的行为习惯,从坐姿到站姿,从读写姿势到爱惜学习用品,通过一学期来的培养,我班大部分学生都能养成良好的学习习惯。通过"每天分享小故事"和"故事妈妈"活动培养孩子良好的心理品质。建立学生喜爱的激励机制,以培养学生的自理能力,通过班级"logo"及理念——我爱"快乐龙",先得"小红旗",满二十面就可以换"快乐龙"的小照片,贴在自己的照片旁边,提高了教育实效性。

我关心爱护班里的每一个孩子,对一些特别的孩子,更是倾注了更多的爱和心血。我经常抱抱他们,和他们谈心,抓住他们的闪光点鼓励他们。当他们有困难的时候,我总是耐心地帮助他们。孩子们充分地感受到了老师对他们"用心"的爱,于是"亲其师,信其道",教育效果明显了,孩子们长进了!

讲"规则"(附班规)

班级规则

学得踏实　玩得痛快　遵守规则

1. 早上 7:55 进教室认真早读。

被表扬:奖励一枚章

迟到:扣一枚章,中午补早读,写一篇情况说明书。

2. 排队静、齐、快;做操动作到位;认真跳绳不偷懒。

被表扬:奖励一枚章

被批评:午间或"体育活动课"训练 20 分钟

3. 两分钟预备铃响,坐正背《弟子规》,眼保健操认真做。

被表扬:奖励一枚章

铃响才去上洗手间,拿书本及作业等物品:扣一枚章

4. 上课眼睛看老师，专心听讲，积极应答。

回答问题精彩：奖励一枚章

被点名提醒3次：扣一枚章，写一篇情况说明书。

5. 水果时间、午餐时间坐在座位安静享受。

饭菜全部吃完：奖励一枚章

随意离开座位：扣一枚章

午餐超过规定时间：扣一枚章

6. 下课文明休息。

被表扬：奖励一枚章

大声喧哗，走廊奔跑，打打闹闹：扣一枚章

7. 按时认真完成作业并上交。

字迹端正，态度认真被表扬：奖励一枚章

不按时交或没有完成：一本扣一枚章，午间补作业，写一篇情况说明书。

8. 放学排队整齐有序。

选为领队：奖励一枚章

被点名批评：午间或"体育活动课"训练20分钟

"没有规矩，不成方圆"，没有原则的爱也会毁了孩子！我们的班规是我和孩子们一起制定的，内容涵盖了一早进教室直到晚上的回家作业等方方面面，为每个孩子找到"小岗位"，一方面让他们课间有事可做，另一方面培养孩子的规则意识。

用"爱"走近他们的心灵，用"规则"培育他们的责任心，这就是我和我的洋菊豆们的相处之道。

（小学语文教师　卢江海）

12 "爱的教育"三重奏

2011年9月,我担任了六(7)国际班班主任,这是我们菊园中学部第二个全员都是国际生的班级,班级人数接近20人!济济一堂。

班级里大多是来自美国、澳洲和加拿大的孩子,他们基本是华裔,具有较好的中文基础和对中国文化的认知能力;还有一部分是来自日本、韩国,他们往往对中国的语言文字和中国文化较为陌生,缺乏认知基础。

促进师生之间、生生之间情感的交融,从而实现班级文化的融合,是我带班首要解决的内容。

记得,那一年初秋的绿仍然如春日般浓烈,菊园六年级的学生一起出发前往健生教育基地开展为期5天的军训体验。在这次活动中,同学们训在一起、吃在一起、睡在一起,彼此之间很快热络起来,在训练中互相帮助、互相扶持、互相鼓励。与国内学生一样晒着灼热的太阳、吃着朴素的饭菜、睡着简易的床铺,最终这群印象中"娇生惯养"的孩子们跟国内学生一样出色地完成了此次训练,并体验了自我独立生活的滋味,有艰辛但更多的是喜悦!同时还有对父母付出的认可和感恩,这是军训给予孩子们的第一节"爱的教育"。

而我与孩子们"披星戴月"的同时也悄悄地观察着孩子们的一言一行,并记在心间。晚上,我便开启台灯,将我捕捉到的孩子们动人的、充满善意的、值得夸赞的一点一滴倾泻在信纸上。例如我写给日本小佳同学的信件摘录:

小佳:

你是个特别善良的孩子,虽然你言语不多,但是观察能力很强,当寝室同学有困难的时候,你总能默默地付出,尽自己的全力去帮助同学克服困难,你是个很有爱心的同学,所以你也收获了班级同学满满的称赞!

……

就这样,我把对每一个孩子的欣赏都写在了信纸上,然后放进信封。在最后一天集训展示结束后,回到学校,在校门口解散的那刻,我拿出"沉甸甸"的信封分发给每个孩子,孩子们当时的意外和惊喜我现在还历历在目。我想:这是我用我的欣赏和关爱给孩子上了第二节"爱的教育"吧。

正式开学后,孩子们彼此熟悉了不少。外籍生与国内生相比最大的特点是个性鲜明,同时乐于表达也敢于表达,对自我的认同度也高。渐渐地,彼此的矛盾开始出现了,有些同学之间的关系发生着微妙的变化。我发现后,寻思着用班会课的时间与孩子们做些交流。但是传统的说教类并不适合这群"留学生",恰巧当时微博正流行,于是我突发奇想——让孩子们展开一次"我要@你"的主题活动,让孩子们发现身边人的真、善、美吧!

当我在班会课上宣布这一决定时,孩子们面面相觑的表情告诉我,他们平时缺乏对他人善举的捕捉,也同时让我对这次活动的价值充满信心。果不其然,在我的启发下,孩子们纷纷发表自己的见解——

【美国】小新说:"我要@小晴,你作为语文课代表一直很认真负责,前两天我没抄完的笔记也是你借给我的,谢谢你在我语文学习上的帮助。"

【印尼】小 N 说:"我要@小艾,小艾很热情,当她知道我在体育课上学不会广播操时,她就会在课间教我,让我能跟上大家的节奏,现在我已经基本能独立完成广播操了。"

【日本】小依说:"我要@小苟,我平时中文说得不太好,他从来没有笑话过我,当我背古诗困难的时候,他也会很耐心地帮我一起背,我想谢谢他。"

……

这节课,气氛热烈,发言的同学充满欣赏和感激,被提到的同学欣喜且光荣,这节课教会孩子们的是用善意发现周围人的好,同时也意识到一个班集体阳光、向上的氛围需要大家齐心协力地建设,拥有自信的同时也要赏识他人,这是我给予孩子们的第三节"爱的教育"。

"爱的教育"没有终点。

"爱的教育"还在菊园延续……

(初中语文教师 宋颖)

13 如何做好一名外籍班班主任

刚进入菊园我就加入了菊华院的大家庭,作为一名外籍班的班主任,关于日常事务的处理方式以及对学生的教学和引导其实和国内班是有很多不同的,接下来我将从三方面谈一谈,如何当好一名外籍班的班主任。

一、引导积极向上的正能量,营造良好的班级氛围

把赞美还给学生——教师的赞美是阳光,是雨露,是空气,是学生成长不可缺少的养料,是沟通教师与学生的心灵之河;教师的赞美是一种无形的催化剂,能增进学生的自尊、自信、自强。教师的赞美越多,学生越显得活泼可爱,学习的劲头就越足。

班上总有几个学生既不勤奋上进,也不惹是生非,对班级一切活动既不反对,也不踊跃参加。一般情况下,既得不到老师的表扬,也得不到老师批评的学生,是一些容易被老师忽视"遗忘"的学生。我们班有一名俄罗斯国籍的学生就是这样的孩子,我对他的印象就是有点胆小内向,语言上的交流障碍使他不太愿意与我沟通。

直到有一天一件微不足道的小事让我将目光关注到他的身上。那次下课晚了两分钟,我发现在教室后面有垃圾,很多孩子都急着离开座位,没有人愿意承认是自己扔的;这时只有他走过来,用不是很熟练的中文说:"老师,我去捡了扔了吧。"

我被他这一行为触动到了,立刻在下节课上课时表扬了他,并赞扬他关心集体,为班级卫生着想的好行为。后来,我又从几件小事中发现了他闪光的地方,并及时给予表扬,渐渐地我发现他脸上笑容增加了,碰到不会的问题也敢向我询问,更愿意与我沟通了。我们之间的距离近了,他也更积极参与课堂了。

这件事给我的启示颇深,在今后班主任工作中,我开始注重以人为本,面向全体,细心观察,捕捉他们身上的每一个闪光点,及时把赞美送给每一个学生,使之发扬光大。使每个学生都感到"我能行""我会成功"。

二、真诚对待每一位家长，争取他们的配合

在做班主任的过程中，除了和学生沟通，另一个重要的部分就是和家长沟通。我们国际部的学生数量和国内班比起来少了很多，大家可能会觉得与家长沟通的事一定也能少很多，其实并不是这样。就单单家校沟通方式中最常见的"通知"来说，国内班的家长可能就个别会有疑问，通常也能在家长群中由其他家长解答内部消化了。而在国际部的通知，用我们经验丰富的袁渊老师的话来说："我们得先自己把'通知'内容完全消化了，然后再重新以他们能看懂的方式，标出重点再通知家长。"并且很多外籍家长会怕自己解读错误，往往有些重要的地方会再向你确认，这个时候我们不能有不耐烦和焦虑的情绪，而是要站在家长的角度考虑问题，他们心里的不安和疑问需要靠班主任的力量消除。时间久了，他们就会和孩子们一样和你建立起信任关系。

当然，和家长的沟通渠道还有很多，无论我们采取何种方法，关键的是找到分歧的症结所在，寻找解决问题可能涉及的多种方式。最有效的办法就是"以心换心"，多换位思考，学会从对方的角度出发看待问题，在交流和沟通的过程中寻找"共同语言"，真诚地和家长交朋友，才能更好地做好教育教学工作。

三、虚心请教前辈，在实践中成长

我们菊华院中有着多位具有经验丰富和优秀带班经历的前辈，他们真是我们年轻教师坚强的后盾。起初我一个人从国内部的办公室搬到国际部的办公室是很不安的，不善言辞、内向的我能好好和大家相处吗？而当我真正进入国际部办公室的时候，和我们的袁老师、李老师、张老师、吴老师、成老师等前辈们相处后，这些不安完全消除了。任何问题都可以向他们请教，任何困难他们都会向我伸出援助之手。

曾教授这个班级两年的张敏慧老师就经常传授我该如何与本班家长们沟通的方法，同时有丰富的带班经验的李伟文老师、袁渊老师也常常提醒我需要注意一些不常见的细节。同样也教授数学的成懿君老师、厉一文老师还能在学科上给予我帮助。国际部的家庭经常会有哥哥姐姐和弟弟妹妹一起都进入菊园的情况，也就使我们班主任之间的联系更为紧密，我们班上有位美国国籍的孩子，他的姐姐就在吴奕老师的班级中就读，吴老师已经接触他们家庭五年了，我曾就与这位同学的妈妈的沟通难题向吴

老师请教。通过交流,让我更加了解了这个家庭的情况。还有很多前辈们的帮助也都使我带班越来越顺利,即使偶尔碰到问题我也不会慌张。

  回顾过去,展望未来,我的班主任工作任重而道远,但我会在学校领导和各位老师的大力帮助下,不断地完善自我,挑战自我,提高自己在学生管理方面的能力、注重细节工作,一如既往地兢兢业业,勤奋钻研,端正自己的工作态度,尽量使自己的各项工作做得更扎实、更完善、更有效、更实在,争取早日成为一名合格的班主任。

(小学数学教师　殷嘉滢)

第五章

融课程教学：智慧创新的"洋"课堂

课程是对教育的目标、教学内容、教学活动方式的规划和设计,以及实施过程的总和,不同国家有不同的课程。在中国的基础教育学校,课程是落实国家教育方针的根本途径,是实施素质教育的重要载体,通过课程建设与实施,实现学生德智体美劳的全面发展,促进少年儿童身心的健康成长。

洋泾菊园是中外学生汇聚的义务教育公办学校,接纳外籍学生学习中国课程,承担着中外学生共同发展和健康成长的重任。菊华院的外籍学生,跟中国学生一样学习中国国家课程,使用汉语版的中国教材,以汉语为母语开展教学活动,所以,菊华院的课程与教学是完全本土化的。这完全不同于国内一些招收外籍学生的学校,它们的课程使用国外教材,是以外语实施教学的。外籍学生家长送孩子到洋泾菊园读书,就是愿意学习中国课程,认可上海基础教育,乐于掌握汉语语言,主动浸润中国文化。

外籍学生学习中国国家课程,首先对学校教师队伍提出了挑战。教师是课程的实施者,国际部教师不仅要具备专业能力,还要针对外籍学生设计课程教学,组织"洋

非遗考察学习刺绣

娃娃"开展教学活动。因此，以外籍学生为教育对象，提高教师专业水平，特别是教师的国际教育能力，成为学校教师专业发展的重要内容。

在"多元交融、愉悦创新"全员教师培训的基础上，学校专门设立国际教育教师培训项目，旨在提升教师国际理解与国际教育能力。首先是更新教育观念，主动迎接多元化、国际化社会发展的挑战，满足中外学生多元交融的教育需求；其次是学习先进经验，参访上海公办高中国际部，上海境外人员子女学校，英国、美国等友好学校，学习它们的国际学生管理、课程教学实施等方面的做法；再次就是鼓励老师们大胆创新，敢于在一条没有人走过的路上探索前行，将国际教育经验本土化；四是分享体会经验，为老师们创设交流机会平台，将教育教学实践中的金点子、好办法，呈现给团队同伴来相互学习、共同进步。

课程改革的核心是课堂教学，教师通过对学校教育理念的内化，将课程目标体现在课堂教学上。在学校课程改革领导团队的带动下，国际部管理团队与小学部、初中部携起手来，共同承担了菊华院的课程与教学管理工作。但是，多元家庭文化和多种母语背景，决定了在小小联合国的洋课堂上，教学效果不可能一蹴而就。所以，实践过程是不断内化为教师层面智力操作的过程，也是一个不断领悟、不断创新的过程。

菊华院老师们主动攻坚克难，智慧潜能充分释放，精准开展因材施教，高质量地实施了中国国家课程，探索着国际教育的课程教学实践。国家课程的同步，决定了课堂教学目标和教学内容也基本一致。菊华院老师大部分既带教国内班，也同时带教国际班，教学进度保持基本一致，教学评价也基本统一。

课程实施的语言根据国家母语差异而不同。许多外国学生缺少中文语言环境，没有汉语听说读写基础，以汉语为载体的所有课程与教学活动必将困难重重。菊华院的语文老师就像开路先锋那般，为了让"洋娃娃"们学会中文、学好语文，她们逢山开路、遇水搭桥，可谓是煞费苦心、百折不挠。

心理咨询师型的卢江海老师，怀着"母爱"的初心给"洋菊豆"教语文。从学生的知识基础、学习能力、家庭情况等出发，个性化分层布置作业，使作业对每个学生都适合。她还发明了"说明书"这一写作教学的独门秘籍，德智融合提高"洋菊豆"的思想行为水平和中文写作水平。她的学生在境外学生征文比赛中获奖数量最多，质量也是最高的。

张敏慧老师常年扎根菊华院,是教洋菊宝学习语文的专家型教师。她发明了"扭扭棒"这根神奇的笔,为小留学生解决了汉字的笔画顺序的识记难题;借助橡皮泥解决了写字教学中田字格的书写难题;尝试着用学生熟悉的英语拼读的办法,让他们在比较辨析中来解决学习拼音的疑难。在玩乐中学、在体验中学,一个个教学难题迎刃而解。

张莺老师最擅长将语文教学与艺术表现形式相融合。她组织外籍学生进行课本剧表演,激发他们的情感体验,点燃其创作热情,再通过舞台表演的形式,把各国学生的长处发挥出来,用丰汇的语言、多姿的肢体表达、高昂的表现力来抒发他们美好的愿景。课本剧表演是外籍学生中文拓展课程非常好的形式。这样的教学方法,初中部的谢烨老师也进行了尝试,让外籍学生参与班级课本剧表演,提升了他们的语文水平。

钱荟、蒋夏倩、吴珍妮都是青年语文教师,她们勤奋好学,开拓创新了不少教学方式。钱荟老师带教的一年级有9个俄罗斯宝宝,他们完全不会汉语,她就让自己的国内班小朋友做小老师,中外小伙伴手牵手,俄宝宝快乐学汉语。蒋夏倩老师擅长体验式的仿写教学法,调动学生的视觉、味觉、触觉,体验"青团"的特征,仿照课文中端午节粽子的描写,让学生去写一写"青团"。吴珍妮老师从绘本教学入手,用看图说话激发小朋友学说汉语的兴趣,再慢慢地过渡到看图写话。

面对初中已经有语文基础的外籍生,宋颖老师积极探索语文对话教学,在积极互动中进行、深化、创造对话。关注学生学习的起点、解构学生学习的难点、点燃学生思维的亮点,以"涵养丰润情感培植理性思维"为出发点,激发学生学习语文的内驱力,引导学生多角度思考问题。她向语文综合课程设计专家求教,常以活动设计为载体,构建多种对话,让初中外籍学生走进文本、爱上中文,在不同的文化视野中碰撞思维的火花。何莲老师将德育融合在语文课堂上,把塑造外籍学生的优秀品格作为自己肩负的特别使命,用主题演讲教学法,激励外籍学生树立正确的人生观和价值观。

菊华院的数学老师,也个个身怀绝技。运用上海数学教材的优势,他们探索了丰富多元的数学课程教学法,不仅让洋菊宝受益,还蜚声海内外,代表中国向英国输出教育教学智慧和创意。

厉一文是上海最早、最优秀的中英数学教师之一,也是上海市敢于在数学课程上锐意革新的先锋。她在教学过程中,不断总结反思,从行为学、心理学、教育学的角度出发,带领学生研究真问题,引导学生进行思考和探索。在她的教学理念和教学行为影响下,孩子们学数学更自信了,更爱思考了,更愿意表达自己的观点了。

陆雨薇老师在教学的过程中,结合国际部学生的特点,从实际生活出发,引导学生在现实空间中体验东南西北,进而帮助学生理解地图上的"上北下南左西右东"的方位。同时陆老师还特别注意了语言与形象结合——从直观辨认方向到语言描述特征,从日常语言到数学语言的使用,不断地推进国内部和国际部的教学方式融合。

成懿君老师巧妙地用算盘作为载体,进行加减法教学。她借助算盘让学生直观感知数在算盘上的外在表现,逐步理解算盘上的进位制,帮助学生逐步形成直观洞察,进而建立数学模型数感,培养视算能力的目标。她不仅将中国特色的"算盘"作为教具,还结合国际部学生的特点,充分利用"真正上海数学"中的"掌握式教学"和"小步教学法",并将这样的教学法带到英国交流,抓住机会与英国教师切磋,使得海派文化影响下的数学教学广受关注与好评。

殷嘉滢老师抓住国际部学生在学习过程中喜欢动手探索、乐于操作实践的认知特点,在教学中采用学生感兴趣的活动形式,布置结构化、引导性的探究任务,让学生大胆质疑、有效反馈,有意识培养学生的思辨能力。殷老师还擅长应用信息技术手段辅助教学,让学生真正喜欢上数学课。

有人以为,在菊华院任教英语的老师,应该是最轻松的,外国小朋友的英语水平一定都很不错。这就大错特错了。

英语课上,吴奕老师面对孩子们母语种类多、英语基础弱、家长不重视的现状,摸索出低年级的表演式学习法、高年级的任务式学习法,根据学生学习动机设计教学活动,用教育智慧和人格魅力征服了家长,感染了学生。胡依琳老师在英语课上,发挥外籍学生的语言优势,帮助他们适应新环境,在和谐的人际关系中找到归属感。张洁琼老师发挥外籍学生的英语特长,让他们做小老师,为他们举办英文说唱音乐会,因材施教,激发了学生的学习热情。

正如外教 Alex 所说:"中国教师会借鉴我的英式教学方法,而我也渴望尽可能地学习中国教师丰富的经验。"菊园莘莘学子得益于这种"两全其美"的方法,他们一定会飞速成长。

当然,其他学科老师也毫不示弱,他们在菊华院的课堂上也是多元交融、愉悦创新的。

  在罗鸣春老师的体育课上，外籍学生感受到的是团队合作的精神要义，体育精神的无国界。在谢晓晨老师的历史课上，中华文明的优秀文化感染了外籍学生，为他们将来成为文化交流的使者奠定了基础。

  课程既是知识的载体，也是文化的载体；中国课程承载着人类的智慧，也承载着中华的文化。在菊华院，老师们用自己的教育教学智慧，创新课程的实施，让外籍学生在课程与教学的智慧中全面发展、健康成长。

  菊华院老师们，用十八般武艺，呈现了智慧创新的中国式"洋"课堂！

1 让每个学生都能接受的"礼物"

国际班学生的语文基础真是千差万别,本班 28 名学生,来自 14 个国家,其中学生的母语包括英语、日语、韩语、意大利语。刚进菊园,小爱、春天连中文都听不懂,Tommy、索菲等宝贝对语文真的没感觉,也不能怪他们,混血儿,家里没有中文语言环境……当然也有从小生活在中国,光中文字已经识了千把个的骏骏和妮妮等。差距如此巨大,却每天在同一个课堂上语文课,对老师来说可是艰巨的任务啊。

同时还要面对的是每天"参差不齐"的作业,作业是课堂教学的延续,是学生学习知识的必须训练内容,是保证和提高教学质量的重要手段。教师应有一颗善良的心,站在学生的立场上,尽可能地使每个孩子都有所"得";为了让所有学生都能得到不同程度的发展,笔者认为,分层作业是一种良好的方法。在给学生布置作业时,要努力做到因材施教,做到客观看待学生身上存在的学习能力方面的差异,采取分层作业的方

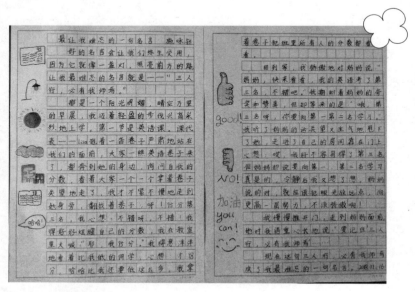

精心打扮的"礼物"

式,使每个学生在自己原有的基础上得到最优发展,真正让作业对每个学生都适合并且发挥其最大的效益。

一、了解学生"消化能力"

1. 了解学生知识基础

同一个班集体内学生对于已学知识的掌握情况不尽相同,了解学生的知识基础是分层布置作业的前提。基础知识不过关的学生由于受字、词掌握的局限,语言表达能力的限制,接受新知识较为困难;如果布置作业时一把尺子衡量,无异于揠苗助长。根据学生对语文基础知识的掌握情况可以分为三类:基础 C 层:没有学前教育,连听、说都成问题,语言表达能力差,学习新知识较为困难;基础 B 层:听说没有问题,认识少量常用字,学过的生字和词语掌握情况良好,句子的理解能力及语文基本知识掌握情况较好;基础 A 层:较好的学前教育,对已学知识掌握良好,并具备相当好的学习能力,能在学习中发现问题,探究解决问题,积累到丰富的相关知识,学有余力。

2. 了解学生学习能力

学生接受新知识的能力也各不相同,同样的字词有的学生写一两遍就记住了,有的学生可能四五遍都记不住;有的题目部分学生可能独立完成且游刃有余,有的学生可能独立完成不了。学生的学习能力也会受到已有知识的限制,基础知识掌握较好的学生在学习新知识时表现出的学习能力总会比其他学生强一些,同时学生的学习能力、学习基础也影响着学生的学习兴趣。常言道"知之者不如好之者,好之者不如乐之者"。了解学生的学习能力,根据学生的学习能力布置作业,合理提出要求,让所有的学生都有"跳一跳能够得着"的感觉,那么学生在做作业时困难少一些,成就感多一些,兴趣浓一些,质量一定会高一些。

3. 了解学生家庭情况

家长是孩子的第一任启蒙老师,家长文化水平的高低,在某种程度上也影响着自己的孩子。有的家长文化水平较高,而有的家长也可能"不识字"(本班有好几位家长黄皮肤、黑眼睛,会讲中文,但不认识中文字),可想而知,学生所受家庭教育的内容和方式也是截然不同的。不同层次水平教育下的孩子,他们的能力及习惯也是参差不齐的。了解学生的家庭情况,避免在教学中对家庭教育寄予过高的期望,也有利于利用家庭资源弥补学校教育的不足，同时也能使不同家庭背景下的孩子都能得到提高。

因此在暑假家访期间，我设计了一张表格，其中有一栏"对孩子学习中文的要求，有三个选项：A 与本地班同学完全保持一致；B 基本保持一致，难度较高的作业可选择不做；C 轻松愉快学习、完成基本作业，孩子尽力就行"。让家长进行选择，了解家长对孩子语文学习的要求，同时与家长约定，不只是按照家长单方面的要求，还要根据孩子的学习基础以及学习能力，学习一个月后才决定孩子的分层。

体现分层作业，分层对待，灵活对待。让学生针对自身情况自主选择合适的作业，作业的个性化促使他们语文能力得到有效发展。

二、 根据学生具体情况确定作业内容、作业量及完成作业时间

1. 为基础 C 层学生常布置书写生字、新词，及时布置字词预复习类作业，弥补字词掌握的缺陷等，对于当天所学课文内容配套练习根据其能力圈划部分，鼓励完成。

2. 基础 B 层学生在巩固生字、新词的同时，通过作业检查学生对知识理解的深度和运用技能的熟练程度，布置和课时相关的练习并要求学生能按时完成，学生作业中出现不会做的，自己解决不了的问题，可作为遗留问题。

3. 基础 A 类学生，接受知识能力强，反应较快。在生字新词的学习过程中允许学生在做作业时以听写代抄写（听写词语 100 分免抄写词语本），减少抄抄写写的作业，在掌握课时学习内容的基础上布置课外阅读，或是同样的作业给予更高的要求，鼓励学生在学习中创新、积累，尊重学生的独特体验。适量、适当的作业和练习要求，能有效地帮助学生体会成功的喜悦，培养自信心。

4. 完成作业时间分层。必须关注学生个体差异，在完成作业时间上分层要求。例如，在课堂上就要求背诵的段落，允许 B 层同学回家继续背到熟练为止，C 层同学 2 天后背熟，要求 A 层同学隔天就得交的作业。这样，保证了学生的作业质量，使之扎实巩固所学知识，形成良性循环。

三、 分层评价完成情况

虽然学生的学习成绩、学习能力千差万别，但是孩子好胜、好强的天性是共同的，给每个孩子成功的喜悦，自我表现的机会，让每个学生都有"够得着"的成就感，分层作

业在这一方面展示了其优越性。但也出现了值得关注的几个小问题：

1. 个别孩子偷懒，消极怠工，本可以完成的很好的练习，由于懒惰或是粗心完成不了。这就要求我一定要独具慧眼，对于做不了和不愿做的学生区别对待，合理评价，用不同的方法去引导，避免混水摸鱼的现象。

2. 孩子的学习能力不是一成不变的，随着学生学习的深入，原本属于C类的学生可能通过努力达到B类的水平，要及时给予肯定并改变作业布置方案。

3. 平等看待每一位学生，有时候拓展性的题目鼓励所有学生试着完成，根据不同情况给予评价，给学生试一试的勇气和决心。

学习能力的先天差异并非一成不变。在良好的环境和教育条件下，经过努力，这种差异也是可以改变的。所以会在分层次设计作业时，充分调动每个学生的学习积极性，"兴趣是最好的老师"，使学生在原有基础上语文能力逐步提高。

正如肖川博士所说，作业是教师精心准备的送给孩子们的礼物，它为孩子综合运用知识，发展和表现个人天赋提供机会，使教学的影响延续到全部的生活之中。分层作业，唤起了学生的学习热情，使学生的个性和特长得到了淋漓尽致的发挥。在今后的教学中我会更深入研究学生，研究作业，为每一个孩子送上适合他们"口味"、有利于他们发展的精美"礼物"。

（小学语文教师　卢江海）

多元交融，愉悦创新
小留学生在菊园

 ## 2 给小小联合国教英语

国际班的英语老师地位有点微妙，家长认为国际班有专门的外教课，中国老师上英语课含金量不高；而同行的想法是国际孩子自带英语母语属性，不需要多辛苦的耕耘，就有累累硕果。

真实的情况是怎么样的呢？

国际班的学生可不只是来自英美国家。随着中国的强大，国际地位的提升，吸引了越来越多外籍人士来到这里投资、就业、发展；同时也带来孩子到上海就学。而我们菊园实验学校与时俱进的教育品质得到了越来越多家长的认可，促使他们放弃名声在外的国际学校而选择我们这样土生土长的公办学校。于是国际部的学生国籍呈现

小小"联合国"的成员们

出多样化，有些来自邻国韩、日，有些来自"一带一路"沿线国家，更有些来自意大利、法国等老牌发达国家。这些"小小留学生"的母语可不完全是英语，甚至英语水平还不及中国的孩子们。

面对这样的状况，英语老师们是真正地从 26 个字母开始，手把手教学。另一方面，国际部也设置了每天一节的外教课，采用了原版教材，小班化教学。家长会更重视外教课，对于中教老师的英语课有所轻视，对上海统一英语教材教授的内容"不屑一顾"。英语教学得不到家长的配合，学生花费在课程上的复习时间就不能保证。老师的责任变得更加重大，对老师的教学提出了更高的要求。

如何让家长信任我的能力，如何让孩子在课堂中学得更多更扎实？在我阅读了一系列专业书籍，接受了诸多培训之后，摸索出一套教授国际学生英语的方法。

首先，让学生爱上我的英语课，让学生向家长传递对英语课的认可和期待。比起国内学生，外籍学生更喜欢有情景的故事，如果能给他们表演的机会，绝对会让课堂气氛达到"高潮"。于是我准备了动物面具，各种表演可能用到小道具，保证每节课都有"表演时间"。为了让学生尊重角色，尊重演出，我会营造出表演的仪式感。比如上台环节、介绍环节、致谢环节等，"演员们"演出更投入，"观众们"也会看得更专注。有时候我会刻意把一个故事分成上、下两个篇章，好像动画片的上、下集。这样，孩子们对下一次表演就会充满期待，甚至还会提前排练。下课时间往往可以看到孩子们聚在一起，扮演成小动物或者装作爸爸、妈妈、爷爷、奶奶，用英语进行对话。我会装作不经意偷听几句，孩子的对话有时候是课堂对话的重复，有时候会根据课堂故事续编或者重新编辑，演着演着他们都哈哈大笑起来，直到下节上课都意犹未尽。

随着学生年龄增长，他们的英语能力也大为改观。简单的角色扮演已然变成课堂活跃气氛的点缀，孩子们需要的是更为多元化的训练，为毕业后进入国际学校或者回国做好准备。所以针对中高年级的国际学生，我会转变教学方法，更多采用 TBL——任务型教学模式。通过设计符合实际生活的、真实的、有意义的交际任务，引导学生独立思考或者小组合作，在过程中运用语言，习得语言。比如在五年级"健康饮食"（Healthy Food）的主题下，设计任务，让学生以小组为单位，讨论如何改变不健康的饮食习惯，最后呈现出一份健康食谱。过程中学生可以调动自身储备的语言知识，发表观点，提出问题，寻求答案。这时国际学生的优势就被激活，外教课上积累的单词，句子有了用武之地，他们能灵活地使用语言进行表达，而不只是拘泥于中译英的刻板思维方式。另外这些孩子来自世界各地，见多识广，只要任务贴近生活经历，他们多元的文化背景会让小组讨论碰撞出闪耀的火花。国内班学生很少能够谈及的calorie, food pyramid也能出现在小组展示中。身为老师，感觉这样的教学很过瘾。而接受西方教育的家长们看到如此课堂，也彻底颠覆了对中国课堂的固有印象，对老师多了一些信任和支持。

在国际班做老师不容易，做英语学科的老师更不容易。如果能够真正了解国际学生，就能依据他们的学习动机设计学习活动。只有学生喜欢学，要求学，有迫切的学习愿望，才能自觉积极地投入到课堂中。国际班中很多家长本身英语能力极强，甚至母语就是英语，这就要求老师不断提升专业素养，用教育智慧和人格魅力征服家长，感染学生，真正成为符合"国际标准"的优秀教师。

（小学英语教师　吴奕）

3　品青团，仿写话

——创意写作教学的尝试

作为一位曾在国际部任教过的语文老师，印象最深刻的同时也是难度最大的，一定是写作教学了，因为外籍学生中文基础薄弱，所以写作教学难度大。如何帮助语言基础薄弱的外籍学生用中文进行表达，是我教学中的一大挑战，我也采取了各种尝试。

记得在二年级时，我们学了一篇课文——《端午粽》，这篇课文详细描写了粽子的外形、香味、味道等，从各个方面介绍了端午粽这一中国传统食物。课后我设计了一个仿写的练习，模仿这一段内容，写一种中国的传统食物。这样的仿写对于国内班的孩子们来说是小菜一碟，信手拈来，无论是元宵节的汤圆，还是重阳节的重阳糕，他们是非常熟悉的。但是对于国际班的孩子来说，他们就没有什么概念了。

于是我想从最容易仿写的一种传统食物入手，那就是同样是糯米做成的——青团。我给外籍班的每一个孩子都买了一个青团，在课堂上，让他们拿在手中进行观察。视觉上，看一看青团的形状、颜色；接着，动手摸一摸这软软的青团；然后再打开来闻香味，最后品尝青团。让学生利用视觉、触觉、嗅觉和味觉各个感官，全方位了解这个中国传统食物。

在学生有了直观的感受以后，我又出示了课文中的语句，让学生一句句进行模仿和改写。从原料到颜色，从香味到味道，每一句都请语言基础较好的同学进行示范。先进行口头的练习，充分表达后再落笔。不只是让学生一遍遍熟悉和明确自己要写的内容，也帮助语言能力较弱、无法将自己的感受用书面语言表达出来的学生，让他们有话可写，知道如何进行规范的表达。

经过这样的过程，每一个孩子最后完成的仿写都很棒，真实的体验不仅让他们不畏惧写作，而且充满了表达的意愿。虽然最终每个孩子因为语言基础不一样而使得仿写作品有好有差，但是无论如何，每个学生都完成了这一次的练笔。即使是以前完全没有办法写作的孩子，在写这篇文章时都愿意去尝试。看到自己完成的作品，学生都非常有成就感，也对以后的学习更有信心。

多元交融,愉悦创新
小留学生在菊园

作文是个性化的东西,教师的责任是帮助学生打开一扇门,进入一个属于自己的世界。教师只要引导学生留心观察和反映周围的人文环境,养成观察习惯,积累写作素材,在学生有进步时加以鼓励,学生一定能够在自己的文字中自由翱翔。

(小学语文教师　蒋夏倩)

第二部分
小小联合国从梦想变为现实

 4　教学相长，结对互助

我执教的国际班上华裔的孩子比较多，有一大部分的孩子是有一定的语文基础的，家中也有家长能够进行帮助和辅导，这一部分的学生完全能够跟得上课的节奏。一年级的语文课以读为主，他们能够带得动班级的节奏，跟着老师大声朗读，课堂氛围也挺不错。

然而在这表象之下，我也发现，班级中存在部分学生，完全没有语言基础，来中国只有短短几个月，家里没有任何人能够听懂中文。班级里来自美国的一对双胞胎小 I 和小 P 就是这样的情况。我刚开学接触到这两个女孩子，发现他们所掌握的中文只有上厕所、喝水，能够表达最基础的需求，别的什么都不会说。因此，第一个要解决的问题，就是让学生知道我们在"干什么"。

我先在班级中请了一位"小翻译"，将上课时常用的内容，如：跟老师读、书空、同伴合作、指读等中文词语用英语解释给他们听，让他们记住这些词语的发音，在课堂上能够明白自己应该干什么。每当我发现他们还是会出现听不懂的情况时，我也会用我向"小翻译"学到的英语表达方式，再进行一次讲解，并在课堂上多多关注他们，尽量让他们融入课堂活动中来。通过这样的方式，两个孩子上课的注意力集中问题有了明显的好转。

可过不了多久，我又发现，每当我让学生自己看着语文书进行朗读或者上课做练习时，两个孩子仍旧十分茫然，不知道该看书本的哪里。每当需要学生独立完成一项任务时，看着练习本上密密麻麻的方块字，他们也根本不知道题目的要求究竟是什么。针对他们这样的情况，我让班级中的学生和他们结成了对子，让汉语学习能力比较强的学生去帮助这两个汉语学习能力比较弱的孩子。

语文课时，我会安排一位学习较好的学生和两个双胞胎坐在一起，看同一本语文书。每次需要指着书进行朗读时，都由"小老师"用手指点好正在朗读的文字，方便他们将眼睛看到的文字和耳朵听到的内容结合。课后，我会再把他们拉到身边，请他们自己试着读一读新学的内容，看看他们是否掌握了，如有不会的，就能够马上帮他们进行强化和巩固。做练习时,我也会请完成速度快、质量好的同学去看一看小双胞胎是否遇到了什么困难,及时帮助他们或者告诉我,让我能够知道他们不明白的地方,帮助他们解答困惑。

渐渐地,小双胞胎和她们的小伙伴关系越来越亲密,原本只愿意和自己的姐妹做游戏的小 I 和小 P 在班级中交了新的好朋友,在和好朋友的沟通和交流中,他们的口头表达能力和中文的理解能力有了很大的提升。小老师也在帮助别人的过程中,听课更认真,做题更仔细了。

学生间的互相帮助,不仅让他们收获了成就感和快乐,同时将自己所学到的知识进行了巩固和深化。在同伴结对子,互相帮助的过程中,学生们都获得了长足的进步,为汉语学习打下了坚实的基础。

(小学语文教师 蒋夏倩)

第二部分
小小联合国从梦想变为现实

5 在中华文化中学"圆"

《圆的初步认识》是小学数学四年级第一学期的内容,包含了初步认识"圆"的概念,会用圆规画圆等。作为教学重点,画圆的步骤在书上则是一长段文字,这对于我们菊华院的小小留学生来说,在理解上是有困难的,他们对语言描述印象不深刻。如何既能引起孩子们的学习兴趣又能达到教学目标呢?

基于这样的思考,一方面,通过引导学生在认识完"圆"的一些基本概念后,自主探索如何使用各种工具画圆,掌握画圆的方法;另一方面,拓展"圆"背后的中华文化。如此,不光能有效达成教学目标,也能让外籍孩子更了解中国文化。

在课上初步认识"圆"以后,我又抛砖引玉,利用放在桌子上的笔筒,画了一个圆,并鼓励孩子们使用身边的工具尝试画圆。他们画出了各种各样的"圆",有些大大小小,有些并不是标准的圆。于是我又问孩子们:"那我们怎么才能更方便地画出标准的

魅力课堂　快乐"圆"满

多元交融，愉悦创新
小留学生在菊园

圆呢？你们知道在中国有句俗话'不以规矩，无以成方圆'吗？"因为平时孩子们并没有处在中文的环境中，并不是所有同学都能了解中国的俗语，俄罗斯籍的孩子就举手问道："老师这个'规矩'和我们平常说的课堂规矩之类的是一样的意思吗？如果是一样的意思，我更不能理解这句话了。"于是，我就向全班解释了这句话中的规矩分别指的是圆规和矩尺，古人利用圆规画圆，用矩尺画方形，也就是说我们可以使用圆规来画圆。"但是我们刚刚用杯盖也画出了圆，古人难道不知道吗？"美国籍的孩子又问道。"你提了一个好问题，其实这句话还有它的引申含义，指的是做任何事都要有规则、懂规则、守规则。这里的规矩就指的是规则了。"同学们纷纷点头，表示原来还有这样的意思，中文真是太有趣了。

在这节课的最后，我又和孩子们谈到了"圆"在中国文化中也具有很重要的含义，比如，中国人都十分重视中秋节。"但愿人长久，千里共婵娟"，月圆时是人思念最饱满的时刻；圆在中国传统建筑中也运用广泛，圆形的客家土楼让人记忆犹新；拱桥倒映在水中，水影成圆，静下心来，就能够看见全世界。我展示了很多"圆"在中华文化中的应用。

课后，这些小小留学生不光对画圆十分感兴趣，都在练习画出好看的圆，也很积极地在语文课本中寻找关于"圆"的文化。

通过这节课，我认识到，从自然现象引入能引发学生的学习兴趣，通过"解释自然中的圆"和"欣赏人文中的圆"等活动，在丰富多彩的数学学习中层层铺垫、不断推进，帮助学生不光是学习书本上冰冷的文字内容，还能让他们摆脱原有的惯性思维真正地喜欢数学、理解数学，同时感受、体验中华文化。

（小学数学教师　殷嘉滢）

第二部分 小小联合国从梦想变为现实

6　从自信到思辨

——小留学生数学学习进阶之路

在国际部教学过程中，老师发现孩子们的思想非常活跃，对于探索性的、开放性的、动手操作性的问题特别感兴趣。相对而言，他们对于常规的计算练习兴趣不大，对基于文字表达理解的应用题练习存在畏惧心理。

执教四年级第二学期第一课时，我带领小留学生们复习加减乘除四则运算、两三步计算式题。课本上以 2008 年北京奥运会为问题背景，呈现了 11 道两步三步计算式题。如果按照原定计划实施教学，可能会出现学生对于这些问题不感兴趣，不愿意举手发言，或者怕自己回答错，胆怯而不举手参与课堂讨论等问题，从而削弱了学生的主体性，变成老师的一言堂。学生对于中文的不确切理解很有可能会导致孩子没有真正听懂老师的话，没法真正掌握运算顺序。学生的不积极参与，又会让老师不知道孩子哪里的理解有困难。

基于以上的思考，我将原定的教学计划改成了以开放性问题作为起点，把学生推进思考的旋涡，使得他们"不得不"提出自己的解决方案，并自圆其说地解释它，从而达到算理越辩越明的目的。

这个开放性问题就是："以小组为单位，把这 11 道题分成两组，并且要说明分组的标准是什么？"

当我提出了今天的开放性问题后，孩子们按照平时习惯的小组合作安排开始了讨论。3 分钟后，我们开始交流想法。

第一组的代表说："我们把这些题分成有括号的和没有括号的。"

中英数学教师交流项目

他们组一说完,其他组一片哀号,说他们把自己组要说的话说掉了。

"真的吗? 就只有这一种分类方法么?"我刺激他们说道。

第三组交流说,还可以按照能巧算和不能巧算来进行分类。

那么这些题分别怎么巧算呢? 我追问。

"因为都是同级运算,可以交换运算的顺序。"

"这里的等号是什么意思呢?"我问。

孩子回答:"表示左右两边相等。"

"对,利用运算定律交换了运算的顺序,把原题进行了改写,但是答案不变,可以用等号连接。"我做了一个小结。"那么 $2630-867+133$ 是否能通过将 $867+133$ 相加来进行巧算呢?"我继续问。

"这是个陷阱!"孩子们说。

"为什么不能用这种方法巧算呢? $2630-867+133$ 和 $2630-(867+133)$ 是否相等,你们能解释一下吗?"我问。

孩子们开始用自己的方法解释:"我可以算一算。"一位同学说:"$2630-867+133=1896$,$2630-(867+133)=1630$,不相等。""我不计算也可以发现他们不相等。肯定是左边的结果大,右边的结果小。"另一个孩子说:"你看我铅笔盒里有这些文具,我先拿走这支笔,再把这块橡皮放进铅笔盒,就相当于在总数里先减去,再加上。但是如果我把铅笔盒里的这支笔和这块橡皮一起拿走,就相当于从总数里拿走两样东西,这跟前面一种方法的结果完全不一样呀。肯定是一起拿走剩下的东西少。"她说不清楚,就动手开始演示了起来。

此时,全班自发地响起了掌声。

我一直鼓励孩子们自由交流,即使对于错误的思考方法也要珍惜其中的有益价值,对于优秀的想法和完整的表达要大力赞赏。孩子们在长期的潜移默化中都已经学会了欣赏别人。而对于已经四年级的这些小留学生们,有的孩子的中文已经有了很大程度的提升,能够大致表达自己的想法。对于语言能力较弱的孩子,在小组讨论的过程中,也可以通过同伴互助形式的语言浸润来缓步提升中文能力。

有了第三组这种分类方法的启发,其他组纷纷说自己找到了新的划分标准。

第二组代表说,把"有加减法运算"的分成一组。

我开始深挖他们在数学表达上的问题:"是有加减法运算,还是只有加减法运算?""我们讨论的前提是分成两组,那另一组是什么类型?"

孩子回答:"是只有加减法运算的分成一组,只有乘除法运算的分成另一组。"

另一位孩子质疑道:"那么混合运算分在哪一组呢?"

第二组语塞了。

分类思想是一种处理数学问题的思想方法。它需要根据对象的某一属性特征把事物不重复、不遗漏地划分成若干类,我们今天讨论时,前提是分成两类,那么这两类必须互相之间没有重复和遗漏。

在今天的探究中,孩子暴露出的问题,正好可以启发完善他们的分类思想。我问:"以你说的这个标准,怎么按照要求划分成两类呢?"

孩子意识到了自己的问题,继续思考起来。

在这个误区的启发下,第四组代表说:"我们来把第二组的改进一下,按照只有同级运算和含有两级运算进行划分。"

我问:"那么这些同级运算要按照怎样的顺序计算呢?"

"多面手"厉老师走进英国课堂

孩子们一一作答。

接着第三组的代表说，按照第一步是计算加减法，第一步不是计算加减法来划分。

我请第三组的组员一一说了具体划分的方法，大家都同意。

又有孩子说："按照题目的数据中有一位数的和题目数据中没有一位数的来划分。"

国际部的孩子就是有趣，他们会想到很多异想天开的点子。这个说法又得到了大家的肯定，但是大家也觉得这样划分的数学味儿淡了。

我看看孩子们没有其他更好的划分方式了，就抛出了一个问题："按照能够运用运算定律或者运算性质进行改写的，或者不能运用定律和性质改写的，可以划分成两类吗？"

孩子们开始了交流和汇报。孩子们还提出：这些题，除了其中一道题目以外，其他题目虽然能改写的却不简便，没有改写的必要。

这时，有同学对于其中的一题提出了质疑，问：为什么改写完了，中间是个减号，不是应该是个加号的吗？看来他是受到了上学期学习的乘法分配律的常见形式的影响。

立刻有其他同学进行了解释，使有疑问的同学及时得到了明确的思考方法。

这样的同伴互助式答疑最有效了。孩子的语言往往最接近对方的理解区，而我会在同伴解释完了后再请原本有疑惑的孩子说一下，他听了别人解释后的认识。

最后我请同学们打草稿，计算出正确答案，填写在书上。让他们通过计算得出的答案了解一下中国北京2008年奥运会的辉煌成绩和中国人在追求奥运精神过程中所做出的努力。

他们对14岁获得奥运跳水冠军的伏明霞特别崇拜。

反思我这节课的教学过程，我是通过"如何分成两类"这个开放性的问题，引导学生在分类的过程中，自然而然地复习了运算顺序的问题，甚至还调动了归纳推理、类比推理等思考方法，灵活地复习了四则运算顺序。

按照小组讨论汇报，互相辩论的教学思路，几乎每个人都参与了思考。通过小组合作交流，实现异质组员之间的互相学习，学生互相分享、交流观点。辩论使得他们的思维外显，将算理越辩越明。

这节课的教学目标是"复习加减乘除四则运算、复习两三步计算式题"。我在教学中还加上了培养学生的运算能力。运算技能的特征是正确，熟练；运算能力是运算技能与逻辑思维的有机结合。这不仅是一种数学的操作能力，更是一种数学的思维能力，正确、灵活、合理简洁是运算能力的主要特征。

我们的数学计算教学，尤其是在国际部对小留学生进行计算教学，绝不是通过大量练习的"堆积"就可以达到教学目的的。我通过设计开放性问题，"逼迫"学生思辨，在主动思考过程中，孩子们的数学思维能力就可以渐渐地上台阶。

（小学数学教师　厉一文）

7 用笔浇灌心灵之花
——德育在语文写作教学中的渗透

去年有一天，办公室突然拥进来一群学生，仔细一看，原来是我在菊园带的第一届学生，如今都已是大学生了。

几年不见，这些学生虽看上去有了大人模样，但眼睛依然晶晶亮，笑容也依旧那么纯真。他们抢着追忆初中趣事，交流现在的生活，瞬间把我拉回到了几年前那热热闹闹的课堂。

特殊班级，特别使命

那是一个特殊的班级。三十几个学生里，有近十个是外籍学生。这些外籍学生来自韩国、伊朗、新加坡、非洲等不同国家和地区，堪称小小联合国。学生之间中文水平

文以载道　润物无声

差异很大,程度好的与普通国内学生相差无二,程度差的连日常对话也磕磕巴巴、词不达意。如何提升他们的语文核心素养,让这些文化背景、家庭环境、性情品性、语言水平各异的外籍学生,也能像中国学生一样"学好语文",融入中国文化,对我来说是个巨大的挑战。

"师者,所以传道受业解惑也。"初中阶段,正是人格塑造的关键期。这个阶段的语文教学,不仅仅承担知识和能力层面的"受业解惑",更应善用语文学科"工具性"与"人文性"兼具的特点,主动承担大德育中"传道"之责。这就是语文教学的"特别使命":在语文教学中注入正能量,培养学生的意志品性,塑造健康向上的人生观、世界观和价值观,外籍学生也不能例外。

这样,才不辜负他们对菊园国际生教育的信任,对中国文化的认同。这,是我们必须完成的"特别使命"。

无意中,发现"通关秘诀"

使命明确了,然而路在何方呢?对普通的中国学生,课堂上的发言讨论,课后的聊天谈心,德育可以无处不在、无痕渗透。但对连日常对话都说不利索的外籍学生而言,通常的谈心等"伎俩"几乎等同于拳头打在棉花上,无可着力。

机会还是来了。一次,学校德育部门为引导学生正确看待学习和生活中遇到的委屈和挫折,组织了面向所有学生的演讲比赛,主题为"不抱怨,让人生更美好"。也许因为这个主题非常贴近学生的生活,让他们每个人都有话可说,所以,尽管部分学生文字表达并不流畅,但几乎所有的外籍学生都很用心地写了演讲稿。

在阅读演讲稿的过程中,我突然发现了深入外籍生心灵世界的"秘密通道"——写作。

在写作中,他们避免了用不那么熟悉的语言直接跟中国学生和教师交流的不自信和害羞,可以安静下来,慢慢地试着用中文来述说自己的困惑,表达自己的思考,在他们的文字中,能读到比平常交流更为丰富的东西。

来自韩国的小朴同学,是小学二年级时进入菊园学习的,中文能力较强。他的演讲稿题目为《试着去喜欢》,文章先描述了体育课同学们对1 000米跑步训练的抱怨和糟糕成绩;接着写了回家以后在妈妈对自己的鼓励和训练下,逐步找到跑步的快乐,成绩也随之提升的经历;最后引用威尔·鲍温的话来收尾:"抱怨是在讲述你不要的东西,而不是你要的东西。我们要试着把这些不要的东西,化为我们要的东西。抱怨只会让问题持续在心底恒、久、远。要试着去喜欢,让你开开心心地度过每一天。"初中毕业后,小朴进入建平中学读高中,后来回到韩国,考入延世大学。

类似的想法在新加坡籍的小霆文中也可以看到,他活用课堂上学习过的司马迁和勾践的事例,结合《生于忧患,死于安乐》一文,认为"安逸享乐如一盆温水,使人放松、疲倦,失去志向,而苦难正如一盆冰水,使人头脑清醒,最终成就一番业绩……只有面对并解决问题,才能真正使你脱离苦恼,开心地度过每一天。"

同样从中国文学中汲取精神力量的小贤,来自非洲,她引用了《生于忧患,死于安乐》语句,把磨炼和困难看作"上帝送给我的礼物","要感激它,而不是抱怨它。让我们换一种眼光去看待学习与生活中的苦,也许你会发现吃苦也是人生道路上的一种幸福"。

……

在这些稚嫩但真诚的文字中,我们能读到他们的困惑和思考,了解他们的心灵。而通过批改与修改以及课堂的交流,除了提升他们中文写作的能力,更能趁时顺势进

课堂洒满阳光　写作充满温度

行思想、情感、态度的引导,将写作真正融入到大德育之中,润物于无声。

用笔耕耘,文字浇灌出美好的"心灵之花"

  演讲稿的写作无意中让我发现了通往外籍学生心灵的秘密通道,让我更加注重、强化对外籍学生日常的写作训练和指导。每个学期的写作,除了规定题目的大作文外,增加了更自由和日常的日记。

  通过写作,学生可以随时记录生活,跟自己谈心;老师也可以及时了解学生的思想和情感并予以引导。通过不定期的课堂写作交流,既能及时指导学生写作,更加深了师生之间的了解和沟通。可以说,这些习作,展现了学生更为丰富细腻的内心世界,也是我一直珍藏的宝物。

  印尼籍的小昇同学,一个中文日常会话都不利索的孩子,在他的作文里,你却能读到他孩童的天真,比如:"喔喔噢……随着一声声鸡叫,把我从美梦中拉了出来。揉揉睡眼,哇!天上太阳都晒到头顶啦!好不容易把衣服拽上了身子,顶着睡意,硬把牙齿洗完了";对亲情的描绘,"妈妈把早饭煮好了,是粉干,真是回味无穷!妈妈手艺真好";对老师的体贴,"那几天,不知为什么,我们的语文老师不笑了,我们觉得很纳闷……我们不久终于打听到了,原来老师生病了,那几天的课老师不太笑了";对同学的赞美,"在我们班上,虽然只有仅仅 40 个人,但在这 40 个人里,每个人都有他(她)的一技之长。他们有的是擅长琴棋书画,有的是精通数学、英语";以及,对自己的由衷欣赏,"英语人才——我。你看了之后可能会认为王婆卖瓜,自卖自夸。但你想错了,我是经过很多人验证得来的。有一次,英国人来到了我们的学校,便让我当代表给我们学校翻译,那些英国人说了几句话,我便给他们翻译,老师们说:厉害!连这些话都能翻译。"

  类似的,还有伊朗籍的小仪,热爱中国文学和文化,在写作上特别用心,常常为班级贡献优秀范文。结束菊园的学业后她考上建平中学,并选择了复旦大学继续她的中国求学之路。巧的是,考入进才中学的新加坡籍的小枫,也同样进入了复旦大学新闻学院,和小仪再次成为了同学,用笔书写更广阔的青春。

秉持初心,总结经验,继续探索

  几年的时光,这些稚嫩的外籍儿童已成长为健壮的青年。在他们之后,我也陆续教过一些外籍的学生。尽管语言水平有高有低,但共同的是他们都愿意更好地掌握中文,更多地了解中国的文化。

对外籍学生的语文教学,首要的当然是尽可能提高他们的中文运用能力。同样重要的是,主动承担"育人"之责,让语文的"人文性"与"工具性"比翼齐飞,而写作的训练指导是非常有效的抓手。

结合我自己的经验,对外籍生的写作教学应当注意以下几个方面:

一、明确目标,制定长期的计划,有条不紊进行。要根据具体的学生特点,结合他们的语言、文化及家庭背景,合理地确定教学的目标。着眼于学生的未来发展,制定较为长期的计划,定主题、有层次地推进。

二、命题大作文与随笔日记等"小作文"结合,由语段到文章,由易到难,设置梯度,及时反馈。

三、重视集体的写作交流,以鼓励的方式引导,保护写作兴趣,增强学生之间思想情感的交流。在点评中顺势渗透德育教育,润物于无声。

在外籍学生写作教学方面,我还是个新手小兵,多为个人经验的总结。如何更好地融德育与写作,找到更高效的操作方式,既需要理论的提升,也需要多进行同行的交流,继续探索。

(初中语文教师　何莲)

8　从看图说话到看图写话

黄浦江畔，明珠塔下，在菊园的校园里，我们常会看到这样一群特别的孩子，他们中的一些人可能有着金发碧眼的外表，可能说着别扭的中文，可能……但他们都有一个可爱的名字——"小留学生"。

初入菊华院，我被这群"小留学生"的天真、可爱、懂礼貌所吸引，想着：我要是能多接触他们就好了！一年后，我终于如愿以偿，成为了他们的语文老师。

可是，这一切对于刚步入教育生涯的我来说，实在是太难了。一方面外国孩子普遍比较活泼、爱表现自己、自我意识比较强，另一方面由于家庭的原因，他们普遍语文基础不是很好，特别是在"写"这一板块。所以，一接到这个班，"习作"成了我最头疼的

备课中的吴老师

问题。为此我从"听说读写"几个角度切入,试着带领"小留学生"们从看图说话走入看图写话,逐步引领他们步入文学的殿堂。

我所任教的学段是二年级,在这一学段中,看图写话是孩子们作文起步阶段的训练,是培养孩子认知能力、形象思维力、想象能力和表达能力的良好途径。在我看来,看图写话能力的形成要有一定的过程,要长期地积累。这就要求我们教师在课堂内外都要对学生进行有效性的指导,为学生创造各种各样的途径,帮他们入门,提高他们看图写话的能力。

首先,我从"听说"入手,让孩子们爱上语文。孔子曰:"知之者不如好之者。"兴趣是孩子最好的老师。由于这群"小留学生"们处于低年级,爱表现,且识字量较少,所以我从他们感兴趣的故事入手,鼓励他们每天听一个故事,并试着向大家分享,并且在学期末进行了"讲故事小达人"的评比。在期末,有很多孩子跑来问我下学期是否还有这项活动。看来孩子们都很喜欢这一活动。

其次,我以"读"为主,帮助孩子们理解图意,爱上语文。这群小留学生们好动、好奇、天真,他们身上普遍存在注意力容易分散这一问题。我们都知道注意力的稳定程度常和注意对象本身的特点有关。换而言之,如果注意对象本身非常新颖、多变,那么孩子的注意力也会趋于稳定,孩子的学习兴趣也会很浓郁。

这时绘本就成了我的有力武器,因为绘本不但有丰富的画面,而且还有少量的文字故事配以说明,是孩子在低年级阶段的一个不错选择。那么怎么用好绘本呢?我是这样做的:我先在课堂上指导学生读整本书。只有课堂上教给了学生阅读整本书的方法,并使他们产生阅读兴趣以后,学生才有可能进行课外的阅读。再让孩子们自己读,并制作精美的读书卡片。最后大家共同选出最优秀的作品,进行交流。这样,孩子们可以在说与做的过程中爱上阅读,同时学会怎样看图,这就为看图写话打下了基础。在学习语文的过程中,我也常利用多媒体来帮助孩子树立直观的形象,这样的教学方式既符合了孩子的发展状况,又加强了孩子的记忆。

在这群孩子中,小 W 令我印象深刻,他是一位中美混血,平时比较爱表现,性格也很活泼,上课常常能看到他高高举起的手,他也说得很棒,但是当我们写的时候,他还是有很大困难的。于是我就问他:"你平时看书吗?"他想了一会,答道:"看的!"犹豫了几秒,看样子他是会看书,但是看得应该不多。我又问他:"你喜欢看什么类型的书?

平时爸爸妈妈会和你一起看书吗?"他挠挠脑袋,说道:"有图片的书!爸爸妈妈不会陪我看,他们工作很忙。"看样子,这孩子还是很喜欢阅读的,只是缺少指导,那么我作为老师应该帮助他。于是,我有意与他看同一本书,我常会拿着书本问他:"这里有几个人物?他们分别在干什么?为什么这个人要这样做……"后来,我发现他越来越爱阅读了,也越来越会看图了。

路漫漫其修远兮,吾将上下而求索。在"看图说话到看图写话"这一条路上,我会继续从学生实际出发,关注孩子的身心发展,重视孩子知识结构的构建,以"趣"入手,让孩子们热爱阅读,学会看图,学会创作。

(小学语文教师　吴珍妮)

9　让英语课成为中外文化的载体

六年级伊始，我拿到学生名单，开始努力熟悉班上的新同学们，其中有位美籍华人，就暂且称她为小 C 吧。小 C 有些腼腆，说话时轻声细语，是个很文静的女孩，有点难以融入班集体。她曾在美国生活过，英语水平自然不差。虽然她在书面英语方面依然有不少提升的空间，但是她并不需要反复练习一些我们课堂上操练的句型结构。她的语言水平超出班内同学太多，英语课上又没法设置太多适合她的活动。本该是她强项的英语课，会不会反而拉远她和同学们的距离？

我担忧的事情还是发生了，开学一两周后，小 C 的英语课堂参与度就显著下降。上课的时候，我经常看到她低着头，在桌子上写写画画，或者看着窗外出神，角色扮演对话等小组活动也几乎不参加。我采取了各种措施，如设置拓展性问题等，但往往会在提问后收获她如梦初醒的眼神。看着越来越沉默的小 C，我也愈发着急，可在我几乎有点黔驴技穷的时候，事情突然出现了转机。

就在九月底的一天，小 C 的妈妈突然在班级的家长群里发了一条消息："感谢老师昨天在新教室上了一堂英语课，孩子回到家仍津津乐道。见到爸爸描述一次，见到妈妈又描述一次，太有感染力了！"我在喜悦的同时，立刻开始回顾前一天的英语课，想找到这节课让小 C 津津乐道的原因。新教室是我校的数字中心，桌椅以小组的形式摆放。在课上，我引导学生们以小组为单位，让孩子们毛遂自荐，自发站出来担任小组长，以领导组员完成一些小任务。文静的小 C 能够主动站出来要求担任组长，是我没有想到的一点。原来小 C 是想要交朋友和融入班集体当中的，可能只是碍于性格，不敢走出那一步。上课的新形式让她鼓起勇气踏出了那一步。虽然小组任务完成的结果不尽如人意，但小 C 积极的反应让我发现，她最需要的并非是语言技能的提升，而是交际能力的学习。

小 C 作为美籍华人，又在六年级脱离了全外籍生班级，来到学校本部随班就读，融入班级对她而言是一种跨文化交际。培养她的交际能力，既可以帮助她更好地融入现在的学习生活，更可以提升她的人际交往、管理领导力，对她将来回到美国生活，乃至今后一生的生活都是有益的。

发现了学生的需要,确立了目标,事情就好办了。在后来的课堂上,我设置了更多"任务型"学习活动。在这种活动中,学生们以小组的形式,利用语言知识与交际策略克服交际困难,合作并完成一项项任务。我极力鼓励小C以及班里一些能力较强的同学担任小组长。作为任务型学习的小组长之一,小C在课堂上多次体验了分工与互相点评的过程,并定期分享小组合作中出现的问题与解决方法。

渐渐地,我发现小C组织小组活动时,从一开始的"意见采纳者",变为了领导讨论主持者,她们小组的任务完成情况越来越好。她的知识储备更是帮助了班内一部分同学,尤其是她的组员们提高了口语交际水平。

学期末,我们在课堂上开展了课本剧活动,小C一组排练的剧目难度较大。小C作为组长,曾来询问我能不能指导一下他们组的口语练习。我鼓励小C指导组员:"小C,你的英语口语也很好,你可不可以尝试一下自己在排练的时候顺便纠正同学的口语呢?"小C面露难色,但也犹豫了一会就答应了。"老师期待你们组的表演,加油哦!"

课后时间,我经常会看到她帮助其他小组成员纠正口语的身影,有时还会在小组成员沮丧的时候夸赞他们,让他们不要气馁。我也曾看到她们组排练剧目的样子,组内成员俨然以小C为核心,只见小C对着一成员说:"错了,不是这样读的,听我说。"小C示范了一下,"不过你感情很到位哦,继续加油!"小C从一开始的腼腆文静,难以适应班集体的氛围,到如今的不仅主动帮助鼓励同学,更是小组同学们依赖的主心骨。这样的改变令我喜不自禁。

更令人高兴的是,小C在英语课堂中人际交往、领导力的提升,激发了她英语学习的动力,并且,这份动力辐射到了语言知识与技能的学习上,她书面英语的使用也有显著提高。

无论是小C还是其他学生,发现并关注学生的需要永远是我们作为老师施行教育的第一位。通过观察学生行为、分析学生需求,我们能够更好地为他们量身打造发展目标。良好交际能力和领导力是一个人走向更广阔的世界、更美好的未来所需要的必备能力,对洋菊豆们而言更是如此。相信良好的交际能力和强大的领导力的培养,能够使小C充满自信地面对未来,成为一名有领导力、有国际视野的优秀人才。

(初中英语教师 胡伊琳)

多元交融，愉悦创新
小留学生在菊园

10 似曾相识的拼音

孩子们进入小学碰到的第一个坎就是拼音，洋菊豆们也不例外。

每年9月，都会在各种媒体上看到孩子、家长学习拼音时遇到五花八门困难的报道，而毫无中文基础的外籍学生将会面临更大的挑战。

前几年，在进行拼音教学的时候，针对孩子们有拼读困难的地方，我都会在晚上用微信对于难点逐个录音，便于孩子回家后复习；对于没有能力辅导的家长和学习特别困难的孩子我也会利用微信进行读音的示范和纠正，让他们能跟上大家的学习步伐。但这种人盯人的方法消耗的是大量的时间和精力，遇到连家长也是刚来到中国的情况时效果就更差了。于是，我们的教学只能依靠学生在学校的学习时间。在碰到教学难点，又没有家长在家中协助时该怎么办呢？

声母教学中，b、d、p、q常常是孩子们碰到得第一个拦路虎。在国内班常用的"左下半圆ddd、右下半圆bbb"之类的教学方法在这些洋菊豆身上总不能取得很好的效果。不用说区分左右对一年级学生有难度，单就认识这几个中文字，并和实际意思联系起来就更难了。

如何简单有效地让孩子们分清这些声母，传统的办法无路可走。在不断思考和尝试的过程中，我发现拼音和他们的母语同是拼读体系的，汉语拼音中的声母和英语字母的字母音非常接近。瑞士心理学家皮亚杰的发生认识论中提到：儿童遇到新事物、新经验时，总希望把它结合到原有的图式中，而引起迁移或概括，让它成为自身的一部分。那能不能借鉴英语的phonics的教学方法，让他们用熟悉的知识去学习拼音呢？

课上，我让孩子们读了26个英语字母，并请纯外籍的孩子们教我字母读音。老师和学生角色的互换，让原本拘谨的孩子们一下子活跃起来。等他们教完后，我抽出其中的"t"和"f"让他们用英语读一遍，我用拼音读一遍，读完再请他们说说有什么新发现。课堂上一下子热闹起来，孩子们的眼中除了惊讶而更多了自信。是啊，这些拼音字母的竟然和英语字母的样子一模一样，读音也如此相近。再把"b、d、p、q"拿出来认读的时候，原先的拦路虎就变成了他们喜欢的小花猫了。

声母教学的成功，让我又对复韵母动起了脑筋。复韵母的学习一直都是拼音教学的难点，不同单韵母的组合常常让孩子们头痛不已。

于是，在教学过程中，我尝试着对教材内容进行微调，使它的安排更接近英语拼读的习惯；在教学过程中适时进行拼音和英语比较，用孩子熟悉的语言来带动和推进拼音教学。这样细微的改变让原本像巨人怪兽一样的中文变得能让他亲近、熟悉起来。在拼音教学的阶段检查中，班级23人，20人全部正确，其余3人只在小部分地方发生错误。

拼音学习对于这些洋菊豆们而言最大的障碍是他们母语的干扰。只有重视小留学生原本的文化背景，在教学过程中对两种语言进行比较，正确地预测出孩子们学习中的难点和容易产生的错误的地方，才能找到适合他们的学习方法。当母语的干扰化成对中文学习的帮助时，洋菊豆们才能对中文学习越来越自信。

（小学语文教师　张敏慧）

多元交融，愉悦创新
小留学生在菊园

 11 与众不同的"笔"

班级里来了一群小俄罗斯，金色的头发，碧蓝的眼。偶尔和你说两句带着浓浓洋味的中文，但凡见过的老师都说可爱。

而对于从来没有汉语基础的小俄罗斯们，想来中国的汉字在他们眼中可能会是如此神奇——无论结构还是笔画都如一幅画般有趣。

瞧，他们写字时也如画画般，左右翻飞，一个汉字就能完好无缺地"画"在田字格中。细看，"一条胳膊"伸出了田字格，"一条腿"又和后面一个字纠缠在了一起；横中线、竖中线之类更是束缚不了它们，隐隐有了一些国画中大写意的意思。

如何让他们把字按照书写顺序规范地写在田字格中，仅仅运用面对中国学生时所采用的教学方式是远远不够的。

执教中的张老师

"书空"：笔画少的独体字，比如"日、土"之类简单的字他们能够跟着完成。一旦笔画稍多、字形复杂时他们或因记住前面忘记后面，或因不能完全听懂而用手指在空中乱划而收效甚微；拿笔在本子上"跟写"时，"书空"中出现的问题仍然存在，更会出现找不准笔画在田字格中正确位置的新问题。

在不断观察和思考之下，我发现首要解决的是笔画和笔画名称的问题。

汉字中出现的笔画名称纷繁复杂，特别是"横折""竖折""竖弯"等。这些笔画一字之差，样子全变，别说这群小留学生，就是放在中国孩子前面也是个难题。仅仅靠机械抄写和背诵，常常会混淆。细细思索，看似毫无头绪的笔画，却也有章可寻。写100遍不如动手玩一遍，游戏谁不喜欢呢？

刚开始，我用一张纸来演示笔画的变化，但是纸太宽不方便使用；太软，常常会变形。调整后换成孩子们手工上常用的扭扭棒，这下样子好看，使用方便，形状准确。这支与众不同的"笔"便成了我们学习笔画的利器："竖折"和"竖弯"的区别，用扭扭棒折一折、弯一弯，动手的过程中，细小的差别让孩子们一下子就记住了。识记笔画名称和书写这件事，便在"扭一扭"的过程中顺利解决。

字的零部件有了，放到田字格中写出一个合格的汉字又有更多的要求。一个字如果在田字格中的位置不定，笔画和笔画之间的关系不定，就算横竖写得再好也难算得一个好字。

一番思量后，我决定结构先行，笔画稍后。但结构先行，靠之前认真观察每一个笔画在田字格中的办法，一年级孩子肯定静不下心来观察和思考；孩子年龄小，没有发育完善的手，让他们对于精细动作的控制相对困难，外籍学生更是很少在学前有书写训练，他们的控笔能力更弱；结构，对他们这些特殊的、中国校园里的外籍学生会更难。

写字教学又能从哪里入手呢？当我拿着橡皮泥出现在语文课堂里时，孩子们用惊讶、疑惑的眼神盯着我。看着我用橡皮泥在田字格中"写"出的字时，他们更是欢呼、惊叹甚而摩拳擦掌、跃跃欲试。于是，我们用橡皮泥观察着需要搓成什么形状，哪一个笔画要稍稍长一点；摆放在哪个位置会更好，摆放的顺序又是什么。书写教学中的关键笔画、笔画穿插和笔顺就在这样的玩一玩、摆一摆中悄悄地完成了。再回到田字格中书写时，孩子们的字就站正了很多。即使后期很少使用这个游戏，孩子们还是常常会问我："张老师，今天有写字课吗？"

兴趣是最好的老师，这"与众不同的笔"让再枯燥烦人的观察、找位置也成了学生爱干的事，字也越写越好。二年级的两位学生还尝试着参加了上海市读写比赛，分别获得了二、三等奖。

（小学语文教师　张敏慧）

第二部分
小小联合国从梦想变为现实

12 "国际范儿"的课本剧

　　课本剧表演是语文活动课程中很受学生欢迎的一种学习形式,学生能够在舞台上通过自己的语言、表情、动作,把他们熟悉的文学作品或者自己创作的故事尽情展示出来,他们对于文本的理解、情感的体验也会得到进一步的升华。同样是语文活动课程中的课本剧,在我们国际班却别有着一番"国际范儿"。

　　自我校国际部成立,我在菊华院曾担任了八年的语文教师。与国内班生源相比,我发现欧美学生更为热情奔放,韩日学生较为认真严谨,俄罗斯以及其他"一带一路"国家的小朋友肢体语言非常丰富,表情动作比较夸张。基于国际班学生的个性特点,课本剧的演绎也随之精彩起来,舞台上张扬的肢体语言弥补了口头表达的劣势,人物塑造也更加典型和立体。班级里也有一定数量的在海外出生的中国学生,他们的表演

张老师与可爱的洋菊豆们

热情在被点燃的同时,也会凭着良好的中文基础,在课程中承担一些编剧、副导演、剧务的任务。小朋友们自编自导自演,不亦乐乎。

最受同学们欢迎的是一部名为《新编卖火柴的小女孩》的课本剧。这部剧改编的灵感来自一篇语文教材,课题为《圣诞老人的故乡》,那是关于圣诞老人村——芬兰耳朵山的文章,北欧极地的风土人情以及忙着回复电子邮件的圣诞老人的形象,让小朋友们特别喜爱。当时,我们班级正在进行《安徒生童话》整本书阅读的教学,可怜的卖火柴的小女孩就是在圣诞节前夜冻死在哥本哈根的。上课时,一位同学问我:"老师,圣诞老人就是在圣诞前夜给小朋友们送去礼物的,他怎么会忍心让卖火柴的小女孩冻死呢?"

一时我无语了,随口来了一句:"那么我们也写一封电子邮件,让圣诞老人通过时光隧道去救卖火柴的小女孩吧!"

"好呀!好呀!"

"我们也能乘坐时光隧道列车,一起去救她就更好了!"

"我会写电子邮件,我来写!我来写!"

……

课堂顿时炸开了锅!望着孩子们兴奋的、泛红的小脸庞,我来了个顺水推舟:"让我们动笔写一部《新编卖火柴的小女孩》怎么样?然后我们一起演出来,让这个可怜的女孩子在我们的笔下得到重生!"

"好!好!好……"教室里一片欢腾。

于是,我和孩子们展开了充分的讨论,共同设计情节,编写台词,安排角色,全班每位同学都领到了任务,连平时害羞内向的几个同学也高兴地接受了群众演员的角色。接下来的排练非常顺利,服装、道具以及英语旁白(我们安排了双语旁白)得到了家长们的支持。为了达到舞台演出效果,我们还请电教老师进行了前提的录音配乐,这样我们在舞台上的展示就更加充满自信啦!每周一节的语文活动课,是同学们翘首以待的。

在菊华院的圣诞活动中,我们班级呈献了这一台三幕舞台剧《卖火柴的小女孩》。第一幕:一百多年前,卖火柴的小女孩在哥本哈根寒冷的街道上卖火柴,但是两个衣冠楚楚的绅士路过却不愿意买他的火柴,她又冷又饿,最后昏倒在路边。第二幕:洋泾菊园实验学校菊华院的小朋友在学习了《圣诞老人的故乡》后,给圣诞老人发去了"救救卖火柴的小女孩"的电子邮件,圣诞老人非常感动,就来上海带领这些孩子们通过时光隧道来到了小女孩的身边。第三幕:同学们给卖火柴的小女孩带去了食物、围巾、手套,让她非常感动,圣诞老人还把小女孩的奶奶带回了人间,让小女孩得到了亲情和爱。最后,大家在欢乐的圣诞歌曲中尽情地舞蹈。

表演得到了空前的成功,观看的同学、老师和家长们用最热烈的掌声对我们的语文活动课程给予了肯定。通过课本剧的表演,拓展了菊华院语文课程的外延:编剧创作、表达体验、团队合作、情感升华,让这群"洋娃娃"在舞台上驾驭中国语言,演绎经典,体会到美好真挚的情感。就如同本剧最后一句台词中所说的:"能够给别人带来爱和温暖的,都可以成为圣诞老人!"

(小学语文教师　张莺)

13 洋菊宝更需要因材施教

时间飞逝，我成为一名数学教师已有四年。在这短短的四年中，我同时任教国内班和外籍班的数学。从刚开始的一片迷茫，到慢慢看到了今后要努力的目标与方向——成为一名因材施教的教师。

记得我踏上工作岗位的第一年，当我知道，同时需要任教国内班和外籍班的数学时，我的内心想法是，同样都是一年级的孩子，学同样的知识，我用相同的方法给洋菊豆们上课应该就没什么问题了。

课前，我做足了准备，当铃声响起，我充满自信地走上那一丈讲台，说着自认为通俗易懂的各种数学知识，却失望地发现洋菊豆们的眼里一片茫然，原本光彩熠熠的眼神慢慢变得黯淡无光，对我提出的问题，也就只有零零星星的几只小手。顿时，我觉得自己的心都冷了，不知所措。课还在继续，但上得也并不顺利。不一会儿，有的学生开始交头接耳，有的学生开始昏昏欲睡，有的开始玩自己各种能看到的东西。为了吸引孩子的注意力，我提高音量或者适时地停顿，但是收效甚微。一节课结束，我上得筋疲力尽，洋菊豆们也所得无几。

回到办公室后，我的自信心瞬间崩塌了，之前在国内班这堂课上得比较顺利，为什么外籍班的结果那样不尽如人意呢？经过反思和总结，我找到了问题所在。

首先，语言不同。对于外籍学生来说，语言是最大的障碍。如果让一个成年人在听不懂的语言环境中学习，相信学习效果也会不尽如人意。很多外籍生对于中文的理解是不够的，所以在课上，我的"侃侃而谈"对他们来说就像催眠曲一般，并不能理解。所以找到方法，帮助洋菊豆们克服语言的障碍是重中之重。

其次，毫无兴趣。学生在学习时，兴趣不大，总感觉学生没办法投入到学习中，两眼无神，不知课上应该做些什么。

最后，效率低下。由于语言和兴趣问题，学生课上的学习效率不高。往往比较简单的计算题也需要很多时间讲解与订正。

找到了问题所在，我便根据问题来调整我的授课模式与方法，帮助学生解决问题，提高学生的学习成果。

一、千方百计扫除语言障碍

1. 图片与动画的妙用

逐字逐句教洋菊豆们理解中文，比较困难。我就想到了学生们都能理解的图片与动画。我会找一些和学习知识相关的图片或动画，配合着我的讲解，一起给孩子们看。相信虽然语言不通，但是通过图画还是能让孩子们或多或少理解学习的知识。例如，洋菊豆们学习《搭配》这堂课时，刚开始上课就展示一些平时生活中搭配问题的图片，穿衣的搭配，食物的搭配，路线的搭配……这样帮助洋菊豆们明确学习内容。

2. "小老师"的帮助

每一节课的图片只是帮助洋菊豆们理解部分内容，不能面面俱到。我在班上分了小组，小组中推选一位小老师，帮助同学们一起学习，一起成长。小老师在理解中文上没有什么障碍，这样小老师就能帮助翻译一些难以用图片或动画来展示的题目。例如，洋菊豆们在学习"工作效率、工作时间、工作量"时，可能对于这三个量无法理解其中的含义。这是小老师们就能进行翻译，帮助小伙伴们理解。有一个小组的交流语言是俄语，小老师先理解了我的话，再用俄语进行转述，接着洋菊豆们只要找到这三个量的中关键字"时间，一共完成的量，每分、每小时需要完成的"，这样，做一些基础题应该就没什么问题了。

3. 课件的改动

外籍班的学生一般都能理解英文，所以有时我会在课件中加上关键字词句的英文解释，这样洋菊豆们可以理解题目的意思。例如，《面积》的学习中，我课件中加了一些关键字"square"。从这方面来讲，我也需要提高英语能力。

二、绞尽脑汁激发学习兴趣

1. 开展丰富的课堂活动

我所面对的学生是一年级的孩子又是外籍生。一年级的学生本来注意力集中的时间比较短，需要老师在课上不断地创造各种话题或者活动来吸引他们的注意力。设计新颖有趣的活动，让数学课具有生动性，吸引学生的眼球，使他们更喜欢上数学课。

爱数学的孩子们

在学习《七巧板》的内容时,课上我就增加了闯关活动。洋菊豆们根据屏幕中出现的七巧板图形,自己完成拼图。每一关3个形状,一共3关,9个形状。用时最短的3位同学获胜,得到相应的奖励。《东南西北》的学习,对于学生来说比较枯燥乏味。我创设了学生熟悉的情景——学校探宝活动。以学校地图为例,采用小组竞争的形式,找宝藏,帮助学生复习巩固知识。课上增加一些游戏环节,如小组之间竞争、闯关活动,创设学生熟悉的情景等,可以让孩子们在活动中学习到新知识。这样,课堂气氛不再沉闷,反而活跃热闹。

2. 设计巧妙的课堂引入

课堂引入对于一节课而言至关重要。如果课堂引入环节吸引学生的注意力,那么可以大大提高学生对于整节课的兴趣。在学习《平均数的应用》时,我就以生活中利用步幅来测量学校教学楼的长度为引入,这样学生会有疑问,什么是步幅?为什么走路就能测量教学楼长度呢？我是不是课后也能自己尝试呢？有了这些疑问，学生对于上课的内容就会有很大的兴趣。课堂引入有很多种形式，例如故事引入，悬念引入，旧知引入，介绍引入……

三、想方设法提升课堂效率

1. 教学方法的针对性

每一个班的学生情况都不同，特别对于国际部而言，学生的学情比较特殊，大部分学生没有什么学前教育基础。同一节课，国内班和国际班的教学方式完全不同。例如，一年级刚入学时对数字的认识。由于生活环境不同，大部分国内班学生对于数字已经有了比较全面的认识，能写能说，能计算，但国际班的学生对于数字可能不大了解，有时也会有一些不同的写法。所以上课时，国内班的课程会从基础和提升两方面着手，而国际班的教学会以基础知识的教学为重点，难度特别大的问题会以对部分学有余力的学生提高知识面为目标。这样可以大大提高课堂的教学效率，学生学习时也不会觉得太累。

2. 课件制作的丰富性

应用题的学习对于洋菊豆们来说比较困难，所以一些常见的应用题，我也会利用图片与动画。例如《植树问题》，我就尝试制作了动画效果，帮助洋菊豆们理解什么是"两端都种""两端不种"和"只种一端"。这就需要我加强课件制作上的专业能力。

通过每一次课前课件的改动，每一次孩子们的互相帮助，班级的上课氛围活跃不少。课上，能举手的洋菊豆越来越多，能跟上学习内容的洋菊豆也越来越多，眼神中透着迷茫的洋菊豆越来越少。

经过这一段时间的磨炼，我也理解了因材施教的重要性。同样的课，对于国内班的学生是通俗易懂的，但对于外籍班的同学而言是非常困难的，这就需要我来根据不同学生的认知水平、学习能力以及自身素质，选择合适的方法来有针对性的教学。

（小学数学教师　陆雨薇）

14 让数学思维在广阔空间中驰骋

学习空间一般指用于学习的场所,而说到小学数学的学习空间,大家想到的都会是教室。在教室里,孩子们玩耍、学习、交流……看似在教室里,学生能够学习到所有的数学知识。

学习需求是指学生在学习活动中感到学习上的缺失或不平衡而力求获得满足的心理状态。小学阶段,学生的学习需求往往是短期或超短期行为,需要我们在教学中促使其得以维持。但深入思考,教室真的能满足学生学习数学的一切需求吗?我想,离开教室,回归生活实践或许也是满足学生学习内在需求的一种方法。

二年级第二学期有一节几何课——《东南西北》,需要学生对东南西北进行识别,会利用东南西北进行描述空间位置关系。国内班的小朋友一讲到东南西北,大部分都

我的作品好看吗

能脱口而出"上北下南,左西右东"这个口诀。想必,在生活中,有看到或听到相关知识。但国际部的小朋友就不一样了。可能是生活环境的区别,他们对于东南西北的认识就很少,简单地知道太阳从东边升起,从西边落下。但东边具体在哪个方位,就不清楚了。根据书本的要求,要教会孩子们利用东南西北的口诀在地图上进行简单的街区定位和对行走路线进行描绘。讲完新课后,看着孩子们对书上的地图展开了热烈讨论,突然发现,孩子们认识的只是书本上的"东南西北",并不是生活中的"东南西北"。我就想,既然是生活中的问题,那就应该到生活中寻找答案。

我带着国际部的小朋友们离开熟悉的教室,来到美丽的校园,感受学校里的"东南西北"。同学们兴奋极了,第一次数学课可以在教室以外的地方进行。每位同学的眼睛异常闪亮。同学们先在操场和校门口的位置集中,我告知孩子们东南西北的具体方位。接着,在我视线范围内,同学们分组进行交流,告诉小伙伴学习到的和方位有关的知识。最后,大家集中分享,孩子们的想法让我眼前一亮。本以为孩子们只是会对东南西北更熟悉一些。想不到,还学会了将东南西北和旧知识进行了联系与比较。同学们发现东南西北跟一年级学习的左右是不一样的。东南西北不管面朝哪个方向站立,是一直不变的,但左右的描述会根据小朋友站的方向发生变化。在这节课上同学们收获满满,不仅学习了东南西北在平面上的描述方法和规律,也在实际生活中感受到了东南西北!

这节课结束后,同学们对于东南西北的拓展知识很感兴趣,有的小朋友回家在网上找了很多相关知识和小伙伴们分享,有的小朋友回家后和爸爸妈妈分享了相关知识并在家中也进行了简单的方位描述。

学习空间,不是局限在教室,可以在任何学习发生的地方,操场、花园、博物馆……有一些实际生活中的问题,还是要回到生活中寻求答案。只要可以满足学生的学习,学习空间可以在任何地方!

(小学数学教师　陆雨薇)

15 借助算盘培养低年级国际学生的数感

在低年级数学学习中,国际学生与中国学生有着明显不同,他们的数学基础薄弱,对数感的体验主要停留在具象模型上,一旦抽象到数,就有较大的困难。我在教学实践中,充分借助"算盘"来辅助学习,通过课堂内的教学实践,让学生通过拨算盘这样多感官参与的体验,理解"以一作五""以一作十"的计数规则,直观感受"数位"的概念,了解数的实际意义,并能结合算盘的特点对"进位"和"退位"这些低年级重难点进行突破。与此同时,国际学生们不仅借助算盘学好数学,也对中国数学和中国传统文化产生了浓厚兴趣,感受了中国博大精深、丰富多彩的民俗文化。

一、低年级国际学生的数学学习特点

低年级国际学生,是指小学低年级拥有外籍身份的学生。在上海市洋泾菊园实验学校的国际部,这些学生来自世界各地有着不同颜色的皮肤,带着不同的文化,说着不同的语言,却聚集在黄浦江畔明珠塔下,学习沪教版"上海数学"。十年前,我有幸成为一名国际部的数学教师,同时我也兼任国内班数学教学,相比较于国内学生,我发现国际学生的数学学习一直相对薄弱,我认为主要有以下几点原因。

(一) 动手能力强,抽象能力弱——数感培养问题

在实际教学中,我发现国际学生的动手能力相对较强,但抽象能力较弱。

在数的学习中,例如在学习二年级第二学期"千以内的数的认识"时,我们学习了一个数342,学生能够理解在一个音乐厅里面坐了342个观众,他们认为这是一场受欢迎的音乐会(能够感知342这个数所代表的具体量)。在课堂活动中,学生也能够用3个一百数板,4条十个的条具,2个小圆片来表示。讲到数的组成,也就是342 = 300 + 40 + 2时,学生也能够掌握。但是讲到"数位"这个概念时,3 在百位上表示 3 个百,4在十位上表示 4 个十,2在个位上表示 2 个一,因此从"个位"起,数位顺序从右往左分别为"个位""十位""百位""千位",这个看不到摸不着的东西,就让他们迷糊了。

在计算学习中,例如在学习一年级第一学期中"20以内的进位加法"时,学生能够

利用 20 数板和小圆片来计算 9 + 6 = 15。他们会表示 9 个小圆片先加 1 个小圆片得到 10 个,再拿 10 个小圆片加上剩下的 5 个,得到 15 个。同时也能够想到,先拿 6 个小圆片加上 4 个小圆片凑十,再拿 10 个小圆片加上剩下的 5 个,得到 15 个。但是在书写算式时,较难用算式来表达其中的算理和过程。

另外在减法计算时,也过分依赖于学具的使用,而忽略了减法是加法的逆运算的关系,比如前面刚学过 9 + 6 = 15,那么学生在计算 15 − 6 = ? 时应该能够想到通过加法来推算减法的差,这样才能快速找到答案。

因此我认为,国际学生对于一些直观形象可操作的数学内容比较容易掌握,他们也善于利用各种学具来辅助学习,但是抽象概念及数学的逆向思维,由于数感的缺失,困难相对较大。

(二) 语言环境复杂——课堂讲解困难

低年级国际学生最大的问题是语言环境。他们来自全世界各地不同的国家,他们有的来自英美国家(母语为英语),有的来自亚洲国家(母语为日语或韩语)。近年来,越来越多的俄罗斯小留学生加入了国际部大家庭,他们都说俄语,还有一些非洲国家的孩子,各自的语言都不同。由于年龄小,他们的英文基础和中文基础都很弱。因此在数学学习中,"讲解"环节基本是行不通的,我只能借助更多的情境教学、课堂活动和学具来辅助教学,从实物到具象模型,再到抽象数学,但只要遇到需要"说"的部分,就需要花费大量的时间,但效果依然不理想。例如在讲解"数位"和"计数单位"这两个抽象概念时,学生便难以分清它们的区别。

二、借助算盘培养数感的尝试与成效

(一)"摸得到的数位"提升了数的概念

第一次尝试使用算盘,是在二年级下半学期的"千以内数的认识"这一节课中,在介绍和认识了 1 000 以内的数后,学生们已经对三位数有了初步的概念。我提前一周布置了任务:请利用互联网搜索来认识算盘的构成,并且在课前和同学们分享与讨论。

课堂上的分享与讨论超乎了我的想象。学生们在算盘上找到了神奇的"数位",原本"数位"是个看得到也能摸得着的东西,只要找到"定位点"就可以了。定位点表示个位,也就是几个一。从个位开始往左数,学生们"摸"到了十位、百位、千位,他们还发现,还能再继续往左摸。那就是我们以后学到大数时认识的万位、十万位、百万位等。孩子们另一个神奇发现是,个位的右边居然还有数位,这又是什么数位呢?有的学生也提到,这是小数里面学到的十分位、百分位、千分位等。

在学习认识三位数时,他们通过在个位上拨一个下珠表示"1",拨两个下珠表示"2",推理出在十位上拨一个下珠表示10,拨两个下珠表示"20";在个位上拨一个上珠表示"5",推理出在百位上拨一个上珠表示"500",通过实际操作与感知,实现了从"珠象"到抽象的一一对应。"以1代5""以1代10",学生数的概念的内涵得到了提升,数感便开始有了质的飞跃。由此,学生能够比较容易地在算盘出拨出"521""999"等较大的数,"9"就可以用1个五和4个一来组成,在算盘上就可以用1个上珠和4个下珠合并表示。

(二)"半具象算盘"加深了算理的理解

在尝试到算盘的好处后,我和学生都对此"新工具"产生了浓厚兴趣,我开始尝试借助算盘来辅助进退位的学习,比如在计算前文提到的9+6=15时,从算盘的个位上就拨不出结果,因为算珠不够了,那么怎么办呢?我就把这个十记到"个位"左边的"十位"上去,这样十位上能拨一个下珠,表示十。这样的方法正好与15的抽象表示达成一致,学生动手拨一拨,写一写,一下子就明白了。相比于小圆片、板条块、小棒等学具,学生们更喜欢算盘,是因为它具有"半具象"特点,它既能"以一作十",还能"以一作五",既直观形象,又能体现算理。更有趣的是,在这样的课堂活动中,学生能够通过多感官的实践,主动建构了一个属于他们的数学模型。

(三)"拨进和拨出"锻炼了数学思维

在数学思维的锻炼中,我尝试了在一年级第一学期的"加进来减出去"这课中借助算盘进行辅助学习。5+4,就是拨进5和4,一共是9。那么9-4呢?我只要拨出4,就得到剩下的5。在国际学生的表达不熟练时,我们可以充分运用"动手拨"的方法,来体会减法是加法的逆运算。

儿童在刚开始学习计算时,对于"屈指可数"的数,往往较快做出反应,也就是说,5以内的计算,他们最容易理解和掌握。慢慢地他们就可以脱离实物或学具的帮助,甚至不用手指,就能得到答案。但是当答案超过5,比如4+5,5+2等,甚至是9-5,8-

3等,就比较困难,那是因为即使用手指帮忙,也会比较困难,对初学数学的孩子容易出现错误。

我认为,操作算盘就是一个理解算理、掌握算法、发展思维的过程,而思维起源于动作,抽象水平的逻辑来自动作水平的内化。而算盘正是体现了这个完整的过程,提升孩子的数感。

2013年,中国珠算被列入世界非遗名录,算盘作为数字计算的一种工具和方法,被誉为中国的第五大发明。外国小留学生们在使用算盘的同时,也对中国的传统文化产生了巨大的兴趣,我在课堂上会讲解算盘不仅是古时候的计算工具,也寓意吉祥。孩子们回到自己的国家后,都会送给他们的小伙伴一个"小算盘",我希望他们能利用算盘学好数学,也能把中国数学的精益求精、中国文化的博大精深通过这一个个"小算盘"带到更多的地方去。

(小学数学教师　成懿君)

16 菊华院来了一群"小老师"

菊华院的孩子们虽然都是外国国籍,但是华裔和非华裔的孩子中文基础差距还是很大的。往年,通常都是华裔的占比例高,而近些年,随着国家"一带一路"政策的推进,越来越多"一带一路"国家的爸爸妈妈带着孩子来到菊园这个大家庭。

我现在任教的是去年刚刚入学的一年级,其中,家里没有中文语言环境的孩子数量达到了12人,而且绝大多数是非英语国家生源。教学中如何与他们交流,成了我最担忧的事情。

我也曾询问其他老教师以往遇到这样的问题会怎么办。通常,大家的建议是"结对子"。也就是说,让华裔孩子中学得比较扎实的孩子和中文基础相对薄弱的孩子成为"搭档",一对一进行"补课"。因为是一起上的课,所以每当有非华裔的孩子表示上

谢谢我的"小老师"

课听不懂、作业完不成、老师又来不及一个个指导时,这些"小老师们"便会出动。

这确实是个好方法,然而,由于我现在的班级非英语国家的生源人数众多,"小老师们"时常出现不够用的情况。我也尝试过请一个小老师同时教几个孩子读拼音,然而每个"学生"的发音又各不相同,一起读反而听不清,还是需要一个一个再去单独分辨、纠正,而这样更加浪费时间。而且,几个孩子聚在一起,时常会发生教着教着就开始玩耍的情况。

这可怎么办呢?我便把眼光投向了国内班。我所任教语文的班级是一(6)班和一(7)班。其中,一(6)班是国内班,一(7)班是外籍班。既然一(7)班的"小老师"不够用,那么不如我就从一(6)班中挑选一些孩子,利用中午午自习的时间来到菊华院教教我们的"洋菊宝"。

一年级第一学期的重点之一就是拼音,而每堂拼音课之后,会有一张拼音拓展卷。这些拼音卷可难为这些非华裔孩子了。于是,我便开始着手准备"小老师"的培训。

首先,我去一(6)班中挑选了一些拼音基础扎实,学习态度认真,并且比较有耐心的孩子;其次,我会根据在一(7)班上课的情况,初步判断哪些地方会是外籍孩子的学习难点,然后告诉"小老师们"哪些地方是他们需要重点带读纠正发音的,哪些地方只需要发音大致相似即可,不用过多地花时间等。

接着,利用学校的午自习时间,将小老师们带到一(7)班进行"一对一授课"。最后,我会请这些小老师们坐在一起,和我谈谈他们所教学生的情况和他们教完之后的感受,并且,我还会给予这些完成"教学任务"的小老师们一些代表荣誉的表扬信。

几次尝试下来,小老师们的教学效果的确不错,不仅外籍学生得到了指导,拼音读起来更加熟练,而且国内班的这些小老师们也是自信满满,学习起来也更加自律了。

有一次,一个小老师兴奋地告诉我,他指导的外国孩子进步很大,他想夸夸她,但是说中文又怕她听不懂,只能朝她竖起大拇指。由于他一对一指导的是个俄罗斯女孩,我便建议他可以去上网查找一下"你真棒""你读对了"的俄语怎么说。他听完便眼前一亮。后来这个方法又被其他小老师学了去。现在,一(6)班的这些小老师们个个学会了用简单外语夸人的新技能。

现在,越来越多的国内孩子希望成为菊华院的"小老师",甚至连一些平时比较内向的孩子都主动向我提出,希望自己也有成为小老师的机会。

多元交融，愉悦创新
小留学生在菊园

　　菊华院的小留学生们在这些新老师的带领下，中文水平越来越好，学习的信心越来越足。而菊华院的新老师们也在这个过程中得到了锻炼与成长，可谓是"教学相长"，一举两得，你们不仅是自己的骄傲，也是我们菊园的骄傲！

（小学语文教师　钱荟）

第二部分
小小联合国从梦想变为现实

 国际部语文综合课程的开拓与创新

一、课题提出的背景

"以学生发展为本"的思想已深入渗透到现在的基础教育的课程改革中,从现有课程的计划到新的教学大纲、新的二期课改教材,都集中凸现学生的主体地位,使学生增强主动学习的意识,提高并增强学生发展性学力。以素质教育为宗旨的语文教学,它主张学生自主地生动活泼地学习语文,要求教师不仅要传授知识,更要使学生"学会学习""学会研究""学会关心""学会生存",促成学生能力思维的发展和人格个性的发展,使学生在语文学科的学习或结合其他学科学习的过程中,选择并确定学习的内容,自己探索、发现和体验,使学生在探索求知的学习过程中,增强学生的思考能力、判断能力、分析能力和动手能力。可以说,主动探究性学习能为学生终身学习奠定了扎实的基础。

二、我校国际部对语文综合课程的探究

洋泾菊园实验学校十分重视语文综合课程的开发,并希望以此作为校本课程推广开去。为了使这一课程的效果达到最大化,特邀专家参与课程的规划和开发,与国际部、语文组老师一起实践、调整和推广,现将实践成果介绍如下。

(一)重视基础,回归传统

我们的课程十分重视学生基础知识的学习,特别在国际班学生基础部分十分薄弱的现实下,针对这一问题,我校特别设计了一项有关成语的课前活动,即充分利用每次课堂前的两分钟预备铃,两位学生轮流讲一个课前准备好的成语,然后在课堂可当个小老师给在座的学生介绍成语。

成语的学习是十分具有系统性的,具体讲解的步骤为:解释词义、成语的近义词、成语的反义词、成语典故、运用成语造句(或有关成语的名言)。现摘取学生的作品如下:

韦编三绝：

- 韦：书的皮革　绝：断　　韦编三绝指翻书翻得连书的皮革（竹简）都翻断了，现在形容读书非常勤奋。
- 近义词：朝经暮史，凿壁借光。　　反义词：无所事事，好吃懒惰。
- 典故：孔子在他的晚年很喜欢读《周易》，他翻来覆去的读，以至于使穿连《周易》竹简的皮条断了好几次。
- 韦编三绝的造句：小明同学读书异常勤奋，可与当年的孔子韦编三绝媲美了。

——（加拿大）小元

如此具体的成语简介不仅让国际班的学生认识了一个成语，学会了它的写法，同时还有相应的拓展，再联系它的出处背景，最后实现它的正确运用，同时也增强了学生对中国传统经典文化的认识。另一方面，学生通过这样的口头小练习，慢慢锻炼了自己的胆子，尝到"登台"的滋味，潜移默化地让学生爱上发言，爱上语文课，优化了学生性格的养成和塑造。

（二）引经据典，融贯古今

菊园为国际部特别开设的语文综合素养课程十分贴合六、七年级的课程标准，很多的内容是根据教材课文拓展整理而成的。例如七年级上册《〈论语〉十二章》，辑录了《论语》中有关为人处世、学习态度与方法等方面的语录。我们的课程根据这一教学内容，特意又收集了《论语》中其他的经典语句，同样从朗读、理解、背诵的角度走近了更多《论语》，拓展了课本上原有的内容含量。不仅如此，我们还趁此机会找寻了清华大学"自强不息　厚德载物"的校训与同学们分享，理念如下：

天行健，君子以自强不息；地势坤，君子以厚德载物。——《周易》

以：因此　　息：停息　　坤：和顺　　厚：增厚　　载：容载

天的运行刚健，君子因此战胜自我，永不停息；大地的气势和顺，君子应增厚美德，容载万物。

此外，还另外摘取了选自《老子》的"胜人者有力，自胜者强"，告诉学生"战胜别人的人有力量，战胜自我的人才叫坚强"。我们的设计理念正如《语文课程标准解读》中所指出的，综合性学习的课程目标一般不是某种能力的达成度，而是提出一些学习的活动及其要求,主要指向过程。关注过程就是关注隐性目标,关注长远目标。这些都是经过时间沉淀下来的经典,让这些中国传统文化中的精髓从小就植根于孩子的内心,润物细无声般滋养学生的心田,为他们将来长远的发展打下良好的基础,也让学生深深地被中国文化吸引,爱上中国最具民族光辉的精华。

(三)主题明确,延伸性强

每次上语文综合素养课程,我们老师都会做一番精心的准备,每堂课都有明确的主题、明晰的教学目标和可实施性强的教育步骤,所以才会呈现出最后成效明显的进步。

以六年级下的一课时(80分钟)为例:

1. 什么是对联?

对联又叫对子、楹联、楹贴,是我国特有的一种体制短小、文字精练、历史悠久,雅俗共赏的传统文学样式。常见的有春联、节日联、门联(行业联)、喜联、挽联、名胜古迹联、杂类联等。

2. 对联起源

对联作为一种独特的文学艺术形式,它始于五代,盛于明清,迄今已有一千多年的历史。

3. 出示五副对联,读一读,想一想对联有什么特点?

    隔壁千家醉   开坛十里香

   鹊闹枝头传喜讯   梅开窗外报新春

   山欢水笑,百业兴旺   人杰地灵,五谷丰登

   好好学习,少具鸿鹄志   天天向上,大做栋梁材

  风声雨声读书声,声声入耳 家事国事天下事,事事关心

4. 对联的特点

字数相等、意思相关、讲究对仗、音韵相携。

5. 根据对联"音韵相携"的特点区分上下联

(句末字是第三、四声的为上联,句末字是第一、二声的为下联)。

练习:岁月更新春不老 花多增艳水长流

   架上丹丸能济世 壶中日月可回春

多元交融，愉悦创新
小留学生在菊园

6. 对联欣赏：

1）金莺报喜　玉燕迎春

2）明月一池水　清风万卷书

3）风景这边独好　江山如此多娇

4）黑发不知勤学早　白首方悔读书迟

5）指点江山春光满目　激扬文字彩笔生花

如此具有体系的学习，让学生不仅感知了对联，也拓宽了自己原有的知识，充分体现出了语文综合性学习重探究、重应用、重过程、重参与、重方法、重体验的过程。不仅如此，我们的课堂延展性强，重视对学生学习过程与策略的鼓励，重视听说读写能力的整体发展，重视学习的总结、交流与分享的体验。老师在课后布置给学生的作业就是自己找寻喜欢的对联并写出自己的理解和感悟。

学生优秀作品展示：

横批：盛景争春

楼外春阴鸠唤雨

庭前日暖蝶翻风

赏析："唤"字用得神秘，而"翻"用得最为活泼，巧妙，把风的活动写得很形象，再说暖蝶如何"翻"风，这倒有点意思，"逐"字把春这一景象给拟人化，形象解释了鸟声因春"逐"而来。

——（日本）小依

横批：喜迎新春

万紫千红用开花

一年四季春常在

赏析：这对对联十分喜庆。它由两组组成，即一年四季——春常在和万紫千红——永开花。预示着人们一直都要像春天一样辛勤的工作，还要天天开心。

我创作的春联：

横批：辞旧迎新

爆竹声声辞玉兔

桃符代代迎金龙

——（新西兰）小帆

  学生呈现出如此令人惊喜的作品,让我们都欣喜地看到,菊园国际部开展的"综合性学习"主题活动,使学生突破了教材的限制,拓宽了语文学习和运用的领域;另一方面,又使学生在丰富的语言实践中亲力亲为,更强化了语文学习的"习得"规律,达到知识与能力、情意之间的转化与整合,从而克服传统教学习重"学"轻"习"、重分析轻感悟、重单项训练轻人文熏陶的弊端。

（四）寓教于乐,乐学其所

  根据建构主义理论,我们分析后认为中学语文学习应是一个主动建构知识的过程。学生学习语文不是被动地吸收课本上的现成结论,而是一个充满丰富、生动的思维活动的过程,经历一个实践和创新的过程。基于此,我们创造性地在语文综合素养课程中引入了"通俗文化"的概念,以强有力地激发了学生学习的兴趣并以此为切入口,渗透语文学习的多元化,从而实现教育上"大语文"学习的理念。

课程实例:

1. 诵读并感悟歌词《我和草原有个约定》。
2. 提问:你喜欢这首歌词吗?说说理由。
3. 简介曲作者及作曲过程。
4. 诵读、跟唱。
5. 赏析民歌的方法与途径。

- 对内容进行赏析——
- 歌词所蕴含的主题思想
- 典型意义的音乐形象 想景悟情
- 对形式（艺术特色）赏析——
- 所鉴赏的对象有一个整体的把握
- 音乐形象是以何种形式表达主题 语言修辞

  我们以这样的理念和教育设想实现了对《好日子》和《西游记》的主题歌、《天路》、《我和我的祖国》、《茉莉花》、《吉祥三宝》等歌词的赏析,学生们不仅体悟到语言文字的魅力,也实现了在语文综合课程上跨领域的学习,在无形间挖掘出学生新的学习兴趣点或更好的灵感创意。

不仅如此,课程还以此为契机,让学生合作学习于课外自己喜欢的歌曲,并制作相应的课件与其他同学分享。

优秀学生课件展示:《外婆的澎湖湾》

1. 分别简要介绍词曲作者叶佳修、演唱者潘安邦
2. 歌词展示
3. 提问:这首歌给你一种什么样的感觉?
4. 创作背景、背后故事
5. 一起学唱歌曲
6. 想一想,答一答:

1) 这首歌曲主要描写了什么,体现了什么?

描写了澎湖湾美丽的景色与"我"童年时代的美好,体现出我与外婆互相的爱和温暖。

2) 本歌曲为(　　),作者是(　　),演唱者是(　　)

(台湾校园歌曲)(叶佳修)(潘安邦)

3) 自由回答:听了这首歌,读了这首词,了解了他的背景,你感受到了什么?

——【日本】小茜、【伊朗】小仪

通过学生的成果,我们可喜地看到语文综合课程的可行性:如果说,在进行初中语文探究性学习之前,需要的是学生创造性的设想,那么进行中也需要创造性的发挥,在探究末期也需要有独创的"成果"生成,无论是以怎样的形式呈现的。可以说,我们的目标是在探究性学习的过程中实现接受学习与创造学习的共存。关于前者不需多说,但是关于后者"创造学习",它的定义是:根据一定的目的与任务,开展能动思维活动,产生出具有新颖、独特、有社会和个人价值的产品的学习方式,这也是加德纳的"智力理论"的核心思想,通过语文综合素养课程的学生,我们的学生达到了这一学习目标。

(五)评价多元,鼓励性强

在语文综合素养课程的评价上维度广泛,包括平时成绩、期中成绩、期末考试、创意成绩和基础考核等。其中,特别值得一提的是,期末考试的笔试部分有如下题型:

对对子填空、根据例句扩写、地名互对、连接失散的对联、根据情节写名著及作者、写出儒家经典书籍及有关学习过的篇目……如此具有知识含量的考题不仅考查了学生的知识面也看出了平时学习的态度,而且我们考核的目的不是比基础而是比进步,只要是认真用心学习的学生一定能取得优异的成绩,这也大大鼓励了他们学习语文的积极性。

三、学生对语文综合素养课程的看法

看到语文两字就嗤之以鼻?不过,看完它,你一定大有收获!相信你们觉得语文与唱歌就像火星与地球那么远,但语文综合素养课告诉你们,它们近得很。在学生眼里,老师威风得很,你又没有想当老师的梦想呢?参加语文综合素养,还可以让你的电脑水平大展身手,你自己来当老师,自己来做 ppt,自己来讲课。语文不好的同学,就怕成绩出来的一天吧?可是,在语文综合素养课上,努力了,你就是第一名!感受语文的魅力,探究语文的深奥,参加语文综合素养课吧!

——(美国)小怡

在语文综合素养课上,我们倾听美妙歌声。在语文综合素养课上,我们阅读古代诗文。

在语文综合素养课上,我们写下自己的创意。在语文综合素养课上,我们分享自己的作品。

我们在语文综合素养课上学会分享,我们在语文综合素养课上收获快乐,我们在语文综合素养课上逐渐成长。

——(加拿大)小鹏

四、我们对开展语文综合素养课程的一点认识

我们项目组在开展一系列调查研究中对初中语文探究性学习行动的内涵有了如下的理解:首先要明确的是语文的学习,它的外延是非常广泛的,是基于生活体验的一门学科。而探究性学习以学生的经验与生活为核心,强调听说读写的整体发展,以及语文课程与其他课程的沟通,书本学习与实践活动的紧密结合,培养他们对文本、对

人物,甚至对既定的一些"成论"进行有根据地质疑,并能让他们在某种程度上通过自己的广泛阅读、研究、合作等解决问题。往更深层点说:就是保护和开发孩子最原始的学习能力,培养他们的创造力,并在探究的过程中完善人格,获得成功的快感。

(初中语文教师 宋颖)

18 在菊园感受无国界的体育精神

我校身处陆家嘴金融贸易区，周边的居民大多是来自世界各地的国际友人和各领域的精英。于是，我们学校就来了许多不同国籍的"小留学生"。而我，也有幸成为这些留学生的体育任课老师。

接到安排的时候，我想得最多的是如何和这些来自各个国家的小留学生们上课、交流和沟通，选择适合的教学内容和行之有效的教学方法，而最核心的是要让所有外籍学生适应中国的课堂教学方法和了解中国本土的体育思想，从而有体育运动无国界的体验。

于是，我本着激发学生的运动兴趣，提高学生的身体素质，培养学生坚强意志和团队合作精神的指导思想，走进了外籍班的体育课堂。

罗老师和孩子们在一起

想法是美好的，但是，实际的开展确实有难度。

这些孩子原本接受着不同国度、不同的家庭教育和学习，普遍性格活泼好动，喜欢游戏活动，好表现自己，但他们的团队合作能力与集体荣誉感比较欠缺，心理承受能力也比较低，组织能力和集体意识需加强。面对这些，在教学实践中，我意识到，仅仅让学生动起来还是不够的，还要采取不同的教学形式，培养学生的坚强意志，不轻言放弃、坚持到底和团队合作的精神。

耐久跑无疑是达成这种目标最好的训练项目。

耐久跑是学生感到头疼而不愿练习的内容，而且一贯的教法也是老套和枯燥，即规定学生在环形跑道上跑4—5圈，作为一种练习手段，教师则不时用哨子或大声吼叫等方法提醒和督促学生跑起来，结果教师喊破了嗓子还是不能很好地调动学生练习的积极性，在精神上也很累。学生呢？跑的又累又没劲，课堂气氛十分沉闷，教学效果事倍功半，甚至影响师生关系。于是，我决定改革教学形式尝试新的教法。

教学片段：

在上课伊始，当我在课堂上一宣布我们要上的内容是耐久跑时，一些体能较好的、爱表现的男生显得很积极，跃跃欲试；但一些体能较差的平时想偷懒的学生则显得十分消极；有些学生就面露难色，有些同学还低声问我："老师我可不可以少跑几圈啊？"……时间不长就嘈杂起来。

面对这种尴尬局面我没有责备学生，而是告诉学生今天我们尝试两种新的耐久跑方法：一是变向变速跑，二是领先跑。在该项内容的教学上，我的采取方式是：

首先，向学生明确几项跑的辅助练习的名称与要点；其次，学生听指挥进行练习；最后，要求动作到位，态度认真。

在具体练习时先向学生讲解练习的方法与要求，再把学生分成四组，要求小干部明确跑动的路线与方法，教师适时提醒学生注意呼吸的节奏，体力的分配。最后进行师生互评。于是指导学生按组训练，每组学生在组长的带领下先是集体讨论变向与变速的时机，然后进行练习。

一眼望去，各组学生都跑得不亦乐乎，每跑一个路线后，同学们还组织点评和提出建议。而进行领先跑练习的学生也在小干部的带领下进行有组织地练习，学生的速度随着排头的变换不断地变换着。看到同学们这样高的练习热情，我真是由衷地高兴。

因为不但课堂气氛活跃了,而且大多数学生对耐力素质练习的积极性也在提高。这种新方法的尝试充分发挥了学生的主体作用,培养了学生的合作意识、组织能力和不言放弃的意识,使学生自主参与活动的能力得到加强。教师也教得轻松,教得愉快。

这种改变传统学习的耐久跑方式,突出学生的主体地位,在学生主体意识得到强化的情景下,激发了学生练习的主动性和积极性,从而使本课的教学目标达成。学生们都非常兴奋,我也趁此契机与学生沟通,让他们知道耐力训练的必要性,让孩子们懂得任何一项运动,除了需要专项的技能以外,更要锻铸永不言弃的坚强意志和品格。

在此后的耐久跑的练习课上,为了不让孩子们感到乏味,我不断尝试新的方法,根据不同学生的需要,将足球、排球、篮球和长绳等器材运用到进耐久力的训练中。

给外籍班孩子上课后,我也有深切的感受:国籍不同、教育的背景不同,这都不是问题,问题在于教师要善于挖掘教材中可以引发学生创新思维,引导学生主动学习的内容。在教学实施过程中要注重开发学生体育学习的潜力,积极创设学生自觉参与的活动氛围。让体育课成为他们激情展示自我的一个场所,成为他们在自我爱好的运动中享受快乐的一个机会,满足他们炫耀自己运动技能的一种心理。

适时改变教学方法,让这些小留学生们,不仅感受到体育运动的快乐,更感受到中国教师的与时俱进和与世界的接轨教学理念。在教学中注重激发他们的学习兴趣,营造愉快、和谐、宽松的教学气氛,提高他们学习的趣味性,使小留学生们在活动中培养自信、合作等良好心理品质,体会体育运动的快乐和无国界。

(初中体育教师　罗鸣春)

19 培育文化使者,传播中华魅力

洋泾菊园实验学校地处陆家嘴金融圈,是一所国际化程度很高的公办义务阶段学校。这是我一直有所耳闻的,入职之后,我便切身感受到了这样的国际化背景。

学期之初,刚拿到学生名单就发现有好几个"与众不同"的英文名。原来,这些都是外籍学生,他们将和中国学生一样,用中国教材、学中国课程。那么,在历史学习方面,他们的学情又有什么不同吗?

由于长期受到生本教育理念的影响,我决定先通过调研的方式"真正认识和把握学生这个本体"。于是,我设计了调查问卷,并在此基础上进行了个别访谈,掌握了他们的学情。

学生们在历史课上演讲

首先,因为小学阶段已经接受了我校以中英文教育为主的浸润式语言学习,他们在语言沟通方面基本不存在太大困难。其次,他们对中国历史的兴趣多集中在三国时期,知道关羽、曹操这些英雄人物。第三,他们对于母国的历史也知道一些,但理解程度有限。

通过比较分析,我得出了初步认识,与同班的中国孩子一样,这些外籍孩子也有着学习中国历史的兴趣,但是并没有较广泛的课外阅读背景,从学习历史的起点来看,处于中等水平。

然而,作为历史教师,我却还有另外的思考。

上海是一所国际化程度很高的城市,在以往的教学交流中我也接触过一些外国的历史教师,我发现他们对中国历史的了解大多还是比较有限的。那么,外国的青少年又对中国历史知道多少呢?基于自身历史学的专业背景,我认识到,历史上的中外交流,很多时候都是因为彼此的不了解而产生了诸多的问题、矛盾甚至误解。因此,我油然而生一种使命感,希望能引导这些外籍孩子学好中国历史,日后成为中外文化交流的使者。有了这样统一的目标后,我再针对外籍孩子的具体情况制定策略。

美籍小L同学活泼好动,上课有时会管不住自己,喜欢和周围的同学聊天。先前的调研中,他写道:"我最敬佩关羽,他有硬汉精神。"于是,我抓住他的兴趣点,在讲到《三国鼎立》时,请他为大家分享关羽的故事。小L同学很愿意,但是如何准备呢?我指导他去搜集《三国志》与《三国演义》的相关资料,重点围绕"刮骨疗伤"这个故事进行介绍。

小L同学准备得很认真,他首先出示了《三国志》的原文。

> 羽尝为流矢所中,贯其右臂,后创虽愈,每至阴雨,骨常疼痛。医曰:"矢镞有毒,毒入于骨,当破臂作创,刮骨去毒,然后此患乃除耳。"羽便伸臂令医劈之。时羽适请诸将饮食相对,臂血流离,盈于盘器,而羽割炙引酒,言笑自若。
>
> ——《三国志》

围绕原文,小L同学进行了白话文演讲,并与大家进行互动。

小L:"同学们,这里的'医',有没有说是神医华佗呢?"

某同学:"没有呀!"

小L又继续讲述了《三国演义》中的相关故事,大家发现《三国演义》里写的是华佗为关羽刮骨疗伤。

小L故弄玄虚道:"咦?真相到底是什么呢?下面请大家开始讨论吧!"

通过小L的介绍,大家对这个问题产生了极大的兴趣,并开始进行分组讨论。有同学联系旧知,谈到华佗于公元208年就去世了,而刚才小L同学介绍关羽刮骨去毒的事情发生在公元219年,因此华佗为关羽疗伤一事并不可信。讨论之后,同学们认为《三国演义》是小说,属于文艺作品,难免存在虚构的成分。由此,我对于本课重点进行了梳理总结,即"如何看待文艺作品的证实价值",完成了史学方法上的教学目标。

由于自己精彩的演讲带给大家这么多思考,小L同学觉得很自豪。之后的历史课上,他基本上都能做到积极发言,对于中国历史的了解也更加全面深入了,他的优秀作业也经常在班级展示,成为了大家学习的榜样。

当然,到了八年级,学生们也会学习世界历史。结合课程进度,我会安排外籍学生演讲与其本国历史相关的内容,一方面增强他们的兴趣,增进他们对于母国历史的了解,另一方面也是提醒孩子们,我们必须"开眼看世界",文化的交流应该是双向的。

在学期末的调研中,谈到学习了中国历史的感受,小L说:"我觉得内心非常震动,感到很感动,中国太伟大了!"有外籍学生谈到对改革开放的认识:"这些成就是巨大的,也是意义重大的,它意味着中国进入了社会主义现代化建设的新时期。"还有孩子谈到对中华文明的理解:"文明的智慧贯穿中华上下五千年,不管是政治智慧,如'水能载舟亦能覆舟',还是人文智慧,如唐诗、宋词、元曲、明清小说,以及科技智慧,如四大发明,都是中华文明的结晶,它们属于中国,也属于世界。"

"海内存知己,天涯若比邻。"我相信,外籍学生学好中国历史,有利于增进他们对中华优秀文化的认识程度,日后不管他们去到哪里,也必将成为中外交流的使者,促进国际理解的提升。

(初中历史教师 谢晓晨)

第二部分
小小联合国从梦想变为现实

20　我在菊华院的美好时光

我是在洋泾菊园实验学校国际部从教六年之久的 Alex Cresswell 老师。六年间，我成长了许多，而我相信我的学生在这期间也受益匪浅。

当我刚开始在菊园教书时，我就知道这所学校很特别。因为菊园国际部（菊华院）融合了中西优秀教学方法的最佳部分。令我欣喜的是，中国教师会借鉴我在英国的教学方法，而我也渴望尽可能地学习中国教师多年来积累的丰富教学经验。我校就读的莘莘学子得益于这种"两全其美"的教学方法，成长飞速。每位教师选择成为教师的原因都不同，但有一点是相似的，那就是希望能够看到学生每天的成长与变化，而洋泾菊园的氛围、学校支持以及学生对我个人和职业发展也都非常有益。

我非常喜欢与来自不同国家的学生一起共处。他们为教师提供了一个动态课堂，而这在只有单一国籍学生的学校中通常是不存在的。比如说，学生和老师都从彼此的文化背景中收获良多。我们了解了俄罗斯圣诞节、巴基斯坦开斋节的习俗或是阿塞拜疆、土耳其的食物，我们因为多元文化背景变得更为见多识广。我曾教过刚进菊园时既不懂中文也不懂英文的学生，但毕业时他们都能熟练掌握这两门语言。最让我感到自豪的是，孩子们从初入一年级的害羞与忧虑变为五年级毕业时的自信与开朗。这也是中外教学团队之间的辛勤工作和团队协作的最佳证明。

Alex 与菊华院学生

多元交融，愉悦创新
小留学生在菊园

当我为了写这篇文章，回首并思考自己在菊园的教学时光时，我意识到我的教学经历对我和我的学生有多么宝贵。很难挑选出一两个难忘的教学经历，因为每一段经历都是那么独特，即使上万字也无法囊括所有经历。但是，如果必须选择讲述一个特殊的记忆，那一定是接下来我要描写的这位学生。为了保护隐私我不会提及她的真实姓名，她在2015年9月初入菊园。她是我遇到过最内向、最文静的学生。她径直走向教室最后一排坐着，看起来想要逃离所有的新同学和新环境。在课后我试图接近她、和她沟通，但由于我们语言不通，沟通格外困难。因此我决定给她几个星期的时间来适应新环境，并答应让她坐在觉得舒适的位置上。我相信，在老师、同学的关爱下，她一定能够从自己造起的围墙中走出来。过了几天后，她开始从最后一排逐渐向前坐，尽管她仍然有些害羞和紧张，但她正在逐渐适应新环境。在几周、几个月后，我注意到她变得更自信了，我更放心了。随着她步入二年级，我们逐渐可以用同一种语言来沟通。到了三年级，这个女孩成为了班级的核心人物。她为其他同学树立了一个很好的榜样，其他同学能够从她身上学到自信、勤奋的力量。时光飞逝，在她小学毕业的那一天，看着她的进步，我感受到了深深的喜悦。虽然因为她离开了小学部，我感到了一丝不舍与悲伤，但这种情绪很快就被看着她进步的欣慰感淹没了。这将会是我教学生涯中很难忘的案例，因为她从一个内向胆小的女孩变得能用英语和人落落大方地交流，并且她自己也不再那么胆怯，对初中生活充满了期待。

从专业角度来说，在这名学生身上我也学到很多。事后来看，如果我在开学第一天就把她调到班级第一排，可能反而会把她推得越来越远。我意识到，正确的育人方法是让她在学习环境中感到舒适与安全，并运用柔和的技巧增强她的自信。以上所述只是我众多教学经历中的一个典型案例。

展望未来，我知道我们的学校将持续发展，正如我每天上班感受到的那样。我不仅在学校建筑与基础设施上看到了改善，而且在学校培训计划与跨国教育交流活动中也看到了进步。我们决不能固步自封，相反我们应该不断改进，努力变得更好。

回到本文开头的地方，菊园是一所特别的学校。我希望我能继续为菊园未来几年的成功献上绵薄之力。我相信菊园在未来几年一定能够创造出更辉煌的成就。

[外籍教师　Alex Cresswell，译者　顾晶婧（初中英语教师）]

21 论外籍学生在英语教学中的微渗透

2014年7月,刚送走了一批毕业生,马上又迎来了新一届的六年级新生。这是个比较特殊的集体。40来个孩子来自世界各地,来自五湖四海,肤色和语言各有特色,俨然像一个小小的"联合国"。在一个英语层次完全不一样的班级中,我的英语教学遇到了难题。是抓基础,照顾中等及以下学生?还是放弃一部分基础薄弱的学生,拔高中等以上的孩子呢?显然,这不是一个单选题。如何吸引每一个学生,如何激发每一个孩子的学习兴趣,如何让每一个同学每天都有所得,让我不禁犯了难。

一、"乐"中学,学中"乐"

偶然的机会,我发现5班的孩子都特别爱上音乐课。我突然眼前一亮,都说音乐无国界,生活中无处不在,那是不是能让它作为学习英语的桥梁呢?一番观察后,我发现来自新加坡的小C同学性格开朗,特别有表演天赋,就决定让他每天早操前,表演一段英文说唱。同学们被他的表演惊讶到,原来英语也可以表现得这么精彩有趣,并不是传统中的那么枯燥。于是,从预备年级开始,我们班午餐时,同学们会自发打开电脑上的英文歌曲,享受着音乐和美食,时不时地看看屏幕上的歌词,还和着音乐摇头晃脑一番,生活就是这么惬意。从刚开始小C推荐英文歌曲,到同学们主动互相分享,慢慢地,几乎全班同学的歌单里都被Billboard Hot的歌所占据;从不好意思开口,到主动向小C请教歌词发音和意思;再到一些放了很多遍的歌,只要音乐响起,每个同学就会小声吟唱,我为他们的进步点赞。孩子们的模仿力和记忆力也非常令人惊讶。对于预备年级的学生,英文歌曲中有为数不少的生词,如果在平时的教学中,我一定会花很大一部分时间去教授孩子们单词的拼读和词义。可是现在,孩子们都用课余时间,把这一部分自行消化了。语音语调,甚至对于非母语的学生学起来比较困难的连读,他们模仿得也像模像样,收获不小。预备年级第一个学期结束前,我们班举行了一个小型的音乐会——"我唱英文歌",完全不亚于专业水准。

多元交融，愉悦创新
小留学生在菊园

小C全程陪同访问团参观学校

二、从课内到课外的延伸

  课本上的内容，对于来自新加坡的小C，美籍华人小S和小T，马来西亚的小J，可能过于简单，课堂上的兴致不是很高。怎样激发这些孩子的兴趣，使他们积极地参与到课堂活动，迫在眉睫。六年级开始，主要是培养学生的听说能力，我就利用外籍生语音纯正的优势，请他们示范朗读，领读，做小老师。对于这一项工作他们也乐在其中，当同学们投去羡慕的小眼神时，他们脸上也会洋溢出自豪的神情，而其余学生也会尽最大的努力模仿。课后，聘请这四位同学担任辅导员，每位负责10个左右的组员，纠正他们的发音，孩子们感激地称他们为"啄木鸟"。当课本内容结束，我通常会给有能力的同学们额外布置有想象空间的任务。例如：6BU6课本内容为school life in summer，学生可以选择选仿写school life in spring、autumn、winter。7BU6寓言故事"the grasshopper and the ant"，文中故事的结尾是勤劳的小蚂蚁和懒惰的蚱蜢分享了劳动果实，让它度过了寒冬。那么第二年呢，蚱蜢又发生了什么呢？8AU6、U7"Nobody Wins"中，Captain King和他的伙伴们逃离Gork返回地球后，根据课文最后一句"Just then, a huge figure was moving silently towards the captain's house ..."请同学们发挥想象,这个 figure 是谁？他为什么悄悄地靠近 King 的家？请同学们续写这一类故事。我把这一项任务,分配给四个外籍学生,让他们担任编辑和导演的工作,收集组员们的故事,进行整理、重组,改编成课本剧,自行编排,每月举行一次《小剧场》表演秀,全班同学从 5 个方面进行评分。评分表如下：

节目名称				
小组名称				
评分标准				
序号	内 容		权重	得分
1	口语表达	英语口语流利、清晰、发音标准、语法正确、富有情感	40	
2	内容选择	内容健康、向上、编排新颖,主题突出,故事情节鲜明	25	
3	舞台表现	表演自然、人物形象逼真,服饰符合剧中人物形象特征	15	
4	表演效果	表演效果有感染力、各角色间配合默契	10	
5	综合评价	多媒体应用、时间把握准确,表演生动形象,整体表演效果等	10	
总分 100 分			最后得分	_____

在这一过程中,同学们大显身手,把自己的长处和团队合作的能力发挥到了极致。不光激发了学生学习英语的兴趣,还培养了他们的活动能力、组织能力、创造能力、小组合作能力。加上多媒体图片和音乐的配合,加深了学生对课文内容的理解。课本剧的编排和表演,使学生从被动地接受知识,转为主动且迫切地想要运用正确的英语口语和肢体语言展现在全班面前,凸显了以学生为主的教学方式。

八年级时,同学们已经不满足于课本内容的演绎,开始着手于课外读物。第一次他们就挑战了颇具难度的莎士比亚名著《威尼斯商人》。作为老师的我,落实了这部课本剧的思想和道德标准,强调内容必须健康向上。之后大家一致推选小 C 为总导演,S,T,J 为副导演,他们从剧本的改编,到场景的设定,从选角到台词的落实,都尽心尽责。我时不时在他们有需要的时候，提供帮助，鼓励能力偏弱的学生。为期2个月的辛勤耕耘，总算小有成就，在全年级表演获得老师同学的一致好评。

2016年12月5日，前英国教育国务大臣兼妇女及平等事务部长贾斯蒂·格里宁(Justine Greening)来中国访问时，小C自信满满地全程陪同访问团参观学校主要场馆和重要社团。在座谈会上，他作为学生代表之一，向英国友人介绍了学生在洋泾菊园实验学校学习和生活的情况。

三、最后的冲刺——中考

到了初三，由于种种原因，留学生们都回国了，只有小C坚持留了下来，要和国内同学一样参加上海市统一的升学考试。初三的氛围格外紧张，是心理和生理的双重考验，是对意志品质的磨炼。小C有他英语方面的优势，词汇量丰富，听力口语俱佳；但是要适应国内的中考题还需要教师课堂上提供适量的操练，对题目进行分析讲解。在我的提议下，班内各学科都组成了查漏小分队，互相督促，互相学习，互相帮助，在比较中进步，在良性的竞争中享受着学习过程。孩子后来跟我说：老师，要不是你一直鼓励我，给我加油，我可能就半途而废了。

在英语教学中，应分析考虑学生的学情和文化背景，因材施教，个性化教育，发挥每位学生的亮点，激发学习热情。"洋"为"中"用，"内""外"兼修，让小小的"联合国"形成同伴协进的健康向上的氛围。

（初中英语教师　张洁琼）

以文启人，以情动人

我是菊园一名普通的初中语文教师，我的课堂上常常会有几个特别的身影——小小留学生。他们来自不同的国度，掌握的中文水平也各不相同，可他们都十分喜欢中国，热爱中国博大精深、源远流长的文化，为神秘古老的东方文化所沉醉。为了不负他们的期望，我常常绞尽脑汁，思考如何让外籍学生学好中文，不虚此行。谨以此文记录我的思想轨迹，或是一片刚刚萌生的思想的小芽，或是一撷奔涌的思想的浪花。

一、学生热爱语文，认为语文学科有情有义

如何才能让外籍学生爱上语文？我以为需要从以下几点考虑：

1. 让学生通过热爱语文老师进而热爱语文

俗话说"亲其师，信其道"。在学生眼中，语文老师是可敬可爱的，他们就有可能由敬爱老师，推及热爱语文。那么，怎样的老师才有可能成为学生眼中可敬可爱的老师呢？我以为，必须具备以下一点或几点。

（1）专家型的教师。试想为何在听名师名家讲课的时候，学生都全神贯注，洗耳恭听呢？是因为名师专家，自带光环，学生觉得能聆听专家点拨，三生有幸，自然全情投入。心在哪里，收获就在哪里。学生用心了，自然也就有收获了。于是也更愿意学习，于是自然收获也更多了，进而产生了对语文学科的情意。

（2）有专长特长的魅力型教师。教师要有形象魅力，举手投足间应有风度；教师要有情感魅力，用高尚的情怀去关心、感染学生，尊重学生的人格，宽容、谅解学生的过失，平易近人等；教师要有才干魅力，对事物有敏锐的观察力，对学生有感召力等；教师还应该有品格魅力，包括教师的信仰、追求、德行、人格、作风等。教师在语言的表达和应用上有专长，朗诵、表演、辩论、写作等方面有突出的表现，会容易让学生产生佩服仰慕之情。

（3）人品过硬、富有爱心的教师。教师职业的伟大之处就在于"爱自己的孩子是本能，爱别人的孩子是神圣"。言传身教，身教重于言传。一个在学习和生活中，用自

己的言行对学生实施春风化雨般的教化的老师,一定是深得学生敬爱的。在与外籍学生的交流中,包含着暖融融的厚爱,我总是为他们的点滴收获而欣喜,常常鼓励和表扬他们的点滴进步,在和谐的师生关系中,情感点燃了智慧的火花;以情为纽带,缩短了教师与学生之间的心理距离,在学生的内心形成了对中文学习的殷切期待,这样,对汉语学习的内驱力和创造力就形成了。

2. **让学生通过热爱语文课堂进而热爱语文**

建构令学生喜爱的语文课堂是必须正视和重视的问题。那怎样的课堂才是受学生欢迎的语文课堂呢?我以为,先要树立"以学生为主体"的语文课堂教学理念,建构以学生为主体的课堂,在课堂上,让学生大脑活动和兴奋起来,才会获得存在感和价值感,才能更多地感受到学习的快乐与收获,才能更主动地投入到学习中去,自觉地举一反三。

3. **让学生通过热爱语文教材进而热爱语文**

学生对语文教材充满好奇与期待,非常愿意在老师的引领下,在同伴的互学互助中,探寻语文教材中的奥妙和神奇,他们认为每一篇语文课文,都可以带给自己美的体验与快乐。推而广之,我挑选了更多的文章书籍让学生利用课余时间阅读,进而产生对中国的语言文字与文化的热爱,从而在潜移默化中受到了熏陶洗礼与教化。

一次偶然的机会,我邀请了我们班的一位家长,给孩子们做了一次演讲,演讲的主题是:文天祥与《正气歌》——民族脊梁与夷夏之辨。在那次演讲中,学生们了解了高富帅才的文天祥,他起兵惶恐滩,抗论皋亭山,继而转战东南,一饭千秋,直至"崖山之败,亲所目击,痛苦酷罚,无以胜堪",北囚大都,一死之外,无可为者,而文天祥的文明脊梁浩气绵长,给学生们留下了极为深刻的印象,各个听得聚精会神,屏气凝神,对于六年级的外籍孩子来说,这种专注是不易的,也反映出他们被文天祥深深感动着。在讲到六年级下册的《马诗》《石灰吟》和《竹石》时,我向孩子们介绍热望建功立业而不被赏识的李贺,刚正不阿、有着铮铮铁骨的郑燮,在国家危难时力挽狂澜、不肯同流合污的于谦等,这些人都在用自己的行为、诗词、志向,向人们展示"英雄"的内涵,极易打动学生心灵,引起他们的共鸣。抓住学生爱听故事的特点,讲诗歌内容与人物生平介绍相结合,借此追问学生们怎样看待这几位英雄。还让学生们跟同学分享自己钦佩的其他民族英雄人物及事迹。在这些诗歌中,外籍学生理解了中华民族文化的优秀,也在他们的思想上刻下了"英雄"的感念。

二、学生感受语文课堂和教材中的情意

具体说来，要想让学生感受课文中、课堂上的情意，先要将学生带入课本，带入课堂。具体的操作技法有：

1. 朗读

不同形式的朗读，尤其是个性化的个别朗读，沉浸式的朗读，分角色朗读是最有效地将学生代入课文的方法。在我的课堂上，我总会预留一点时间，给我们的外籍学生读课文，朗读甚至背诵诗歌。

2. 课本剧表演

对于叙事性作品，尤其是人物形象突出、情节紧凑的文本学习，课本剧表演也是一种非常有效的将学生带入文本，感受故事中人物喜怒哀乐的手段。这是一种正向激发学生自主认真研读课文，揣摩人物形象，作品主旨的方法。外籍学生性格外向，他们非常喜欢这样授课的方式，也特别积极地参与到课本剧的表演当中，在寓教于乐的形式中，更好地感受到了文本的魅力。依稀记得，一个美国小伙，小O，他有比较扎实的中文基础，能和同龄孩子正常对话，发音字正腔圆。我在执教《送友人》时，邀请他参与课本剧的表演，他先以一首《送别》起势："长亭外，古道边，芳草碧连天……"，歌声即刻震撼了在场的每一个人，诗歌的吟诵字音准确，节奏停顿也把握得很好，诵出了诗人的哀伤，再加上到位的微表情，给我们呈现了诗歌的意境之美。

3. 微情景的创设

我认为这个方法极具创新性，也很有价值。为了让学生进一步感知文本的情意，或者更进一步把握人物形象，教师可以巧妙地利用一个问题，来创设微情景，从而引导学生"设身处地"地揣摩人物形象或心理。这样既激发了学生的学习热情和思考，又真正让学生受到了精神和情意上的洗礼。

漫漫探索路，曲径亦通幽。我愿继续思考、琢磨、摸索，帮助外籍学生从中国文化中感知中华文化的独特魅力，推广中国语言文化，为世界了解中国打开一扇文化之窗；我愿化作春泥，去守护一棵棵稚嫩的幼苗，留住他们的中国之根。

（初中语文教师　谢烨）

第六章

融综合活动：文化交融的
实践者

学习活动既包括学科活动也包括综合活动。综合学习是学生在学校学习的重要内容，它打破了学科界限，重视跨学科的综合性活动，重视与社会实践紧密联系，重视学习主体的体验性学习以及学习方法的掌握。所以，综合学习最直接的表现形式就是综合实践活动。综合实践活动是培养学生综合素质的跨学科实践性课程，是从学生的真实生活和发展需要出发，从生活情境中发现问题，将之转化为活动主题，通过体验、探究、制作、服务等学习方式，能有效提高学生的综合素养和实践能力。

综合实践活动是实践育人的重要手段。洋泾菊园实验学校（菊华院）以五育融合和素质教育为宗旨，秉承"多元交融、愉悦创新"的办学理念，以综合学习的实践性、活动化为策略，开展了九年一贯制学校综合实践活动设计与实施的实践研究，开展了丰富多彩的主题式综合实践活动。学校将学习准备期、快乐活动日、团队建设、校园节日、城市少年宫、学生社团、海外拓展、德育课程、生涯教育等传统活动形式进行了统整；运用"纵向优序、横向优合、五育优融"的设计策略；采取体验式、探究式等学习方式，面向全体学生实施学习活动，包括专题教育、社会实践、公益服务、艺术人文、体育健身、科技创新等内容。Kiwi是菊华院的外教老师，他会和学生们一起参加学校的许多活动，其中爱心节的慈善义卖就是他最喜欢的活动之一，因为帮助别人就能收获快乐。

在菊华院同步实施综合素质的跨学科实践性课程有必要吗？答案是肯定的！

国籍、家庭背景的不同，地域文化的差异，直接影响学生融入学校生活，主动接受新的生活方式。而体验式、探究式的综合实践性活动课程学习，相对于学科学习单一的方式，更有益于外籍学生改变生活方式，更快速地融入新环境新生活。

外籍学生的家长也意识到了这个问题，他们在送孩子来中国公办学校时，就表明了文化融合的坚定态度。从了解到理解中国文化，从中外文化比较到融合，这是一个文化体验与浸润的过程，也是从一个文化认同到文化表达的升华过程。

基于学生的成长需要、跨文化学习的需要，综合性实践学习活动成为了外籍学生一门必修课。菊华院在充分征求家长意见的基础上，选择了舞蹈、健身、科创、经典四大模块，设计了第一类人文性学习内容，即体验式的综合实践活动。根据学生的年龄特点，以年级活动链来纵向实施，由低年级向高年级不断进阶。舞蹈活动的中国舞、踢踏舞；健身活动的中国功夫、跆拳道；科创活动的机器人、科学小实验；经典活动的古

多元交融，愉悦创新
小留学生在菊园

洋菊豆笔下的青花瓷

诗文诵读等，深受家长认可和学生喜爱。

为了将文化体验转化为文化表达，学校组织同学们进行学习成果的汇报展示。在校园节日、中外传统节日时，在浦东教育局组织的境外学生征文比赛、境外学生看非遗、曹灿杯朗诵比赛、上海市图书节等活动中，为外籍学生搭建平台、创造条件展示才华，丰富学习体验。

体验式、探究式综合实践活动的实施，主要依靠学校自身力量。菊华院的老师们发挥聪明才智，将自身专业能力与才艺特长相结合，帮助外籍学生开展丰富多彩的学习活动。同时学校也与社会专业机构合作，聘请了舞蹈、跆拳道等专业教师，弥补学校力量的不足。

在综合实践活动中,厉一文、赵胤兴老师作为学校的德育干部,引导外籍学生积极参加主题教育活动,在国庆节的大队主题集会上,展示外籍学生的学习成果;在菊华院开展的元宵节主题活动中,赵老师也前去亲身体验、挖掘经验。

袁渊老师是小学外籍班年级组的组长,为一年级到五年级的五个外籍班的日常事务操碎了心。她配合菊华院管理部门,与班主任们共同商讨、共同努力,组织外籍小学生参加校园主题节日活动、校外体验展示活动。她带领班主任们积极投入的工作作风,赢得同事和家长交口称誉。

袁渊、卢江海、成懿君等班主任老师,还将舞蹈专业教师的教学内容,转化为学生的学习成果。比如在学习京剧入门的基础上,成老师带领洋菊豆们(小学生们)从练习京剧的手势、眼神、身段、步伐这些基本功开始,领略中国文化的巨大魅力,感受自己用心学习后的每一步成长。菊园"小花旦"的综合性学习,让这些肤色不同的孩子们,不仅领略了中华国粹之美,也深深地爱上了中国文化。

组织学生开展乐高活动,是机器人老师冷继娟的拿手好戏。她以 STEAM 跨学科融合活动为抓手,让学生参与到真实的世界比赛设计挑战中,思考创造性解决问题的方法,在国际比赛中斩获"最佳创意奖",让小留学生在呼吸般自然的过程中学习、绽放生命华光。

张莺老师带领外籍学生开展诗词吟诵活动。中国古诗词充满了韵律,读起来抑扬顿挫,吟唱时抒情悠扬,是外国小朋友学习中文、正音正调的绝好素材;加之寓意深刻,典故众多,让他们爱上了博大精深的中国文化。卢江海、宋颖老师为外籍学生争取参加征文比赛的机会,指导他们将在上海的生活与写作相结合,提高其中文写作水平,也激发了他们对上海发自内心的情感。谢烨老师教学生用中国书法写"福"字,贴近生活演绎中国传统文化。胡依琳老师在英语课上抓住重阳节的契机,让外籍学生感受中国传统文化的魅力。

基于学生的成长需要,跨文化学习的需要,菊华院划分了四季文明与华夏习俗、国宝探秘与中华非遗两大模块,设计了第二类人文性学习内容,即主题式的综合实践活动。融合中外传统文化精髓,以主题活动群来横向实施,从校内的跨学科延伸到校外的社会实践。

四季文明与华夏习俗主题式综合实践活动,将中华二十四节气、中外传统节日、中外特色美食作为活动的主线,开展了圣诞节与春节、元宵节、清明节、端午节与复活节、中秋节、重阳节与感恩节等主题活动,将一年四季的自然规律与语言艺术、风俗习惯等相融合。国宝探秘与中华非遗主题式社会实践活动,开展了"一带一路"青花瓷,艺术点睛的中国画,走进非遗大世界等活动,将人类的文化遗产与参观体验、学科学习相融合。

浦咏晴老师是学校国际部的负责人,也是本土化国际教育的开拓者之一。高度的责任感和使命感驱使她多年孜孜不倦地研究尝试,积累了深厚的文化底蕴和艺术素养。凭借英语学科教师的优势,浦老师挖掘提炼中外经典,比较融合中外教育,探索了较为系统、系列的综合性实践活动课程。在她的带领下,虞吉、吴奕等老师积极参与综合实践活动的策划,用她们的聪明才智,编辑了中华传统节日读本,设计了独具特色的活动方案、学习活动单以及活动空间布置等。

文化是各民族生存发展的血脉之根,非物质文化遗产是各族人民世代相承的瑰宝。上海和浦东丰富的非物质文化遗产,为外籍学生综合实践活动课程提供了学习载体。菊华院干事虞吉老师事必躬亲,安排了丰富多彩的活动,诸如非遗传承人进校园、非遗大世界初体验、非遗大舞台我来演等活动,得到了班主任、学科教师、外教家长的积极配合,取得了精彩纷呈、化育入心的活动效果。

青花瓷犹如古今文化交流的使者,在新时代仍展现出强大的生命力。在"一带一路"青花瓷主题活动中,除了到博物馆的考察学习活动外,以青花瓷为主题的学科活动也紧锣密鼓地开展着。张敏慧老师的语文课上、外教老师的英语课上、姚华老师的美术课上、林明晨老师的音乐课上,与"青花瓷"有关的文章、歌曲、作品成为学习的内容,多领域多学科出发的课程设计,实现了共同的教学目标,激发了学生的学习兴趣,真正体现了德智体美劳的五育融合。

生动的形式、丰富的内容,传承了华夏文明与世界文明,承载着中华民族的文化自信,促进着中外文化的交流融合。菊华院的管理团队、班主任及每位任课教师都是综合活动的思想者、创新者和实践者,演绎了"和而不同、方为大同"的中外文化交融精神,凸显了"文化自信、文化融合"的共同教育价值观。探索和感受了中华和人类共同优秀文化的魅力,学生跨时空、跨文化、跨学科学习的综合素质得到提升,人类的共同进步和繁荣,将成为他们未来成长的不竭动力。

菊华院基于国际社区、以外籍学生为主体的综合性实践学习活动,也入选了市教委"基于区域特色的学校综合课程创造力研究和实践"课程改革试点项目,在培养人文精神与国际理解兼具的优秀国际学生,促进中外文化融合和传播优秀中国文化中作出了贡献。

期待着我们的洋菊宝,将成为人类命运共同体的见证者,成为未来中外人文交流的促进者!

多元交融，愉悦创新
小留学生在菊园

1　与中华非遗零距离

2020年是浦东新区开发开放30周年，在这片传奇之地，不但有现代化的高楼大厦，高科技的工业园区，也有悠久的历史积淀和深厚的文化底蕴。在上海教育国际交流协会的指导下，浦东新区教育机构和区文化体育和旅游局的共同策划下，首届"境外学生看浦东"中文风采展示活动正式启动。此次活动由非遗考察和学生中文风采展示两个部分组成。在非遗考察体验期间，我们菊华院境外学生，在非遗传承人的指导下，与3项国家级和市级非遗文化项目零距离接触，亲身感受中国文化的魅力。

一、刚柔并济学太极（市级）

2020年12月1日，太极拳非遗传承团队走进菊园，与菊华院（小学部）境外学生相聚菊园篮球馆，开展了别开生面的非遗考察体验活动。

传承人鱼贯而入，挥舞着大旗，虎虎生风，拉开了表演展示的帷幕，也激发了境外学生对太极拳的兴趣。境外学生一个个跃跃欲试。在展示期间，传承人还配合不同的套路，进行了简短的讲解，境外学生了解了太极拳是以中国传统哲学为理念，集修身养性等多种功能为一体的中国传统拳术，讲究内外兼修、刚柔相济，有极强的艺术观赏性和超强的技击性。通过传承人的展示与讲解，境外学生可以更好地理解我们中国的非遗文化，从侧面进一步了解上海，了解浦东，了解浦东的历史和文化。非遗考察体验最后阶段，传承人和境外学生进行了互动，马步、推手、起势、收势、行礼……在一招一式中，体会太极拳的刚柔并济。在一掌一拳间，感受非遗之魅力。

活动之后，我随机采访了两位学生，太极拳学起来怎么样？来自五年级的小乔同学说到，看似简单的马步，原来如此不易。引人入胜的太极招式，是传承人数十年如一日勤修苦练的结果，他们的武术精神值得我们学习。另一位小夏同学提到，通过非遗考察，虽然只是初步了解了龙身蛇形太极拳，但他已经被非遗文化深深地吸引，如果有机会，他也想练习太极拳，回国之后，可以让更多的外国友人了解中国独特的非遗文化，认识太极，将武术魅力、匠人精神推广开来。

龙腾虎跃绕龙灯

二、穿针引线习绒绣（国家级）

上海绒绣是中国刺绣技术和西洋美术工艺融合而成的一种海派绣艺。它以色彩艳丽、典雅大气著称，享誉海内外。2011年，上海绒绣被列入第三批国家级非物质文化遗产名录。

12月2日下午，菊华院（中学部）境外学生，走进了上海绒绣传习所（洋泾馆）。首先绒绣传承人带领大家参观了上海绒绣传习所，欣赏了精美的绒绣作品。分组后，传承人简单介绍了绒绣的制作过程，并耐心讲授针法，手把手演示操作步骤，境外学生认真练习，在一针一线学习上海绒绣的同时，了解了浦东悠久的历史，并在传承人的指导下，逐渐学会了上海绒绣最基本的针法。有的学生绣了自己名字，有的绣了一株仙人掌，有的……还有的学生来到传承人身边进行了采访，想了解更多有关上海绒绣的非遗知识，传承人倾囊相授，还逐步演示。其中的一句话让学生印象深刻，传承人说："不要拍我的手，开裂了贴了胶布不好看。"菊华院学生齐声回答："您的手很好看，因为它能绣出最美的作品。"道别时，当询问传承人累不累时，她回答到："只要孩子们喜欢就好。"在感叹传承人匠心精神的同时，孩子们也在思考如何让更多的人了解上海绒绣，感受上海绒绣的美，体验劳动的乐趣。

三、龙腾虎跃绕龙灯

龙舞（绕龙灯）是浦东地区传统节庆活动的重要组成部分，集戏曲、武术、舞蹈、民族鼓乐等于一体。其形制主要由龙珠、龙头、龙身、龙尾组成，借助龙珠和龙体器材在音乐的烘托下共同完成。2011年，龙舞被列入第三批国家级非物质文化遗产名录。12月2日下午，三林镇舞龙队走进了校园，他们的精彩演绎，受到了菊华院境外学生的欢迎和喜爱。

表演结束后，境外学生按捺不住好奇心，都跃跃欲试，在传承人的专业指导下，学习了舞龙的基本动作，将一条蓝色小龙舞得"活了起来"，既体验了舞龙的乐趣，又感受到了团队的力量。

这十几位非遗传承人化身文化交流使者，他们对非遗项目的精益求精、坚持不懈，对于浦东发自内心的热爱，深深地打动了境外学生。

在这次菊华院境外学生的非遗考察体验中，他们感受到了中华文化的博大精深，感受体验了非遗文化传承人高超精湛的艺术与坚韧不拔的精神。同时，菊华院的老师们，还设计了非遗考察研学任务单。境外学生在非遗体验、互动、交流之后，在"留白"的学习空间里，通过研学前个人资料收集，研学中集体非遗考察，研学后团队合作宣传，让境外学生一步步地走近非遗，了解非遗，传承非遗，传播非遗。

（国际部干事　虞吉）

2 探秘大世界，非遗嘉年华

——菊华院境外学生圣诞综合活动

在 2020 年 12 月圣诞节之时，元旦即将来临之际，菊华院的老师为境外学生精心烹饪了一道"非遗文化"的圣诞大餐，走出菊华院，走进大世界，进行了一场独特的非遗文化体验综合活动。

创设空间 浸润学习 收获满盈

菊华院境外学生的学习空间从教室延伸到了校园的其他角落，创设了一种浸润式的学习环境，为学生提供自主讨论、学习、思考的空间。学习空间在不停地创设与转换，菊华院境外学生参观了上海大世界，通过聆听观摩，手工实践，进而懂得非遗文化

掐丝工艺迷倒我

并不只是博物馆展柜中的精美展品和图片,更是可见、可参与的文化,也是融汇了世代人的智慧、才艺和创造力的实践。潜移默化间,在境外学生心中种下这颗非遗的种子。

慧眼看中华　齐聚大世界

上海大世界曾经是老上海最吸引人的地方,里面设有大小戏台,轮番表演各种戏曲、曲艺、歌舞和游艺杂耍等,游客在这里参观一整天。如今,大世界集游、学、玩、乐于一体的同时,又增添了艺术厚重感,打造出非遗主题元素场景,潮装置、嗨演艺、趣手作、乐市集与闹游园,打造成集华丽专型为一座一站式的非遗文化"博物馆"。一进门,菊华院境外学生和家长们驻足于十二面哈哈镜前,他们一会变身"胖企鹅",一下子又成了"细铅笔",看到逗趣的自己,情不自禁地哈哈大笑。转眼,他们又被中庭大舞台上精彩纷呈的演出所吸引,京剧、民乐、游艺、杂耍轮番登场,菊华院境外学生和家长们时而惊叹,时而鼓掌,时而喝彩。

大手牵小手　乐享游园会

在上海大世界里,菊华院境外学生和家长们穿梭于1978年老上海风情街区,他们看到了长长的巨龙车,试了试公用电话亭,逛了逛石库门、游了游上海弄堂。经过非遗展馆时,喜欢糖果的境外学生停下脚步,画糖画,吹糖人,一个个作品活灵活现,既美观又美味。家长们连连称赞传承人技艺高超,不经意地一吹、一捏、一画,作品就成型了。走累了,他们围坐在花鼓边休息,有的用花鼓敲打出快乐最强音,有的拿着巴掌大的小人书津津有味地阅读着,其乐融融。

巧手做非遗　共学掐丝画

想亲手制作礼物给家人和朋友的菊华院境外学生,走进了时空学堂,在非遗传承人的讲解下,体验中国传统工艺——掐丝镜面,体验景泰蓝制作工艺,近距离感受传统文化之美。画稿、上胶、掐丝、剪丝、上色,看似简简单单的制作过程,让境外学生不单单学习了传统文化知识,同时也体验了工匠精神,感受了匠心情怀,逐步了解了传统文化之精髓。

中华民族传统文化需要保护,更需要传承,因为传统文化是"智慧",这些"中国智慧"是未来创新的源泉。非遗文化大世界混搭西方圣诞节,中西文化碰撞出新的火花。通过12月系列非遗体验综合活动,通过师生互动,生生互动,亲子互动,从校内到校外,菊华院境外学生们全方位地了解非遗,关注非遗文化,传承并弘扬中华传统文化,争当小小传承人!

(国际部干事 虞吉)

诵读吟唱,浸儒中国传统文化

菊华院的语文课除了基础课程外,还根据外籍学生的特点,结合中国传统文化教育,安排相应的语文活动课程,我就曾教"洋娃娃们"古诗词鉴赏这门活动课,艰辛的背后充满了乐趣。

很多外国学生在说汉语时,总会出现不规范的发音,也就是我们平时说的洋腔洋调。我发现大致可分为两种类型的错误:第一是声母错误。例如,韩国学生在发汉语[f]的时候,总是发成[p],芬芳 fēngfāng—pēngpāng,平凡 píngfán—píngpán。泰国学生发[r]的时候,总是发成[l],热心 rèxīn—lèxīn,打扰 dǎrǎo—dǎlǎo。第二是声调不准确。因为英语单词没有声调,因此汉语的声调对于欧美学生是陌生而困难的。最明显的是,欧美学生在发上声 214 时,很容易发不出降调的音,而只发升调的

张老师和孩子们在一起

音,把三声214直接读成24或34。这些问题都影响着外籍学生对于汉语的熟练驾驭。

为了避免枯燥的语音练习,将语音练习、趣味性结合,提高学生的学习兴趣,我觉得在语文活动课程—古诗词鉴赏中,选择篇幅短小,富有韵律的古诗词就是很好的练习方法。中国的古诗词源远流长,有明显的两个特点:一是押韵,二是富有停顿的节奏。这两者的结合使得古诗的情感得到更淋漓尽致地表达,而且对于外籍小朋友练习声调、声母、韵母,感受汉语节奏,古诗词是很好的练习材料。如唐代李白的《静夜思》:

chuáng qián míng yuè guāng　 yí shì dì shàng shuāng
床　前　明　月　光　,疑　是　地　上　霜　。
jǔ tóu wàng míng yuè　 dī tóu sī gù xiāng
举　头　望　明　月　,低　头　思　故　乡　。

该诗一、三、四的韵母都是 ang,反复地朗读,可以加深学生对于韵母 ang 的语感。此外,诗歌的发音包含了四个声调的发音,外籍小朋友在练习朗诵的过程中,可以很好地交替练习四个声调的发音,并随着诗句平仄起伏的语流感受声调的起伏,从而达到练习和纠正声调的效果。

古诗词作为古文一部分,篇幅短,语言简洁,读起来朗朗上口,易于学生朗读和背诵。而古诗词歌曲旋律典雅优美,为诗词赋予了音乐美和画面美,是外国小朋友乐于、易于接受的学习内容和方式。古诗词歌曲的吟唱可以创造愉快的课堂氛围,提高学生学习兴趣。

《但愿人长久》源自宋代著名词人苏轼的《水调歌头》;《几多愁》源自南唐后主李煜的《虞美人》;《独上西楼》源自宋代词人李煜的《相见欢》;《月满西楼》源自宋代词人李清照的《一剪梅》;还有岳飞的《满江红》,崔颢的《黄鹤楼》等都被现代人用古朴的音乐演绎出来。每次我一播放音乐视频,小朋友们立刻被吸引,都能够集中精力,认真观看、学唱,并对歌词发音、含义提问,课堂气氛很快活跃起来。学生在这个浸润式的过程中,反复地输入,他们在下意识中加强了对歌词、歌曲的记忆。就如同中国人通过学唱英语歌曲来学习英语一样,通过教学实践我发现运用古诗词歌曲学习汉语,是外籍小朋友汉语教学中可以尝试的一种重要而有价值的教学方法,更是弘扬中华经典,浸濡中国传统文化的重要途径。

在语文活动课程中,对于古诗词的诵读和吟唱教学不能浅尝辄止,我们还需要系统地遴选适合不同年龄段不同层次的外籍学生的古诗词作品,对于教法的研究也在不断地实践加以论证,可谓任重而道远。

(小学语文教师　张莺)

4 慈善菊园

我叫 Kiwi，我很幸运能在洋泾菊园实验学校工作十年，我有幸教过很多很棒的孩子，并且看着他们成长。在这段时间，我参加了很多有意思的活动，比如说复活节彩蛋寻宝活动、泼墨画派对、水果节日、圣诞节庆祝活动等。在"菊园"定期举办的活动中，我最喜欢的活动之一是慈善义卖日。在这里，孩子们有机会为自己的旧书和玩具找到一个新家，同时也能购买一些新颖有趣的物品。与此同时，义卖的金额也都会捐给那些需要帮助的人。

Kiwi 老师指导学生

多元交融，愉悦创新
小留学生在菊园

每年3月份左右，学校里的每个班级都会绞尽脑汁动用自己的资源和智慧，为中国贫困地区的孩子们尽绵薄之力。在慈善会议上，孩子们会设立书店，玩具店和文具店，还有美味的小吃摊，例如自制的爆米花和寿司。许多学生借此机会穿着自己喜欢的角色扮演服装，并与同学留下珍贵的合影留念。更有趣的是，甚至有学生可以找到一条新的宠物金鱼带回家。当天的气氛就好像狂欢节，孩子们呼吸着春天的气息，兴奋地度过这美好的一天。

作为在学校国际部工作的两名外教之一，我们喜欢提出一些与孩子们原有认知不同的新想法。我们尝试通过多种形式的活动来拓宽学生筹集资金的道路。比如，我们设计了一对一与老师PK投篮的体育活动、投球类技能运动。在一个猜软糖数目的逻辑性游戏中，学生通过猜测大玻璃罐子中的软糖数量，来锻炼自己的思维能力。不管有没有猜对，所有孩子都乐在其中，最终1849粒软糖全都给了其中一名学生。

我认为，慈善活动中可以售卖的物品并非一定是要能够带回家的。生活中充满了乐趣和挑战，然而孩子们往往没有机会去体验与尝试这些新事物。我喜欢为孩子不断地创设新挑战，当他们获得成功时，最打动我的是他们脸上由衷的灿烂笑容。孩子们也会意识到，他们的捐赠能够帮助到那些真正需要帮助的人，而他们也乐在其中，赠人玫瑰，手留余香。

在学校慈善日这一天，我们不仅能看到各种各样的趣味活动，在这一天中，学校的每个人(包括家里的父母和兄弟姐妹)也都能收获到这份快乐。故此，慈善活动是我一学年中最喜欢的日子之一也就不足为奇了，希望下次再见！

[外籍教师　Graeme Boyd-Bell，译者　顾晶婧(初中英语教师)]

我是"小花旦"

2019年的5月30日,"菊园"的舞台上有一群闪亮的小明星,他们穿着京剧服饰,戴着京剧的头饰,男生手拿刀枪棍棒,翻着跟头,女生手握扇子,正在绘声绘色地表演着京剧舞蹈——"小花旦"。

你知道吗?这其中有些孩子,连中文都不会说,精美的头饰下,是一头美美的黄发。原来他们是来自一年级国际班的孩子们,有的来自英国,有的来自俄罗斯,还有的来自澳大利亚等国家。

台下的阵阵掌声让孩子们喜笑颜开,他们几个月的努力,得到了在场所有人的赞许,也表演出了自己最爱的中国文化。

2018年的12月,我接到了学校的一个"重任",当时才新接班3个月的我,要带领全班孩子参加我校承办的"上海市浦东新区第十届国际学生汉语写作征文比赛"活动,并进行表演。这个任务可难倒我了,孩子们才刚上一年级不久,有一半的孩子中文还

菊园"小花旦"

不太会说，这要如何排出一个像样的节目来参加表演呢？

我们的年级组长袁老师给了我一个 idea，孩子们不会说中文，我们就排练一个舞蹈吧！我们集体讨论后，设计了一个充满中国元素的京剧舞蹈，可是我们要如何才能让学生知道京剧，喜欢京剧，表演京剧呢？我会在每天午间休息的时候，找一些著名的京剧表演视频给孩子们看，比如"小花旦""霸王别姬"等，没想到这一看孩子们可感兴趣了，他们对这别致的装扮万分喜欢。孩子们还会在家长的协助下，自己去找一些京剧脸谱来相互交流，对自己承担的角色做充分的了解，他们期待着学习中国京剧的第一节课。

音乐剧徐老师是一位非常专业和有魅力的舞蹈老师，她带领孩子们从练习京剧基本功开始，包括手势、眼神、身段、步伐等，灵活运用，增加表演人物的形象和气质，男生们在地上不断练习翻跟头，一点都不觉得累，他们都珍惜和热爱这份表演任务，期待自己能成为"京剧表演"中的重要一员。

孩子们在认真练习着京剧基本功，班主任老师和家长们也没有闲着，我们开始着手准备孩子们的服饰。由于表演的需要，所有的衣服需要量身定制，家委会联系了服装公司，来学校给孩子们量衣服尺寸。由于京剧表演服饰元素众多，比如男生有裤子、围兜、绑带等元素，还要配合身后插着的旗子，手握刀枪棍棒等，既要考虑到安全因素，又要闪亮美观，我们在量衣时多番考量，才开始了服装的制作。

在演出之前的两周，所有的头饰都到位后，我在检查头饰质量时又发现了新问题。由于头饰是要整个套在头上的，前额的金属片会刮到孩子的额头，容易在表演中造成伤害。我立即联系了家委会的家长，我们共同研究后决定，用绑头发的黑色棉质粗绑带来保护金属片，这样露出的绑带部分比较不容易被发现。我们根据孩子不同的头发颜色来购买绑带，金头发的孩子就购买金色，黑头发的孩子购买黑色，还有棕色头发的孩子，我们将所有头饰集中后，连夜一个一个进行粘贴和改装，还需要根据每个孩子的头围大小来定制绑带。这样"定制"的过程，花费了我们好几个晚上的时间。在所有的服饰和头饰道具都准备就绪后，我们进行了编号，再用两个专门的箱子来保存，以免大家拿错。

演出前的最大工程就是化妆了，我们研究了京剧妆容中的粗眼线、夸张眼影和腮红的画法，配合头饰和道具的配色来制定化妆方案。演出当天，几乎所有孩子的家长都到校领了任务。由于前期安排得比较仔细,有的家长帮助孩子换衣服,戴头饰,有的家长帮孩子化妆,有的家长负责搬运道具,整体工作井然有序。在这次活动中,在孩子们背后,其实是所有老师和家长的辛勤付出。

  我始终很感激学校给予了我们这次表演的机会,让班级的孩子真正浸润于中国传统文化中,让他们特别爱这个国家。每当国歌声响起,无论他们在哪里,他们总能立正站好,面向国旗敬礼,就像他们当时在舞台上表演时那么认真。我想,中国文化的巨大魅力,会让他们将来铭记进入"菊园"的第一年,记住那个舞台上"小花旦"的样子。

(小学数学教师　成懿君)

6 用文化融入中国国庆节

小留学生们来自不同的国家，有着不同的文化背景，讲着不一样的语言，但是来到"菊园"这个"Local School"，他们和上海本地学生一起，使用上海教材、部编教材；学习中国国家课程、学校校本课程；参加德育系列主题月活动，体验生命成长的快乐。

更重要的，他们在这里生活、学习、成长，他们爱这片土地，爱这里的人。

每年的九月是民族精神主题月，小留学生们都会参与以"庆国庆"为大背景的颂诗会和大合唱活动。

这时，往往会出现一个引发老师思考的小问题：我们中国学生都是"贺祖国华诞"，那么外国学生怎么办？中国不是他们的祖国，他们虽然在感情上热爱这片土地，爱自己的中国老师，但怎样将这片内心的热爱用外在的形式表现出来？怎样让这些小留学生感受到收获的喜悦而不是与己无关的漠然？怎样通过集体展演活动让每个外国学生不仅仅是形式上参加了活动，而是内心真正收到爱的滋润？

在 2020 年 9 月的民族精神主题月"北斗指引我前进，五育达人诉衷情"少先队大队主题集会中，我们设计了面向全体学生的活动目标：以培养学生良好思想品德和健全人格为根本，以促进学生形成爱劳动、尊重劳动者、珍惜劳动成果、创新劳动效果等良好行为习惯为重点，为新时代中国特色社会主义事业培养德智体美劳全面发展的社会主义建设者和接班人；以"各年级各班级开展配乐诗朗诵展演活动"为形式，全校开展大队主题集会。

在国际部，我们又将活动的具体目标定位为——选取语文课内或者语文拓展课学习的中华诗词，通过配乐集体颂诗活动，培养学生良好思想品德和健全人格，以促进学生形成爱劳动、尊重劳动者、珍惜劳动成果、创新劳动效果等良好行为习惯为重点，培养追求真善美，有集体观念，能理解中华文化的好少年。

九月初的班主任会议上，学校德育老师为班主任们做了活动培训。国际部的班主任、语文老师马上积极行动起来，他们调查了孩子们在语文课本、拓展课教材里最喜欢的诗词，带着孩子们重温诗歌。

我们国际部四(7)班选取了三国时诸葛亮的《诫子书》为素材,进行了改编创作:

诫子书

你看潺潺溪流拥抱大海

你听草木蝉鸣也是一种澎湃

我的学校也在山川大地

我心中的梦想最值得期待

我在青青园中播下未来

你用少年纯白填上完美色彩

你把爱的种子播在心海

像你对我说过的那句对白

非淡泊无以明志

非宁静无以致远

非学无以广才

非志无以成学

非淡泊无以明志

非宁静无以致远

非学无以广才

非志无以成学

班主任老师、语文老师和音乐老师协力指导,从孩子们能字正腔圆地咬字开始,进而引导孩子们重温词语篇的含义,使得他们在朗诵中不断体会其中的深意。孩子们在朗诵中感受到了诸葛亮对后代的殷殷期望。有的孩子回家朗诵给家人听时,家人虽然不太听得懂,但是当孩子说到这是根据诸葛亮的原作改编的时,家人都竖起大拇指,诸葛亮可是个全世界有名的"名人"啊!

接着就是训练声音的抑扬顿挫,表情的生动形象,配乐的优美和谐,队形的整齐有序等。

最终在 9 月 30 日大队主题集会上,四(7)班和其他四个年级的国际部班级登上表演的舞台,以陆家嘴"三件套"为背景,孩子们身着正装,感情真挚丰富,朗诵传情达意,表演获得了热烈的掌声。

这样的主题月活动每年都会开展。每一次的活动,小留学生们都会在活动参与中体验到展示学习成果的满足感,接受全体学生鼓励的自豪感。颂诗唱歌活动给他们带来了快乐,让他们感受到在中国、在上海、在"菊园"的每一天都是橙色的,温馨快乐的橙色。

(小学数学教师　厉一文)

7　其乐融融的重阳节

一个国家的节日能表达该国人民的传统文化与价值性的认同。作为礼仪之邦，中国的传统节日源远流长，内涵丰富，庆祝形式多样。

对洋菊宝而言，体验中国的传统节庆是有利于他们迅速接纳、深入体验中国生活的一种方式。庆祝中国传统节日既能让洋菊宝们有强烈的参与感，也能让他们于润物无声中感受到中华文化的丰富多彩。

菊华院十分重视传统节庆这一极好的切入点，往往会在中国传统佳节来临之际举办各种活动，引导国际部的洋菊宝们参与。

金秋十月，刚举办过团团圆圆的中秋佳节，又迎来了极有特色的九九重阳。可大部分洋菊宝的主要家庭成员只有父母和兄弟姐妹，且对其他亲属的依赖性较小。他们

学长学姐说重阳

多元交融，愉悦创新
小留学生在菊园

很可能没怎么受到过祖辈的照顾；加上又是跟随父母来到中国，与祖辈的距离便更加遥远了。重阳节的主题对他们来说比中秋节更难以理解。该怎么样让洋菊宝们了解重阳节的民俗呢？不如找一些身边的例子。正巧，初中部正开展"大手牵小手"活动，我决定尝试，让我校本部高年级的学生在重阳节和洋菊宝们进行一次跨国"大手牵小手"活动。

"大手牵小手"活动一直是菊华院经典的活动之一，在这个活动中，高年级的菊宝们分组，每组负责一个低年级班级，为低年级的同学讲授展示特定的知识，举办相关活动。这次跨国大手牵小手的话题便是重阳节。一年级的小菊宝们潜意识中向往着成长的感觉，所以对高年级的学长学姐有天生的崇拜感。文化差异的冲击也让小菊宝们对真实的中国家庭生活充满了好奇。通过简单地呈现中国家庭庆祝重阳节的场景，观察力非常强的洋菊宝们可以轻松发现文化差异，从而了解庆祝节日背后的意义。

经过紧张的筹备，"大手牵小手"活动正式开始。高年级学生们进入教室，充满生活气息的重阳节记事果然立刻吸引了洋菊宝们的注意力。明确的分工、娓娓道来的节日故事、新奇的故事讲授者，都为一年级的小菊宝们带来了耳目一新的感觉。小菊宝们一个个瞪大眼睛，听得无比认真。一开始，他们大大的眼睛里充满了好奇与疑惑，随着分享的进行，他们似乎有些若有所思。在问答环节，小菊宝们急切地向高年级的学生抛出一个又一个问题，学长学姐们刚开始甚至有些应接不暇，但还是耐心地为好奇宝宝们一一解答。结束时，学长学姐与小洋菊豆们分享了重阳糕，教室里一片欢声笑语，其乐融融。当晚，有不少洋菊宝们主动提出想要和祖父母通话联系，送上一份来自异乡的祝福。

通过这次跨国"大手牵小手"，小洋菊宝们感受到了中华民族尊老敬老的美德，对丰富多样的中国传统文化更加好奇，也更有了解中华文化的动力。这次"大手牵小手"活动是成功的，它不仅让洋菊宝们更好地体会了传统节日，更让他们体会到了包容、友好的氛围。在带领他们体验的同时，我们也应关注到洋菊宝们真正的文化差异与年龄发展的特征，并作出相应的调整，才能让洋菊宝们保持这份好奇，持续探索、持续融入、增强认同。

（初中英语教师　胡伊琳）

8 颂传承，致匠心

——小留学生非遗活动

平时，菊华院小留学生的学习空间就从教室延伸到了校园的各个角落，浸润式的学习环境，为小留学生们提供了自主讨论、学习、思考的空间。

而依托于浦东新区的丰富资源，在浦东开发 30 周年之际，小留学生们参加了首届"境外学生看浦东"活动，在非遗传承人的带领指导下，与三项国家级市级非遗文化项目零距离接触，亲身感受中国文化的特色与魅力。

由我带教的一年级小留学生们有幸要与太极拳非遗传承人共同体验太极拳的魅力，得知这一消息的同学们，满心期待，同时又充满了好奇。来自新加坡的 S 同学，一直问道什么是太极拳？为什么要打太极拳？为了解开他和其他同学的疑惑，在活动

致敬，非遗传承人

前,菊华院精心设计了研学单,通过引导学生使用小程序、阅读书本等方式,进行相关学习。2020年12月1日,阳光明媚,风清云净,太极拳非遗传承人走进了菊园,向班级同学展开了别开生面的体验活动。

在表演展示的过程中,洋菊豆们一个个忍不住惊呼,在太极拳的一招一式中感受中国传统文化的魅力。而在互动教学中,孩子们的动作从一开始的笨拙变得行云流水。而在活动开始前就一个劲问个不停的S同学格外认真,不仅自己跟着师傅学,还教会了其他同学,俨然一副小师傅的模样。当活动结束时,S同学格外失落,一个劲地追着师傅问,什么时候他能再来。S同学说这是他第一次知道太极拳,感觉非常有意思。在当晚,S同学的妈妈便找到我,问我学校有没有太极拳老师,妈妈笑着说,孩子在家一直在念叨,并且在家逢人就会展示太极拳。但是,今天来的太极拳老师是校外的,这可怎么办呢?我赶紧求助菊华院的各路老师们,很巧的是七年级美国籍的小李同学的爸爸是太极拳和武术专家。机缘巧合下,S同学如愿学起了太极拳,并且乐在其中。在期末的优秀国际生颁奖典礼上,S同学和小李同学一起合作,演出了一段武术,赢得了满堂彩。

通过亲身体验,孩子们感受到了太极拳的刚柔并济、亲身体验了中国文化的特色与魅力。借助优渥的家校资源,小留学生们能够在更广阔的平台上感知体育精神,在一招一式中感受中国文化,在一来一往中体验人文情怀。

(小学英语教师 吴奕)

9 写年味福字，品福祸相依

临近春节，家家户户都要张贴春联，商店里卖得最紧俏的便是深红底、淡金色字的"福"字。

然而买来的不如自己创作的有新意，是时候让班里的孩儿们把不常示人的手艺往外露露了。于是，"年味儿福字我来写"的作业便应运而生。

提笔之前，我先给大家普及了福字的含义：福的右边"畐"也念 fú，它的本义是指人的腹部，也就是我们的肚子。"畐"下的"田"是指肚子充满、充实的一种状态。"口"字里头那个"十"字就是代表充满、充实之意。

福字的写法至少有 100 多种，得知这个惊人的数字后，同学们开始摩拳擦掌，跃跃欲试起来。

过年那段时间，钉钉班级圈里热闹非凡，学生们或拍照，或用视频记录自己挥毫泼墨的过程：左手侧摊红纸，右手捉起小刷状的笔，在一碟颜色鲜亮的金粉中蘸上三两下，把红纸的角对准自己，很庄重的运笔，写就一幅灵动美丽的"福"字。闪亮晶莹的金粉似水淌在一大片火红上，浓妆淡抹一起闪出明耀的亮光，十分讨喜。

最令我欣喜的是班里的外籍学生，在了解了春节的民俗之后，对"福"字也产生了浓厚的兴趣，写起毛笔字亦是有模有样，"洋菇豆"入乡随俗的功力可见一斑。

就在大家齐写"福"字的热闹劲中，人民文学出版社文创部也推出了他们的新年礼盒《五福迎春》，可是在礼盒收录的"启功五福"中出现了一个错字，"福"变成了"祸"，这个较为严重的工作失误顿时引起了社会上的舆论，人民文学出版社也立即就此事发表了正式的致歉信。

福到，新年到

小部分网友认为如此高规格的出版社,此番"翻车",有损形象;而绝大部分网友都表示理解和宽容:"知错能改,善莫大焉。勇认错,负责任,彰显大社胸怀。"另有机智网友点评:"福祸相依,岂知祸非福焉?"

不知七年级的学生会有什么样的看法,于是,我便把此事与班级同学分享,七(2)班的同学们就此事展开了热烈的讨论,各抒己见:"虽然字选错了,但寓意特别好:福兮祸所倚。""福之为祸,祸之为福,化不可极,深不可测也。""过而能改,善莫大焉……"大家都表达了对此事十分积极、宽容的看法,也对"福祸"有了更为深入和辩证的认识。

芳菲歇去何须恨,夏木阴阴正可人。有时我们何必纠结于一件小事,敞开胸怀,放宽眼界,换一种角度看待问题,福祸相依,岂知祸非福焉?生活的本身既不是祸,也不是福;它是祸福的容器,就看你把它变成什么。

班中的"洋菊豆"也分享了自己的观点:"人非圣贤孰能无过",那一刻,我感受到了中国文化对外籍学生的浸润渗透,感叹她们在中国真地学到了很多。

从这次的讨论中,我十分欣慰地看到了学生们的成长,他们能对时事抒发自己鲜明的看法,能辩证地看待问题,积极正面地去解决问题,让我感受到正能量是人心所向,尽显中学生的大气风貌。班中外籍学生的回答无疑是一抹亮色,它不仅留在执教者的心间,更是根植在每一个耳濡目染的孩子的成长之中。

民俗的传承、文化的韵味、辩证的思维,不仅体现在孩子们的生活之中,溶于孩子们的点滴情怀之下,更能当他们在过往的岁月中回头看一眼的时候,想起那个曾经温暖入心的语文活动,那个有文化传承的语文时刻。

(初中语文教师 谢烨)

10 当感恩节遇上重阳节

有着不同文化背景的学生,对不同的中西节日文化有着不同的认知和感受,节日文化中的精粹和优秀习俗既影响着学生的文化养成,也对学生的文化认同和价值取向产生了一定的影响。

我们发现上海本土学生对感恩节、圣诞节等西方节日并不陌生,但只停留在节日食物、装饰、礼物等表象认知,对其内在深度含义尤其是积极作用上认识不足。而菊华院初来中国学习的外籍学生对中国节日很陌生,他们缺少中国节日文化的浸润,只闻其名不知其意,但同时充满了好奇心。

在同一个学习生活空间里的中外学生,学校是如何平衡、交融好中外节日,如何通过学生的品德教育、学科融合等形式交融中外文化呢?

在菊华院实施的特色综合活动课程中,我们着力发掘中外传统节日中的精粹、优秀文化和文化内涵;通过设计、开发中外传统节日中的活动内容,结合学校基础课程中的教学目标等,带领中外学生在活动中涵养传统节日中的精神素养,培养学生发现学习是源于真实的生活,而学习又是为了服务生活,创造更好生活的理念。

以"中外感恩与分享"主题式综合实践活动为例,我带领团队进行了中外传统节日文化交融的尝试。

方法一:中外传统节日主题上的融合

九九重阳是中华民族的传统节日,登高赏秋和敬老感恩是重阳节日活动的重要主题。重阳节在历史发展中被赋予了更多的民俗,承载了丰富的文化内涵。而西方秋季的丰收节和感恩节,有着和中国重阳节共同的节日意义,感恩与分享。时代在前进,优秀的传统节日会被不断赋予新的时代内涵,既是文化的传承,也是时代的需要。

方法二:中外传统节日的实践活动形式的交融

在中国重阳节的实践活动课程中,与学科教学进行整合,汉语课以"写在重阳节"的诗歌形式,向家庭中老年长辈说句悄悄话,用诗歌代表心声,表达感恩;培养学生关爱、孝敬的良好美德。同时通过重阳节相关诗词、文章的学习,带领外籍学生了解文化内涵和节日风俗。在重阳节传统节日风俗中，食物也占有重要的一席，在学校老师的带领下，外籍学生和中国学生一起到社区独居老人家中，通过向老年长辈赠送重阳糕，或者和家中老年长辈一起品尝重阳糕，借助重阳糕美好的寓意，用多种形式表达对老年长辈的祝福。

在体验实践西方丰收节日活动课程中，开展珍惜粮食主题的传统古诗诵读活动，用丰收礼拜仪式，感恩生活。学校借着节日的契机，结合秋季社会实践活动课程，带领学生到农业基地体验实践农耕劳动，在实践体验中懂得粮食得来不易的道理，帮助学生养成节约粮食、绿色生活的良好习惯。在感恩节，学生们制作感谢卡，赠送给身边想要表达感恩之情的人；在实践活动中，学生向家人、老师、同学朋友、保洁阿姨、食堂工作人员、保安师傅等都送上了那份真诚的、独一无二的感谢卡，学会珍惜和分享。

在中西节日文化的交融中，通过节日主题、活动形式等的巧妙融合，引导学生对多元文化的尊重、学习与汲取多元文化中的精粹。

当感恩节遇上重阳节，更多的外籍学生学会了诵古诗一首表时节心情、爱上了登高活动和节粮惜时，学会了向身边的人表达感恩和分享，表达他们对中国节日丰富活动的喜欢，对节日文化的理解和认同。他们见证了中外文化的融合，见证了可传承的优秀中外文化的美好明天。

（校长助理兼国际部主任　浦咏晴）

11　蛋与蛋的碰撞，在春天的校园

在菊华院，部分西方外籍学生有过复活节的习俗，外籍家长志愿者们也会在节日期间与师生分享可爱精美的复活巧克力蛋。复活节作为西方的重要节日，随着现代社会的发展，其节日的传统宗教色彩有所弱化，现代人所需要的与自然融合、与家人亲近的节日功能却日益强化。如何尊重外籍学生的文化习俗？如何在尊重的同时，探索节日文化的涵义，赋予新的意义与功能？我们从节日的风俗传统中寻找积极美好的事物，发现复活节与中国传统节日清明节在节日时间上的融合；与中国传统节气——"立夏"，在风俗活动上碰撞。在春天的校园里，带领外籍学生体验中外传统节日文化的交融，探寻中外节日的内在价值和传承意义，学会珍惜和分享，学会关爱和表达。

中外节日时间的融合，用社会实践与踏青感知生命的意义

清明节是中国人踏青、祭祖的传统春祭节日，是慎终追远、礼敬祖先、弘扬孝道的文化传统节日，也是人们踏青游玩，亲近自然，享受春天美好和乐趣的节日，兼具自然

创意彩绘蛋

与人文两大内涵。而与清明节节日时间接近的复活节,是在每年春分月圆之后第一个星期日,也是西方一个重要节日。两大中外传统节日,传承至今,在当今也被时代发展赋予了一定的意义。结合学校德育活动课程,带领中外学生走出校园,进行春季社会实践,通过踏青感受大自然生生不息的生命力量,以及人们对于美好生活的追求与向往。

蛋与蛋的碰撞,用艺术彩绘与游戏活动擦出中外文化的火花

复活节也象征着万物复苏,是一切恢复生机的节日。而作为复活节象征的鸡蛋,象征春天及新生命的开始,是节日的吉祥物之一。在中国,二十四节气是中国文化中的重要组成部分。"斗蛋"活动,是中国节气中"斗指东南,维为立夏"的习俗,这和复活节中象征"春天,新生命的开始"寻彩蛋活动的行为相似,意义趋同。这不就是我们中外文化中"和而不同,方为大同"的文化观么!

于是,"蛋"在菊华院负责综合课程开发的老师眼中,成了学生实践美的载体,体育锻炼的器具,探究生命意义的实验容器,更是中外文化碰撞的发光体。

美术课上,老师指导外籍学生进行艺术彩蛋创作。孩子们发挥想象力,画上多彩的春天校园、洒上明媚的春天阳光、谱上快乐的心曲。多彩漂亮兼具装饰性的复活节彩蛋,启发着学生对美的感知与探索,既带来赏心悦目的美感与快乐,又代表着春天里学生们的美好心愿;当立夏节气来临,劳技课上的老师便带领着学生开始学做蛋套,用五彩线编织制作个性化蛋套,邀学生分享季节更替带来的喜悦,让学生感受劳动创作带来的幸福感。

在复活节传统活动中,人们用彩蛋做游戏,在地面上和土坡上滚动彩蛋,获胜者手持最后没有破裂的彩蛋,去赢得其他游戏者的彩蛋。于是在活动课上,老师带领外籍学生在学校花园里开展寻找自己彩绘的彩蛋、寻找春天迹象等活动。学生们亲近自然,寻找春天,在春天这一美好时间,立志发愿,祈愿新的开始,具有向上、进取的美好意义;立夏节气日的课余,外籍学生和本土学生一起,比一比谁画的蛋最好看,斗一斗最结实的蛋是谁的,赢家——蛋王,偶为中国蛋王,偶为洋蛋王!

这就是蛋与蛋的碰撞,在中外文化融合综合活动中,尊重学生多元文化背景,让学生在综合课程中学会尊重自然,感受多元文化中共同的精神力量,发现美好,共蕴方为大同的和谐学校文化。

(校长助理兼国际部主任 浦咏晴)

12 独具匠心的"青花瓷之旅"

瓷器,是中华文明的象征,也是中国在西方社会中的代名词。它传承的是古老的技艺,讲述的是悠久的历史,承载着灿烂的文化。菊华院举办的"青花瓷之约"系列活动正是想让小留学生通过瓷器了解中国璀璨而又辉煌的历史。

三年级的语文课本中有这样一篇课文:《陶罐和铁罐》。于是我顺势从课文入手,带领孩子们一起发现瓷器之美,感受"青花瓷"的魅力,为后续震旦博物馆的"青花瓷之旅"铺垫。

课堂上,我请来了陶器和瓷器,让孩子们边观察边思考它们两者有什么区别。仔细观察,经一番讨论之后,他们纷纷报告自己的发现:瓷器是半透明的、瓷器的色彩更艳丽、瓷器的表面光滑细腻……你一言我一语,为自己的发现而自豪。我告诉孩子们,瓷器就是由陶器发展而来的。两者都是由高岭土做胎烧制而成,但古代劳动人民用他们的想象力和创造力,在同一件事物上花了几千年的时间,历经原始瓷器、素色瓷、彩色瓷等多个发展阶段,让瓷器成为中国的象征。孩子们一边听着我的讲述一边看着PPT中依次出现的青釉仰覆莲花尊(北齐)、白瓷枕(唐代)、景德镇青花瓷(明朝)。一张张精美的图片带来了一阵阵赞叹声。

当图片停留在上海博物馆珍藏的纹章瓷的图片时,我让孩子们仔细观察这件瓷器上的图案。

"你知道这个图案代表什么吗"

"有点像我们国家城堡上的徽章。"一个孩子说。

"哈利波特的城堡里好像有和它差不多的徽章。"

"对啊,这是英国一个家族的徽章。"我不禁为孩子的想象力暗暗赞叹,"可为什么它会出现在中国生产的瓷器上呢?"

孩子们又七嘴八舌地讨论起来:

"卢浮宫里就有好多中国瓷器。"

"天鹅堡里好像也有一个房间专门放中国瓷器。"

多元交融,愉悦创新
小留学生在菊园

在活动中发现青花瓷之美

……

"对呀,因为当时中国瓷器的制造工艺特别高超,外国人非常喜爱我们的瓷器,于是他们会到我国来订购大量精美的中国瓷器。那时候的工匠会按照国外订购商提供的种类、造型、式样等进行烧制,再运到国外。有些贵族定制的瓷器上印有家族徽章。这类印有家族徽章的瓷就叫'纹章瓷'。当时,中国的瓷器在西方国家可就是现在所谓的'奢侈品'哦。他们因为喜爱这种艺术品,就把中国称为'CHINA'。你们看,小小的瓷器是不是还成为了中外文化交流的使者啦?"

"原来瓷器还有这么多故事啊!"孩子们惊叹道。

"不仅在古代,就是现在,精美的瓷器还常常被作为国礼馈赠给各国友人呢。"孩子们看向图片的眼神更专注了,对于即将到来的"青花瓷之旅"充满了期待。

在菊华院,学习中文不仅仅是让小留学生认识汉字,会说中文。更重要的是能让他们通过多元融合式的教学活动,亲历亲闻青花瓷,了解这背后蕴含的古老、灿烂的中国文化,从而激发他们学习中文的热情,真正学好中文。

(小学语文教师　张敏慧)

13 小留学生们的青花瓷之约

青花瓷的历史厚重绵长,它犹如古今文化交流的"使者",在新时代仍展现出强大的生命力。对孩子而言,艺术教育是全面提升个体素质与能力的主要路径。因此,我校以"青花瓷"文化为教学载体,提高学生的创造力和想象力,促进他们的鉴赏和审美能力。

在菊华院老师的带领下,菊华院的学生们前往震旦博物馆欣赏国宝的魅力活动。在这次活动中,作为美术老师的我灵机一动,想到美术课本上恰巧有一课是关于青花瓷的绘画,于是在老师们的合力下,最终我们从语文、英语、劳技、美术、音乐等多学科出发,设计课程,完成了一场跨学科主题式综合活动课程。

在美术课上,我的课程目标是引导学生们亲手绘制青花瓷,引导他们对于青花瓷有一个基本的认知,为接下来其他课程打好基础。由于中西文化的不同,小留学生们在菊园上美术课时,往往会有出乎意料的表现,他们往往更大胆开拓。例如在泼墨画一课中,国内班的孩子普遍小心翼翼,在谨慎思考后才滴下第一滴墨。而小留学生们,往往敢想敢做,能够大胆创作。基于孩子们创造力更强这一学情,我适当提高课程难度,突破课本上仅在圆盘上画青花瓷的设计,引导同学们在各种各样的器皿、花瓶上进行创作。

青花瓷圆盘的花纹主要由主体图案和花边组成。在学习圆形适合纹样设计的时候,孩子们可以用多种形式来表现,如:均衡式、向心式、旋转式,等等。外国小朋友大胆和富有创意,使用了比较具有装饰性的现代几何线条及卡通造型,图案简洁、饱满,线条流畅,我继续启发他们:美丽素雅的青花瓷花纹还有自己的寓意,例如有祛灾祈福、吉祥如意、多福多寿、大吉大利等。建议同学们再去细细品味它背后深厚的文化内涵。为了更好地体现出传统青花瓷的古典优雅,老师通过大量的图片欣赏让学生感受青花瓷沉静却清新的青蓝色花纹,并发现中国传统青花瓷中的圆形适合纹样大多采用花鸟、鱼虫、人物、山水等传统纹样,二方连续纹样以点、线为主来绘制,有缠枝纹、卷草纹、海水文、如意纹云纹等。在不断尝试的过程中,学生掌握了圆形适合纹样与花

多元交融，愉悦创新
小留学生在菊园

赴国宝之约

边纹样的设计与绘制方法，体验到了中国传统文化的魅力，设计出了有自己美好寓意的青花瓷圆盘以及其他器皿。其中有位外国学生还在圆盘中添加了太极图形，展现了一种互相转化，相对统一的形式美。还有的学生给圆盘边上加了美丽的如意云纹，体现出纯净而高雅的艺术风格。

菊华院的学生在此前没有接触过青花瓷，在课上都流露出了新奇的眼神，他们小心翼翼地东摸摸、西碰碰，唯恐碰坏了"脆弱"的瓷器。艺术不分国界，在学习后，他们一个个争先恐后，想要画出属于自己的"青花瓷"。

艺术的形式多种多样，学生的认知能力、审美能力、创造能力、社会交往能力等，几乎每一种能力的形成都和艺术教育有关。我们这次综合活动，以青花瓷为起点，引出文化之线，让小留学生爱上中国文化，并成为中国文化的传播者。

（小学美术教师　姚华）

多元交融，愉悦创新
小留学生在菊园

14　春意一盏闹元宵

元宵节是中国最重要的传统节日之一，元宵节包含了富有趣味性的民俗活动以及丰富的文化内涵。今年的元宵节恰逢开学第一周的周五，如何让外籍学生、尤其是一年级、几乎从未接触过元宵节的新生们了解节日的内涵底蕴呢？

菊华院的老师们脑力全开，策划了"春意一盏闹元宵"主题式综合实践活动，让小留学生亲身体验、感受和了解到中华民族文化的魅力所在，增强对中华优秀文化传统的认同感和自豪感。

1. 研学任务单

为了更好地让中国传统文化课程在国际部落地生根，菊华院开发了研学任务单。

菊宝闹元宵

对于外籍学生而言,元宵节是陌生的概念。研学单的设计从背景知识到民俗文化,从习俗活动到"团圆意义",让外籍学生对元宵节——传统的中国节日有一个基本认知。如此尽可能地做到有文化了解的深度。

运用任务单中生动形象的故事,介绍了元宵节的由来,在了解成语典故的同时,也巩固了课内语文知识;在绘画元宵、灯笼的实践操作时,提升了审美能力;在猜灯谜,打哑谜的趣味活动中,操练了智慧逻辑……在学习中玩耍,在玩耍中学习,寓教于乐。

2. 大手牵小手

值得一提的是国际部教师都成为了幕后英雄,所有的课程"老师"都是由高年级的"小辅导员"担任的。每一位小辅导员都有着良好的国际文化背景,无论是语言或是文化习惯上都能以最具亲和力的状态走进外籍学生。"上课的不是老师而是和我们一样的学生",这一个个文化使者在讲台前讲述着"元宵节的知识",展示着精彩的民俗活动。

不仅如此,他们还牵起了外籍学生的小手玩游戏、同欢笑、共学习。一会儿来到了灯谜区域,看着面前五色缤纷的灯谜彩条,猜灯谜得糖果,开展了一次甜蜜的"智慧旅程";一会儿拖着亮丽的兔子灯,在国际部的楼道内展示着自己喜欢的元宵节彩灯……

3. 亮丽中国风

在元宵节当天,为了能够让外籍学生能够沉浸在中国文化之中,菊华院还专门创设了元宵节主题的环境布置。在学校大厅和走廊挂起了中国特有的红灯笼,而灯笼下挂着的是经典的中英文灯谜,在教室墙面上张贴着精美绝伦的五彩剪纸,在走到楼梯的两旁,装点着小巧玲珑的各色彩灯。每一位外籍学生都能够随手取下灯谜,欣赏剪纸,触摸彩灯,让国际部的每一处都成为学生体验中国年味,了解传统名俗,感受中国文化的无边界课堂。

外籍学生在菊华院创设的学习空间中,感受到古人的匠心精神与优秀文化。他们在这个过程中,逐渐了解了元宵节的内涵,对中国传统节日文化产生了浓厚兴趣。通过猜灯谜活动,也提升了国际学生的汉语思维能力,为了解中国文化奠定了良好的基础。

(小学语文教师 赵胤兴)

多元交融，愉悦创新
小留学生在菊园

让学习如呼吸般自然

上海市洋泾菊园实验学校是一所招收外籍学生的公办学校，其中国际部小留学生来自世界各地，如何在统一的中文授课中引导学生们共同进步是个难点，针对此学校和老师做了很多探索，作为科技课老师的我也做了类似尝试。

国际部学生由于教育基础、文化差异、语言障碍等原因，对于授课知识的理解很难与本土学生同步，我为了提升学生们对于课堂知识的掌握能力，更好地培养学生们的综合能力，以 STEAM（科学、技术、工程、数学、艺术多学科融合综合教育）为抓手，结合课程特性和国际部学生的实际情况，因材施教，让学生在学好基础知识的同时，引入了乐高教育经典的 4C 教学模式。

4C 教学模式首先是 connect（联系）：每节课都设置个固定主题，师生进行充分交流。

一是课堂提问，这是与学生交流比较直接有效的方式，经过提问，能让学生从已有生活经验出发，训练学生的思维过程，从而发挥学生的主体作用，营造一种好的学习氛围，让学生充满信心，变被动学为主动学。

二是上课时尽量多使用图片和实物展示，能使学生们更直观地理解掌握主题，特别是编程部分，逻辑关系很难通过语言表述清楚，我会结合流程图讲解，一步一步引导，并让学生参与讨论作品的造型、结构、功能、原理和应用，从而使学生真正搞懂原理。

冷老师收到学生祝福

三是开展学生间的结对互助,能使结对小组取长补短、共同提高。例如:五年级有个叫 Linna 的韩国学生,刚转学过来时完全听不懂中文,于是我安排中英文较好且乐于助人的浦夏妮同学跟她做搭档,需要时做翻译帮助她理解。两人小组合作设计出更有创意的作品,既解决了个别学生学习困难问题,又培养了学生团队合作能力。

其次是 construct(建构):根据活动目标,以及联系部分的内容,让学生搭建相应的模型,把学生在生活中见到的场景或想象中的事物搭建出来,给学生直观的感受。在搭建的过程中,学生的心、眼、手都必须到位,才能把模型搭建出来!这个过程充分锻炼了学生各方面的能力!这个过程是手脑并用的阶段,极大限度地发展了学生各方面的能力!

然后是 contemplate(反思):把学生们过去的生活经验和课堂教学活动目标联系起来,组织他们讨论搭建的模型与真实事物之间的联系,从而学习相关知识,以及了解相关内容与现象,从而增加他们更多经验和生活常识。这是一个针对性的学习时间段,对建构过程中出现的问题,以及本节课的学习目标进行重点研究,探讨性学习。

最后是 continue(延续):根据目标,可以让学生在他们搭建模型的基础上作一些修改和添加一些别的搭建,进一步拓展他们的想象能力、动手能力等各方面能力;然后进一步开展游戏。这个时间段让学生在游戏中感受本节课的内容,游戏性的学习使学生有更大的兴趣,也可以使学生留下更深刻的印象。

通过 4C 教学模式,让学生自己动手,在搭建过程中发挥想象力和一定的创意,以玩的形式学到更多的知识,让学生从"不怕"到"喜欢"并且对未知的事物充满好奇和热情,对知识的渴望更加强烈,让每个孩子都能在玩的过程中学到更多的知识,充分诱发了学生的学习兴趣,提高了学生学习的主动性和进取性,并取得了良好的教学效果。其中,在 2018 年美国举办的 FIRST 全球总决赛上,我带着来自芬兰的 Lucas、日本的夏本以及美国籍的王以宁三位三年级学生获得小学组 FLL"最佳创意奖"。

4C 教育理念,让小留学生在一种呼吸般自然的过程中学习,摒弃传统的单向灌输,使学生参与到真实世界的设计挑战中,思考并找出创造性解决问题的方法。团队协作,分享思想和知识,参与动手操作任务,学生获得面对新挑战的信心,有乐趣并快乐地持续学习,达到了共同进步!

(小学科学教师 冷继娟)

16　富有音乐天赋的洋菊豆

　　自 2011 年从事教育工作开始，我基本上每年都会担任 1—2 个外籍班的教学工作，从小学一年级到五年级，我都担任过他们的音乐老师、或者副班主任。所以我对外籍班孩子在音乐学科上的一些特点也有一定的了解。

　　曾经为了组织好学校里的活动，我指导过一次以年级组为单位的节目排演。我从整个四年级里抽取了几位同学，来进行一首尤克里里的小乐器弹唱节目的排练。这次排练的经历给予我非常不同的体验和收获，所以我就此展开来谈谈外籍班的小朋友们在音乐学习上的一些特点。

　　音乐是一个非常依赖孩子的灵感和天赋的艺术种类，可能是因为家庭教育偏重点的原因，历届外籍班的孩子们在这方面确实是非常不错，学习乐器的孩子比例也比国

靓丽的风景线

内班的孩子要高不少,因而他们音乐基础相对来说比较好。而我校外籍班更是有开设一些音乐舞蹈课程的传统,比如踢踏舞、中国舞之类,这些课程对锻炼孩子们的音乐节奏感是至关重要的。

在排节目之前,挑选小演员的过程中,我在挑选外籍班时毫不犹豫地选择了四位有尤克里里演奏基础的小朋友,而他们也立刻成为了我在排练过程中的中坚力量,他们勤于练习,领悟能力也较强,发自内心地热爱这门乐器。因为并不是所有同学都有尤克里里基础,所以外籍班的四位懂得这种小乐器的小朋友给我带来了很大的帮助。

在我的课堂教学中,外籍班的四位同学更是会毫不吝惜地在别的同学遇到困难时提供帮助,他们团队合作精神非常强,团队氛围非常愉悦。与此同时,节目的质量也是保质保量,我布置的练习作业也基本一直都是第一批完成的,时效性高。所以他们很快理所当然地成为我节目中的C位,为这次成功的表演带来了很大的助力。

经过这些年的教育教学工作,我觉得外籍班的孩子们大多数不仅在音乐上有非常优秀的天赋,以及对音乐有非常多的个性化理解,而且在领悟能力上比较强,最重要的是他们出色的团队协作能力和热情开朗的性格,给我留下了深刻的印象!这些洋菊豆们是菊园里一道靓丽的风景线!

(小学音乐教师　林明晨)

17　洋菊豆与"曹灿杯"

在洋泾菊园实验学校,外籍学生能够学习原汁原味的中国教材。由于突出的中文学习背景,我校国际部学生多次受邀参加"曹灿杯全国青少年诗歌朗诵大赛",受到广泛好评。作为指导教师,我曾全程陪伴孩子们参与该项盛会。

曹灿是国家一级演员,著名播音员,20世纪50年代"曹灿叔叔讲故事"这档广播节目影响了一代人,以他名字命名的朗诵大赛是目前我国影响最大的朗诵比赛。

2018年3月底,我接到参加"曹灿杯全国青少年诗歌朗诵大赛"上海赛区开幕式新闻发布会的表演任务。4月初是清明长假,时间紧、任务重。但菊园一贯有很高的工作效率,不久,班主任们就选好了外籍班一至四年级的18名学生,组成了表演团队。

诵经典　树自信

我选用了语文教材中《春天在哪里》和《绿》这两首经典散文作为表演内容。因为那时节正逢四月天,草长莺飞,绿意盎然,最是应景,另一方面,同学们对教材上的散文内容也比较了解。

长假一结束,孩子们就开始了紧张的排练。

卢江海老师发挥朗诵的特长,多次帮助孩子们理解散文内容,她引导孩子们走进春天、观察春天、用心感受散文中的一字一句——

春天在哪里

春天在枝头上

春天的风微微吹动

柳条儿跳舞,桃花儿脸红

……

孩子们在备战朗诵比赛的过程中,进一步体会了文章中的春之美,也用包含真挚的童音演绎着春之声。

音乐程红霞老师,精心为孩子们挑选了配乐,并设计指导了动作造型:踩着音乐的节拍,孩子们款款而来,就像春的精灵,微微扬起下巴的笑脸,就像春的花朵一般,灿烂纯真。

在老师们的专业指导下,孩子们突飞猛进,并且真正投入其中,爱上了朗诵。

表演的一天终于到来了,面对这么大的场面,虽然紧张,孩子们还是出色完成了任务。他们的朗诵不仅字正腔圆,还抑扬顿挫。孩子们落落大方的表演赢得了现场观众的热烈掌声。之后,多家新闻媒体采访了我们的孩子和家长。孩子们兴奋地分享着自己的感受,已然成为了大明星。

当年6月,我又接到了第二次任务,原来,4月份的表演给全体评委和专家留下了深刻印象,直接把我们的节目送进了上海赛区的决赛。7月5日,孩子们在上海艺术中心参加了比赛。

那天,我们是压轴戏,表演时已经是晚上十点多了。作为带队老师的我和吴奕老师已经累得不行了,可是孩子们还是神采奕奕。因为他们中的大多数人,都是第一次站在这么大的舞台上,无不感到自豪。随行的家长们也是热情投入。二年级学生小翰,爸爸是荷兰籍,妈妈中国国籍。比赛那天,孩子们在后台化妆间候场,爸爸要进后台为儿子鼓劲,管理人员按照规定不让他进后台。因为不太会中文,他费了很多口舌,最后真情感动了管理员,才同意他进入化妆室。看到正在排练的儿子时,小翰爸爸满头是汗,却满脸写着骄傲。

功夫不负有心人,孩子们最终获得了"希望之星奖"。

在舞台上的表演虽然只有短短5分钟,可是台前幕后,不仅有孩子们的全情投入,也有老师们和家长志愿者的用心陪伴。

精彩的演出成为了国际部的一张名片。同时,也让这些来自五湖四海的孩子积累了舞台经验,拓宽了自己学习的空间,进一步爱上了中文。相信将来的他们,不论身在世界的哪一个角落,都会继续葆有对中华文化的热爱。

(小学英语教师 袁渊)

第七章

融心灵共育：愉悦关爱的共同体

教师是精神生命的创造者，教师的事业就是用生命去影响生命的过程。用爱去关怀每一位学生的生命成长，是为人师者的神圣职责；也只有用爱与关怀走进学生的内心世界，呵护学生的幼小心灵，才能守护他们的健康成长。

爱与关怀没有国界！关爱是全世界都认同的价值观念，是人类精神的最高境界，不分种族、不论贫富的关爱，其基础是文化的认同和尊重。

在洋泾菊园，我们理解到了，关爱不同国籍的学生，首先要认同和尊重他们的文化差异。尊重就意味着对中外学生一视同仁，理解、接纳、信任和帮助。外籍学生来自不同的种族国家，有不同的文化背景和民族习俗，我们需要尊重他们的国家尊严和民族文化，这就是尊重学生的国格和人格。

一起创作湿拓画

尊重还意味着对学生个性差异的接纳和认同。由于菊华院是个小小联合国，母语的不同，教育背景的差异，也造就了外籍学生的个性化差异。特别是来自不同家庭的外籍学生，他们的个性差异会更大，这也是学校多元化的一个重要体现。教师对他们的个性化所提供的关爱和帮助，会取得他们的信任，让他们更快地适应新环境，融入快乐的集体生活。

洋泾菊园实验学校的教师有自己先进的教育观和学生观，其核心是尊重关爱学生，静待花开。优秀的教师文化决定了他们对待学生的态度。作为教师，首先要承认和尊重学生的个性差异和特点，发现他们身上的闪光点并扬长避短，滋养他们的信心和力量；其次是要认识到任何成功都不可能一蹴而就——外籍学生适应学校生活的周期，肯定比国内学生要长得多，所以不能急于求成，要遵循学生成长的科学规律。很多时候，一个期待的眼神，一个亲切的手势，一句鼓励的话语，就会如阳光般温暖，洒向学生的心田，所以我们要静静地期待洋菊花开的时刻。

吴奕老师深信，语言融合就是消除个性差异的第一步。面对孩子们初来乍到的种种不适应，作为班主任，她的策略就是"陪伴式"阅读计划。用一个个或生动、或温暖、或智慧的绘本故事触摸孩子的心弦，激起他们克服困难的勇气，并逐步化解语言和文化背景差异所带来的障碍。在自己的英语课上，她会"刻意"安排一次次对话合作，一次次情景剧表演，让稚气的学生慢慢成熟起来。

殷嘉滢老师是个非常细心的班主任，善于从学生细微的情绪变化中发现问题。她会与班级组的老师们反馈学生的日常情况，请老师们都用赏识来激励遇到难题的孩子，让他们在老师的赏识中提高自信心。

虞吉老师的班级中曾出现一对被家庭教育矛盾困扰的"虎妈"和"虎儿"，高压式育儿遇上了青春叛逆期的孩子。面对育儿理念的冲突，虞老师用智慧化解了亲子矛盾，让母子从"对抗"走向"和谐"。

谢烨老师是日本学生——井内的初中班主任，对这个患小儿麻痹症的外籍学生，老师和同学们发自内心的友好体现在一些非常感人的细节上。因为他走路非常慢，同学们都会放慢脚步让他跟上；平时同学们也从来不议论这个事，外出活动的时候，都会很自然地等他出来一起走，用尊重让井内浸润在爱的环境中，心灵之间真挚的碰撞，让他收获了终身难忘的感动。

张洁琼老师班级的俄罗斯男孩小 E，从军训开始融入集体，渐渐成为了一个小小中国通，立志将来要在"一带一路"事业中实现自己的人生价值。

邵玮老师特别擅长尊重华裔学生的奇思妙想，用她们的进步激励中国学生，这种"鲶鱼效应"带动了中外同学的齐头并进。

岳刚老师细心的观察、耐心的沟通、用心的指导，帮助俄罗斯籍的雅娜同学化解了英语学习的难题，战胜了学习的挫败感。

顾晶婧老师偶然从英语作文中了解到外籍孩子内心的想法，于是安排了一次"偶然"的绿植认养，让她更快地融入了集体。

丁丽老师作为心理辅导员，从留学生的差异性入手，用专业知识协同班主任的工作，探索外籍学生心理辅导的新领域。

爱与关怀还要家校携手同行！家文化是中华传统文化的精髓，家庭被视为中国社会的原点，孩子的成长离不开良好的家庭教育，离不开家校的共同努力。寻求家长的支持，形成家校共育的绿色生态，是开展学生教育的最佳模式。

家校共育在中西方有不同的理念和做法。比如家访，西方普遍把家庭看成是纯粹的个人隐私和领地，如果没有主人的盛情相邀，外人是不可以主动提出进入家庭进行访问的。因此，西方学校鼓励家长进入学校参与教育活动，用义工方式提供志愿服务，体现育人的合力。而在中国式家访中，老师则更希望了解孩子的家庭成长环境，更追求教师与家长在家庭环境中的情感互动，这也更符合教育的人性特点，也是家文化赋予中国教育的优良传统。同时，通过家访，教师也可以了解孩子原生家庭的不同状况，有针对性地开展由于家庭环境原因造成的孩子存在问题的教育工作。

我校的教师家访不仅要实现家与校的相互了解和理解，寻求家长与教师共同发力的教育对策和方法，更希望教师能为家长提供专业的教育咨询与指导。所以，家访是菊园学校的传统工作和规定动作，一年级新生和插班学生在入学前，班主任都要进行家访，外籍班的学生家访也不例外。

袁渊老师给外籍学生做班主任，已经有足足 15 个年头了，积累了丰富的学生家访经验。她认为外籍学生的家访工作是一项大工程，家访前必须好好备课，要做好充分准备。外籍学生的家访工作，让中国最原始、最普遍的沟通方式遇到了挑战。首先，要让家长认可中国式的家访文化，允许老师进入学生家庭并进行面对面的交流，这是家校共育的前提。其次是了解老师和家长之间是否存在语言障碍和文化差异，避免因此而造成沟通的误会；如果有语言障碍就要提前安排翻译人员一同家访，帮助双方能够顺畅地沟通交流；还要提前了解该家庭的国家背景和民族习俗，在相互尊重的氛围下，才能有沟通交流的良好效果。再次，就是要介绍学校的性质和课程，让家长明白我们是一所公办学校而不是国际学校，我们所有的学生用汉语学习中国课程，而不是用英语学习外国课程。这一点非常重要，一定要跟家长讲清楚，让他们要带着这种思想送孩子进学校，如果家长不认可这一点，我们之后的努力都等于零。

班主任和孩子的第一次碰面，就是在第一次家访的过程中实现的。许多外籍学生都面临着远离自己熟悉的环境，到一个陌生的环境去生活的挑战，特别是对于那些既不会中文又不懂英语的小学生来说，可想而知他们的心理上存在着多么大的恐惧。通过家访，让孩子感受到老师亲切的笑容和问候，可以拉近师生之间的距离，为他们开开心心地来新学校做好铺垫。所以家访会让外籍学生从心灵深处接纳老师的帮助和关爱，信任老师并愉悦地开始他们的新生活。

家委会也是家校共育的重要助力，能够起到加强联系沟通、促进家校互动、促进学生成长的积极作用，从而形成学校、家庭和社会三位一体的育人网络。菊华院本着"求同存异、多元交融"的家校共育文化，成立了专门的二级家委会，让外籍学生家长参与到菊华院的管理中来，诸如课程设计与学生活动等，所以，菊华院家委会是在参与学校管理中建立起来的。目前，家委会还在校内外的学生活动中，承担着许多幕后支持工作，保证了学生活动的开展和质量。在家长的大力支持下，浦老师还带领团队开展了馆校合作与艺术科技教育融为一体的综合实践活动，通过美术馆、博物馆、科技馆等场馆教育启蒙孩童对美和科学的认识。家校共育让孩子们走上了一条五育融合的探索之路。

学校还有许多具体工作也离不开家长的支持。比方说疫情期间，学生通过空中课堂来学习，就需要家庭给学生提供在线学习的支持保障，做好孩子在家上学的管理工作。所以，按照学校的统一部署，外籍班也要召开家长会。家长会在学校面对面召开时，外籍班都需要专门的翻译，帮助老师与听不懂中英文的家长沟通。疫情期间，家长会搬到了云上来召开，所面临的挑战更是前所未有。

外籍班班主任并没有被困难所吓倒，她们发挥聪明才智，充分调动家长的力量，成功地召开了云上家长会，让所有的家长都明白了在线教学和在家学习的要求，顺利地实施了疫情期间的空中课堂教育教学活动。

袁渊就是这些智慧班主任的典型代表。她所在班级的外籍学生家长会主要使用三种语言，一是汉语，二是英语，三是俄语。她根据语言种类，将家长分为了三个组，组建了三个微信群，再依次召开家长会。首先召开的是汉语家长会，落实了空中课堂的要求后，再从参加汉语家长会中选择既懂汉语又懂英语的家长，再来召开英语家长会；落实了工作后，再从英语家长会中选择既懂英语又懂俄语的家长，召开俄语家长会。对黑板的使用，在电视频道中收看直播，与学科老师在线互动等，都要靠班主任来培训、部署统筹、安排落实。

宋颖老师的家班共育策略也非常有成效。在遵循学生成长规律和教育规律的基础上，与家长分配角色、默契配合，用真心真情打动学生，用充满智慧的方法赢得家长的信赖。

老师们无微不至的照顾，陪伴着洋菊宝成长；老师们的赏识和鼓励，增强了洋菊宝的信心和力量；老师们的尊重和期待，打动着小留学生们的心灵。家长们虽然语言不同，但都感受到了学校和老师们对孩子的关爱，这种无国界的人类优秀品质，也带动了家长自觉贡献力量，积极参与学校活动。

随着时间的推移，小留学生们发自内心地爱上了老师和同学们，爱上了学校，爱上了上海，爱上了中国，并把这里当做了他们新的故乡。

菊华院辛勤的园丁，用无国界的爱与关怀，浇灌着洋雏菊朵朵向阳开！

第二部分
小小联合国从梦想变为现实

 1 　守候花开的幸福

每个孩子都是一朵会盛开的花,只是开放时间不同,有早有晚。有的已经迎风怒放,有的还在含苞待放。作为老师,孩子最需要我们的耐心和爱心,不过我们不能随便下定论,觉得谁一定是好孩子,谁一定是捣蛋鬼,而是要耐心地守护,并坚定地相信,总有一天会听到花开的声音。

T同学,美国籍,爸爸是美国人,妈妈是中国人。和其他外籍孩子不同,T同学因为在上海出生,在上海长大,所以中文沟通无障碍。不过从一年级入学开始,他成为了国际部的"小名人",好动调皮,不善于控制自己的情绪,同学之间小小的争执矛盾都能引发出一场"战争"。

几乎所有任课老师都为他感到"头疼",同学们更是隔三差五地到办公室来告他的状,我的手机里也经常会收到其他家长的"投诉"。在一、二年级的班级事务管理中,处

小留学生们毕业啦

理T同学有关的问题占据了工作量的一半。这样一个孩子,可能对每个班主任来说都是一个"麻烦"。

我多次找机会和T同学的妈妈进行沟通,尝试去了解他的成长背景,想找出背后的原因。慢慢我了解到,在T同学的成长道路上,父母工作比较繁忙,所以他是由外公外婆帮忙带大的,后来有了弟弟,家庭关注点不自觉会分散。中国和美国的教育观、价值观也存在巨大差异,不同的教育方式和观念导致他性格矛盾。一方面他对自己的英语和表演都很有信心,希望得到他人的关注与肯定,另一方面又因为经常被批评而很自卑,别人的一点点评论都能让他"火冒三丈"。

但是从平时观察发现,T同学其实是个单纯善良的孩子。他愿意上课举手发言,乐于帮助老师和同学。同伴们的每一声问候他都会大声回应,老师的每一句鼓励也都能让他激动很久。对于这样的孩子,只要有耐心,一定能改变他。于是我从他有信心的英语学科入手,希望他能远离自卑,相信自己,保持情绪稳定。

记得那是一节英语课,我组织孩子们进行"找朋友"的游戏。孩子们可以和自己的好朋友练习上课重点强调的口语内容——买东西。每个孩子都喜欢这个环节,于是教室里一下子变得热闹起来。因为T同学的爸爸是美国人,所以对于自己的英语水平,他非常有信心,于是迫不及待地开始寻找班中同学想要好好展示自己。可是平时他总是和同学有小矛盾,大家都有点害怕他,都不愿意和他对话。有孩子委婉地说:"对不起,我已经有朋友了。"而有性格直率的孩子则直截了当地说:"我不愿意和你一起对话。"看到T同学沮丧的表情,我知道他受到了很大的打击。他尝试几次之后,开始发脾气,谁都不愿意和他作伴,他就去捣乱。不停打断其他孩子的对话,还推推搡搡,正常的活动被打乱了,孩子们纷纷前来告状。我一看情形不对,马上提高音量说:"我也想买东西,谁愿意和我搭档?"孩子们马上转移了注意力,争先恐后地举手争取。我微笑地走到T同学身边说:"我要和T同学合作,他英语那么棒,我们强强联手,肯定会有惊喜。"他诧异地看着我,我坚定地对他点点头,问他:"你愿意和吴老师合作吗?""当然愿意,我已经想好了。"于是我们进行了彩排,果然他的主意很棒,在班级里一表演,大家都拍手称赞。我拿起平时奖励给孩子们的"笑脸"说:"吴老师要给你一颗最大的'笑脸'。另外谢谢T同学,多亏了你,吴老师才能有这个表现的机会,我也能得一颗笑脸了。"老师也得笑脸了?大家七嘴八舌地讨论起来。T同学欣喜地接过"笑脸",并帮我贴上了,他的笑容像一朵花似的。

正是由于这个插曲,T同学开始和我成为了朋友。一学期下来,就算他做错了事情被我批评,他也觉得我是在帮助他,而不是找他麻烦。这样的心态有助于他更好地接受我的建议,改变自己的行为和态度。

每个孩子的成长都需要过程,每个孩子的成长过程都会出现各种困难,犯各种错误。作为老师,我们需要少一点浮躁和急功近利,多一份宽容和智慧。有时候,孩子犯错是有原因的,我们可能一着急只看到了错误的结果,而忽略去聆听他们的心声和想法。这个事件的始末被我看在眼里,如果我没有注意到T同学当初热切地寻求合作和被"冰冷"地拒绝的场景,只看到了他的捣乱,那么我还会不会保持微笑,鼓励他,相信他?这一次成功的教育案例给了我很多思考。

其实,一个孩子从幼稚走向成熟是一个过程,我们不能用成人的眼光来看待孩子,不能用同一个标准要求所有的孩子。所有的老师都要相信"每个孩子都是一匹黑马",我们要由衷地去爱孩子,欣赏孩子,对于那些调皮的孩子不能不管不顾,而是要找到他们身上的闪光点,帮助他们实现价值,这些调皮的孩子其实很想引起老师、同学的关注。老师对他的爱,会让他觉得温暖,觉得自己是独一无二的。

掩卷反思,教育是一个等待的过程,而等待也是一个教育的过程,在等待中付出必然能在等待中收获。让我们一起耐心等待,倾听花开的声音,守候花开的幸福……

(小学英语教师　吴奕)

用爱撑起内心的渴望

每一位热爱教育的教师,在说起自己的学生时,就像说自己的孩子一样,那么,就会有故事留在记忆里。

温暖包容　全心接纳

小井是一名日本籍学生,因父亲工作调动来到上海生活学习,却因腿部有残疾被日本人办的学校拒绝,最终成为了菊园大家庭中的一员!

王校长对他说:"在中国这是义务教育,每个孩子都有接受教育的权利,欢迎你加入菊园!"这句话打动了小井,也深深感动了我,让我看到菊园以上海市义务教育阶段接收外籍学生时间最长、规模最大的国际化姿态,关注着每一位学生的健康成长,以及为每一位学生谋幸福、谋发展的使命与坚守,菊园用这样的热情接纳每一位学生,践行着多元文化交融的教育使命。

用心呵护　营造氛围

依稀记得,初入菊园的小井,汉语水平尚处于"比手画脚"阶段,由于初中部不设外籍班,小井来到了我的班级随班就读,与普通学生一同学习。面对全中文授课的中国本土课程,那时的他,应该很是紧张。那时的我,则在思考如何让他尽快融入、快乐学习,并逐步提高汉语水平。

1. 涌动着关心的平常对待

在小井初入班集体前,我就告诉其他学生,小井患有残疾,但对小井最大的尊重就是平常对待。希望大家千万不要用"特殊照顾"让小井不自在,让人察觉不到的关心或许才是真正的体贴。

五班的同学们同意了我的建议,也用心践行着他们的承诺:没人刻意关注小井"不一样"的外表,而是先从最简单的中文开始,与这位来自日本的新朋友增进友谊;小井渴了,同学会顺便帮他倒水;他的东西掉了,马上有同学顺手帮他捡起来;一开始上厕所是个难题,渐渐地就有关系好的小伙伴主动承担了辅助工作;学习上有不理解的地方,同学们会一遍一遍解释给他听……而这些日常的点滴帮助在学生们的眼中,也只是并非刻意为之的小事。多好的一个集体呀,有可爱的同学们相伴,每个人都会心中有爱。

2. 爱的暖流岂止在课堂上

小井回忆在菊园的日子:"刚开始,每天我进学校的时候,门口执勤的同学会帮忙把我的书包从校门口送到教室,每次我表示感谢后都会和他说,从明天开始请不要这么做,我会自己拿着包,但是到了第二天,他好像又忘了昨天我说的话,继续帮助我,让我很难谢绝,也让我感受到了中国人的亲切。"

小井虽然走路不方便,但是在我的记忆里,他没有缺席过一节体育课,他会坚持着走到操场,尽量参与自己力所能及的运动。或许是这样的努力,让周围的同学看在眼里,放在心上,在一次足球训练课上,两个班的男生达成默契,把原本坐在场外"观战"的小井拉入绿茵草坪,在同学们积极的鼓励和耐心的帮助下,小井完成了第一次带球射门!

爱的暖流岂止流淌在课堂上,更涌动在同学们的心间。

3. 培养自信心,一招一式总关情

小井初来中国就要适应全中文授课,着实不容易,因此,我为他量身定制了"低、小、多、勤、趣、赞"的六字目标,即低起点、小步子、多活动、勤反馈、生趣味和赞声起。

基于"低起点"制定小目标:从一开始的交流基本靠英语,到逐渐加入一些中文词汇,再到实现不用媒介语,小目标被逐步达成;围绕"小步子"温故知新、拾级而上:时常把学过的语法或词汇拿来复习,从听说到读写,步步为营;围绕"多活动",鼓励多表达:在课上和课下适当增加回答问题、朗诵、聊天的频率,在假期旅游观光和品尝中国美食时鼓励他多写中文随笔;"勤反馈"则指即时评价,循序渐进:经常关注小井的表达,我会发现中文和日文在语法上还是有挺大差异的,当他在微信上分享喜讯时,他会说,"我的作文把《人民中国》的杂志上登载",还有他想表达同学们会比手画脚地与他交流时,却用了"指手画脚"这个词时,这种时候,我会及时指出并纠正;"生趣味"是指用创境激趣幽默助兴:在我和小井的聊天中,会经常使用到"激趣生疑"的方法,比如和他分享"意思"这一词在不同语境中的九种意思,让他觉得中文表达是有趣的,时刻充满着吸引力;"赞声起"则是及时表扬,大声赞美:发现小井的进步和闪光点时,我会当着同学们的面表扬他,也会请同学们一起发现一起学习,为他加油,并在表彰中授予他"进步小达人"、"优秀外籍生"等荣誉称号。

一招一式总关情,这里有真诚的付出,这里有热切的期待。在课中、课后的勤奋努力下,小井终于离自己的目标更近了一步,中文表达进步神速。

勤勉上进　自强自爱

小井在中国快乐地生活学习,最大的内驱力来源于小井自己。他给我们每一位师生的印象是阳光、爱笑和温暖,他从来不和同学争执,他乐于分享,热爱集体,他会自制

亲爱的老师们,期待他日再相会

寿司参加学校的义卖活动,也会用最治愈的笑容和同学们交流。所以大家自然很喜欢他。而对于自己的高标准严要求,他着实没有一点放松。我经常会发现他的背部被汗水浸湿,因为他即使是走路也要付出比别人更多的力气。但是他从不觉得苦,在家还坚持锻炼,时常和我分享他仰卧推杆的重量又增加了。他会静静地坐在座位上学习日本的一些课程,同时在中文学习上,他也从不停歇,练听说、习写字,我觉得他是从心里热爱中国的文化,喜欢中国,喜欢中文,喜欢中国人!

除了吃饭睡觉的时间之外,小井几乎都在努力,这份坚韧和毅力,让我感动佩服,也正是他对自己的这份自爱,撑起了他内心的强大,让他越来越自信、阳光,越来越强壮、优秀。

爱的细节,充满激情

爱在左,责任在右,来自世界各地的外籍学生在菊园成长,绽放华彩,菊园成为了向世界展示中国教育的一个窗口。这里有大气包容之爱,这里有和谐温暖的氛围,这里更有许多像小井一样,善于发现爱、感受爱、并把爱的细节当作珍珠一颗颗串起来珍藏的可爱小留学生们,他们还会把这些"珍珠"从中国带到国外。

用爱撑起孩子们内心的渴望。不仅要给予学生爱,更重要的是让学生学会体验爱、收集爱、把他们心中的爱化为对生活、对周围人的热情。

相信在所有教育工作者的心中,都收藏着许许多多爱的"珍珠",它们时时在发光!

(初中语文教师 谢烨)

3　用生命影响生命

近年来,上海基础教育越发重视学生的心理健康教育,学生的心理健康工作被纳入学校教学、德育工作,小学、初高中阶段全面开展心理教育活动课,并将其纳入课表,普及心理健康宣传、提供心理辅导,力求打造学校心理健康氛围。

今年,我有幸加入"菊园",成为"菊园"的一分子。初入"菊园",我便感受到学校独特的国际化氛围,作为一所公办学校,学生群体中不仅有中国本土学生,还有许多外籍学生,这是我从事心理健康教育工作所面临的新的挑战,也促使我对心理健康教育工作中所涉及的文化差异产生了新探索和新思考。

本学期是我进入"菊园"大家庭的第一个学期,初中生来进行心理咨询的数量比我预期得还要多,他们面临着各类心理压力和心理困扰,让我很是触动。正当我为国内学生提供心理辅导的时候,一位"特殊的"来访者走进了心理咨询室。

之所以说她特殊,是因为她有多重身份。首先,她是一位代来访者,即代替真正的来访者学生前来咨询的老师。G老师想要通过咨询,了解这位真正需要帮助的学生内心的真实感受,以及可能出现的心理困扰及其原因。其次,G老师是真正学生来访者的班主任。她除了需要了解学生的内心诉求,更需要知道做哪些、怎么做才可以真正帮助到学生,保障学生心理健康。

而这最特殊的地方是,G老师提及的这位需要心理帮助的学生,是一位"留学生",小W同学。在和G老师的初步访谈了解中,我得知小W同学是一位美国籍男生,家庭条件优越,家里还有一个大三岁的姐姐,家里对这位男娃甚是宝贝。据了解,该生父母因忙于工作,早期疏忽对孩子的心理关怀,经常会出现"心理缺席"的状态。当孩子需要父母答疑解惑之时,家长不在场,由其他家庭成员代劳。渐渐地,父母对孩子充满愧疚感,正是这样的愧疚感,造成了父母对孩子的补偿心理。现在,父母双方逐渐回归家庭,对孩子的合理及不合理需求几乎都是全盘满足,孩子也出现了更为突出的自我中心、情绪波动较大、情绪管理能力较差等心理现象。

面对这次特殊的心理辅导工作,在遵守心理伦理规范的基础上,结合心理咨询中的文化差异理论,我采取了以下措施,与班主任顺利开展心理辅导工作,为学生提供心理改善支持。

1. 了解该生在校的基本表现和行为困扰。

小W同学在学校的具体行为表现是情绪管理能力较低,常常因为一点小事情而突然情绪爆发,轻则在班级内大吼大叫,重则跑出教室躲到无人的空地让老师们找不到他。甚至有一次,因为体育课上和老师产生误会而"撒泼打滚",完全不顾及课堂纪律和其他师生感受,我行我素。小W这样的表现,不仅影响学校正常的教学秩序,还存在安全上的问题,因此学校的领导都很重视他的问题,对班主任的工作也极其关心。

2. 为G老师提供心理辅导,安抚班主任的情绪。

当班主任G老师找到我,和我交谈时,眉头紧蹙,言语中充满了焦虑和不安。她已经和小W同学交谈过若干次,做过多次思想教育工作,但成效甚微。而这样一个特殊的外国孩子,不受约束、情绪暴躁的举止行为不仅给班级带来非常恶劣的影响,也让她对自己的工作产生了怀疑,领导的关心也让她颇感压力,一时间不知如何是好。在了解G老师的担心之后,我首先对G老师进行了心理辅导,安抚她的情绪,对她工作上的付出表达敬佩,对她的教育爱心表达共情,同理于她的焦虑情绪。随后,我使用冥想和安全岛等心理咨询技术,帮助G老师缓解情绪,恢复平静。

3. 与班主任共同商讨改善措施。

在G老师的情绪得到释放缓解后,我开始与G老师讨论如何从心理层面上帮助这位学生。针对外籍学生展开心理工作,除了需要基本的心理教育以外,更要深层次理解个体差异和文化差异,对留学生产生更深层次的共情:理解他们成长的特殊家庭背景、受到文化感染教育理念,与中国传统教育的差异。我们要尽可能站在孩子们的立场看待问题、思考问题,才能从真正意义上理解孩子,帮助孩子,提出孩子们更容易接受的改善建议。针对这位留学生的心理状况,我们共同商量,认为可以从孩子在校的行为问题入手,表达老师对他安全的深刻关心,心系他融入中国本土校园的情况;对学生的行为进行细致观察并及时对他细小的改善作出鼓励与肯定;及时隔离情绪刺激源,提供安全独处的场所;分享并带领他体验适合他的有效情绪缓解方法;邀请班级其他同学关心他,让他感受到班级同学们对他的接纳与关怀;与授课老师们交流沟通这位学生目前的心理状态,帮助老师们理解他在不同文化教育上的差异,可以更加有爱心地包容他,耐心指引他。

4. 跟踪随访,与班主任定期交流学生状况

在这一次的心理辅导后,我对这个特殊个案进行了跟踪随访,定期与G老师沟通交流,了解学生的情况变化。在G老师的多次反馈中,我感受到了这位留学生在"菊园"的变化与成长:他逐渐融入班级集体,主动与同学们交好,偶尔还会带一些礼物送给同学们;虽然还是会出现情绪爆发的情况,但爆发频次正在下降,并且他会选择在情绪爆发的时候去办公室找班主任而不是选择不被人发现的独处场所;与同学们发生争执时,会通过深呼吸、肌肉收缩—放松等方式进行自我情绪缓解,在较短时间内恢复平静,与同学和好。

也许,这位留学生还有许多需要改善的地方,心理成熟度和自我意识也需要进一步提升,但我们很欣喜地看见他正在慢慢自我完善,努力尝试各种方式调试自我,向心理健康水平发展。改变不是一朝一夕的,长大则是一个缓慢却充满惊喜的过程,我们看见他正在向好的方面变化,相信他会变得更好。

心理辅导是一个需要耐心和智慧的长期工作,对留学生的心理辅导工作,除了常规的心理辅导注意事项,更要敏锐觉察到其中的文化差异。

对待每一位来访学生与老师,作为心理师,我始终保持着做教育、做心理师的初心:用生命影响生命,用微光照亮微光。在"菊园",一定会遇到更多不同国籍不同文化的留学生,多元复杂的心理状况交融于此,愿我能用自己的专业素养和咨询技术,帮助孩子们在"菊园"安心、舒心、开心地成长。

(初中心理教师　丁丽)

第二部分
小小联合国从梦想变为现实

4　解读好孩子这本书

　　初为人师时,我充满了激动与期盼,同时也面临了许多挑战,其中最大的挑战莫过于任教国际班的英语课教师。对于一位中国老师,要在跨语言与文化的国际环境里,既教书又育人,更是不易。回想这十年教育教学中的过往,仿佛一切还历历在目,但让我印象最为深刻的一位国际学生,莫过于来自俄罗斯的小娜同学,因为她让我在教学中,感受到了沟通与鼓舞的力量对于一个孩子成长的至关重要性。

　　清晰地记得在六(5)班新学期的首次单元检测中,她仅得了六十多分,当她接到卷子后,非常愤怒地把试卷揉成一团,随手扔到了书桌里。碰巧的是,她的这一举动全部被我注意到了,我觉得这位国际生很奇怪,当时我也很不理解,于是我把她叫到办公室谈话,在我询问她原因的时候,她非常不礼貌地说:"我的英语非常糟糕,为啥还没有国

我和懂我的集体在一起

内学生好!"因为她的语气不好,我把她教育了一顿,没想到,她哭了,哭得很是伤心。就在这一瞬间,我感受到站在我面前的这个孩子有很强的自尊心;我也意识到,自己这种跟国际生沟通的方式不够恰当。在没有充分了解学生心里真实想法的情况下,就去主观评价和沟通可能是无效的。就在这个时候,我的内心也莫名地产生了一种同情与关爱之心。然后,我让她先平息情绪,坐下来冷静一下,等她情绪好转后,我温柔地跟她说:"第一次检测没有考好,就对自己如此不满,这说明你是一位很有想法、很上进的学生,我能理解你作为一名国际生,想把英语学得更好的心情。不过需要一步一个脚印,不能着急。"她微微地点了点头。看着她情绪完全平稳了下来,我思绪万千,她虽然是国际生,但并不是英语国家学生,英语方面并不是她的强项呀!想到这我就迅速地行动起来,引导她如何在英语学科尽快取得进步,先从英语学习的特点入手,包括英语语言特征与学习要求,再到英语学习的方法与策略;实事求是地根据她的个体情况,给她制定了每日学习任务,并不断鼓舞她,你一定会完成的,只要做更好的自己,你就成功。最后,她非常开心与感激地离开了办公室。

在接下来的学习日子里,我有意识地不断去关注她的学习状态,特别是上课的状态,并在实际的课堂教学中,也不断地给予她更多鼓励。如在课堂上从简单的提问入手,多给大家做报告和发表等,帮她建立学习英语的自信。虽然刚开始并不如意,但我还是不断地给她鼓励加油,功夫不负有心人,慢慢地,我发现她已经在不断的进步之中。

有一天,在课间休息时间,她主动到我办公室,向我请教学习问题。她还很自信地跟我说:"老师,我发现,在你的悉心指导下,我已经明白了点学习英语的诀窍。"我说:"只要你能坚持下去,努力做更好的自己,你肯定能成功的。"

努力总会有回报,她在期中检测中收获了进步,考了七十多分,还跟我说这次没有考好,我带着鼓舞的语气跟她说:"虽然这次考试成绩与班级其他同学相比较而言,确实有点差距,但是跟你自己比,已经进步很大了。"

后来,她一步一个脚印,每天自信地坚持,认真完成我布置给她的任务。最后,她在学期期末检测中,她居然成为全班几个九十分以上的同学之一。

后来因为爸妈工作原因,她以优异的成绩转学到了莫斯科当地一所国际学校,现在每逢节假日,我都会收到她与她的家长暖暖的问候语祝福。可见,在学生的学习过程中,每当他们遇到困难的时候,我们都应该想方设法去沟通与理解,去鼓舞他们,去点燃他们心灵的火花,这会使学生受益终生。也许,有时老师的一句话,能关系到学生的一辈子。

同时,我也深刻地领悟到:不仅仅是国际学生,其实每个孩子都是需要我们用爱的语言去打开的一本书,是一朵需要用耐心与爱心去浇灌的花,更是一支需要用爱和鼓励去点燃的火把。他们小小的心灵很脆弱,而且情绪易波动,所以在他们遇到困难的时候,更需要老师耐心地沟通与理解,用正确的引导和温暖的双手去鼓励;如不去认真体验孩子内心世界,而是凭自己的主观感觉去评价,有时很可能会曲解他们的言行,做出与教师初衷恰恰相反的不当行为。故此,老师要解读好孩子这本书,就需要我们尽可能多地给予学生爱的交流与鼓舞。

(初中英语教师　岳刚)

多元交融，愉悦创新
小留学生在菊园

 用爱浇灌洋菊花开

在菊园，外籍学生在小学阶段独立编班，学习中国本土课程。而进入中学阶段后，外籍学生的中文水平基本与国内学生持平，因此小留学生们会与国内学生一起，随机组合，组成一个中外融合的班级。2020年，刚刚毕业的我有幸来到菊园这个大家庭，成为了36个孩子的"妈妈"。而我的孩子由12位外籍学生与24位国内学生组成。面对这样一个多元化的班级，在班级成立之初，我便将班级标语定位为"和谐四班 责任共担 多元交融 齐力扬帆"。希望同学们在多元的环境中，学会承担责任互相关怀，成为一个和谐的集体。

在这样理念的引领下，我们班级呈现出一片和谐的氛围，有多动症的国内孩子得到了全班的体谅，因肤色而被嘲笑的美国混血儿也会有全班同学为他"打抱不平"。但在这样和谐的气氛下，仍然有一位同学游离在外，她就是来自越南的小N。

小N是越南籍，父亲是越南驻上海总领事馆的领事。小N性格内向，由于只学了一年半中文，在课堂上她从不举手发言，即使发言，她也不敢与老师对视。久而久之，作为班主任的我也忽略了不调皮、很乖巧的小N。但是，在一篇名为"I want to make friends with..."（我想和……做朋友）的英语作文中，我们班的孩子用他们的关怀与细腻给我这个新班主任上了一课。国内学生珍妮写道，她想和小N做朋友，因为小N一直戴着口罩，看起来对新班级感到很害怕。她很想和小N做朋友，可是她不知道该怎么办才好。珍妮的英语成绩并不好，这篇作文语法漏洞百出，但是文字背后的关爱还是打动了我。而小N的文章里则写道她想和老师做朋友。她希望能够帮助老师搬作业，但是她太害羞了，很少能引起老师的注意力。这些话深深地触动了我的内心，我并非没有注意到小N的不适应，只是太多调皮的学生吸引了我的注意力，对于小N我感到深深的自责。

作为一名教师，我习惯性地把关注的目光都投给了捣蛋的学生，又把希望的眼神停留在成绩名列前茅的学生身上。对于小N这样安静的中等生，往往等不到我目光的停留。在意识到自己的错误后，我思考起了如何关心小N，让小N融入进我们班级集体的方式。而此时,办公室里的绿植吸引了我的注意。我灵机一动,在班会课上把许多绿植搬到教室,同学们好奇又兴奋地看看这些植物,又看看我。我却装作很苦恼的样子说,同学们,这么多绿植放在我们教室,他们枯萎了可怎么办呀?同学们一下子听懂了我的弦外之音,纷纷举手表示自己能够浇水、修剪植物。我看向了小N,她注意到了我的目光,很快又低下了头。我继续说道,老师想要找一个细心的女生,谁比较细心呢?我的目光扫过所有同学,突然在小N的身上停下了,我惊喜地说道让小N来吧!小N平时说话轻声细语,一定能照顾好这些小生命的。大家觉得呢?一名平时最调皮的孩子,大喊了一句"好",随后便用力鼓起掌来。原来这些孩子一直注意到了默默无闻、不太适应班级的小N,他们只是在等待一个机会可以温暖、鼓励她。小N在掌声中脸红了起来。

一下课小N便走到我身边轻轻地问我要怎么浇花,而我也顺势让想和小N交朋友的珍妮教她应该怎么修剪植物。久而久之,小N的朋友多了起来,在班级里甚至刮起了说越南语的风气。整个班级就和班级口号所说的一样,越来越和谐交融。

在菊园,随班就读的小留学生们很快就能和国内孩子打成一片,但像小N这样慢热的孩子,更需要老师润物细无声的关心。作为老师,我们关怀他们的方式有很多,可以是沟通与交流,拉近心与心的距离;可以给他们搭设成功的平台,为他们提供自我表现的空间;也可以设计活动,使他们真正参与课堂。在这个多元化的班级,因为不同,同学们更学会了相互包容;因为不同,他们和我都更学会了如何去关心每一个人。作为这样一个班级的班主任,我感到很欣慰,也为这个多元的和谐班级而自豪!

(初中英语教师　顾晶婧)

多元交融，愉悦创新
小留学生在菊园

 6 在交融中齐心上游

2002年，我执教的班级来了一位出生于美国的华裔学生陈同学。因为受到美国文化的影响，他的性格比较自由散漫，思维活跃。在上课时，他会打断老师授课，并不断提问。每次布置任务，也都会问"为什么"。在一次行为示范校考核中，他在降旗仪式进程中，向操场上本班的降旗手大声打招呼，引起轩然大波。然而在校四年，在老师和同学的影响下，他逐渐意识到没有规矩不成方圆，并且乐意在班级集体中，扮演应有的角色。由于他从小在美国的图书馆玩耍，知识面比较开阔，有许多奇思妙想。因此常常质疑教科书中的知识内容，并且他会带领同学查找资料，论证猜想。例如有一次化学课谈到了氨气，他一本正经地想要说服同班同学，收集他们的屁，然而最后以失败告终。

另一位让人印象深刻的外籍学生是来自韩国的金同学。他的学习态度特别认真，学习能力也很强。金同学已学会了拼音，但四声不分。因此有着外国人说普通话语调异样的通病。有一次，在和他的交流中，我偶然提议，建议他可以用手势辅助普通话语调的区分，这让他如获至宝。从此他和所有人用中文交流，都会用食指划声调，阴阳上去，这使他的语音有很大改善，有别于其他外国人说中文语调的生硬。金同学的汉字也写得特别漂亮，但姿势却令人费解。左手执笔，本子90度转向，但写出来的字和他人无异，且异常工整，比中国学生写得还好。

这个班级的学生原本有些"佛系"。然而陈同学向班级展示了他开阔的思维和质疑的精神，金同学展示了他严谨钻研的学习态度，这两位学生对其他学生产生了很大的影响和促进作用。如同两条"鲶鱼"闯入了一群安逸的自我满足的"沙丁鱼群"，使"沙丁鱼"开始不停游动，激发了其余同学的竞争意识，产生了"鲶鱼效应"。最终这个班在中考中，创造了八个"华二"，十个"建平"的佳绩。

同样，中国基础教育也让外籍学生受益匪浅。2004年，来了两位对于数学都有畏难情绪的女生，分别是来自香港地区的英籍学生霍同学和来自巴西的华裔刘同学。她们上课听不懂，作业完成不了，害怕考试。然而我们班的数学老师陆老师，用他激昂的语调,严密的逻辑和丰富的教学经验,打破了数学对她们的阻碍,打开了她们的数学世界。通过和全班女生的同舟共济,她们齐心协力攻克难关,终于使两位女同学的数学成绩跟上了班级的步伐。一年以后,霍同学回到英国读书,竟来信告知,说她获得了由校长亲自颁发的"具有数学天赋奖"。全班同学群情激奋,使他们学习数学的热情更加高涨。

外籍学生来菊园学习,不仅使中国学生在"鲶鱼效应"中有所进步,更让外籍学生受益良多。这正体现了我校多元交融、愉悦创新的办学宗旨。

上述同学中,陈同学考入了北大,金同学考入了清华,刘同学考入了圣保罗大学,霍同学进入了伦敦的知名大学。

(初中语文教师 邵玮)

多元交融，愉悦创新
小留学生在菊园

 7　俄罗斯男孩的中国情

偶然的机会，翻开了几年前发的微信朋友圈，一张照片印入了我的眼帘。照片上，一个圆圆滚滚，金发碧眼的男孩把我的记忆带回到了2014年。

那年夏天，我接到学校的工作安排，担任新一届六(5)班的班主任及英语教学工作。拿到学生名单时，我愣了一下，混在男生堆里有一串格外惹眼的英文字母，而且让我惭愧的是，我竟然不知道怎么发音。这是一位来自俄罗斯，简称小E的小朋友，由于爸爸妈妈工作的关系，他也变成了"随迁子女"。

初来乍到，小E对于新的生活和学习环境既熟悉又陌生。熟悉是因为，来中国之前，爸爸妈妈对于小E未来几年要生活和学习的国家和城市有过详尽的描述，他自己也在网上搜索过视频和图片，所以已经提前有了个大致的了解。陌生是因为，当要置

军训中的小E

第二部分
小小联合国从梦想变为现实

身于一个全新的环境，从头开始，他还是有莫名的紧张和不安。

故事一

我校是航空军校，六年级新生进校第二天就要全体出发去奉贤参加为期 4 天全封闭的军训，对于刚刚迈进中学大门的孩子来说，这是一个新的挑战，更别说是对于一个小留学生了。临行前一天晚上，收到小 E 妈妈的微信：老师，孩子太紧张，身体不适，明早不能一起出发了。其实，当时我还是暗暗松了一口气的，要看护 40 来个第一次离开父母这么久的小萝卜头，还要留心一个文化差异这么大，语言又不通的小老外，压力还是相当大的。可是，第二天清晨，一踏进教室，我就被窗边一头金发闪亮了双眼。小 E 已经做好心理准备，整理好行囊，准备跟全体同学一起迎接新学期，新起点。

全封闭的军训中，小 E 和完全陌生的同学一起同吃住、同学习。他在最短的时间内，认识了每一个同学；在艰难的过程中懂得了与同学团队合作、互帮互助，并且建立了牢固的"革命"友谊。每天迎着朝阳开始训练，直到夕阳西下才结束，其实真的挺累的，几个学生坚持不住，家长中途接回去了。也有一些学生感觉有些许不适的时候，就会去树荫下休息。对于小 E，我时刻留意着，生怕孩子出现心理和身体上的不适。一次，教官练军姿时，我发现他脸色发白，豆大的汗珠不停地往下滴，孩子的眼睛里还噙着泪花。我上前立马让他出列，坐在一旁休息。原来两天来，由于饮食不习惯，小 E 一直没有胃口，加上有时候没有听懂教官的口令，做错动作，连累小队同学，他觉得很难过，也很委屈，才有了上面一幕。但当我提出让他做编外人员，看同学们军训时，他果断地摇头并且说："老师，相信我，我可以坚持到底的！"后来，孩子悄悄告诉我，那会儿军训的时候，每天最开心的就是晚上寝室里的卧谈会，虽然一知半解，但听着同学们的小故事、小笑话，自己也偶尔会插一句，这都很让人难忘。还记得有天大晚上，几个调皮的男生在寝室里聊天，嘻嘻哈哈声音有点大，结果被外面巡逻的教官听到了，把整个寝室的男生都叫出来夜训，心系孩子的我也在一旁陪着他们。可是数来数去，一个寝室，8 个男生，怎么只有 7 个，还有一个呢？这下可急坏了我们，到处找，后来在寝室的床上找到了小家伙，他还在做着美梦。原来他已经伴着同学们的聊天声进入了梦乡，压根儿就不知道发生了什么事情。

为期四天的军训生活结束了，同学和老师们一致推举这位轻伤不下火线的俄罗斯男孩为"钢铁小战士"。而他坚持不懈，努力做到最好的性格也影响了班级当中的每一个孩子。

故事二

七年级刚开始时，年级组织足球对抗赛，对于我这个足球盲来说，怎么选人，怎么排兵布阵，可谓一窍不通。这时候，小 E 毛遂自荐，他说：老师，你放心交给我吧，我来搞定。在给全班灌输好友谊第一，比赛第二的理念后，带着些许不安和忐忑，我就把任务交给了他。看着他每天下午放学后，带着一群男生和几个"女汉子"（5 班男生人数少，只能让女生做替补队员）在操场上训练，我也只能做好后勤保障工作。在第一场比赛那天，我本来也只是抱着重在参与的心情，带着剩余同学在场边呐喊助威，却想不到，开场不到十分钟，就进了一个球，太鼓舞士气了。最终 5 班第一场球赛获胜。同学们围抱着小 E，欢呼雀跃。此后，我们班的球队像是开了挂似的，一路过关斩将，最终获得了年级冠军，捧回了金灿灿的奖杯。通过这次足球比赛，我也让同学们认识到领袖的作用以及团队的合作精神。合作是件愉快的事情，它能团结身边的人，同学们也明白了，只有在比赛中与同伴积极合作，才能战胜比自己更强大的敌人。

毕业快三年的小 E，提前进入了上海同济大学继续深造

此后,同学们对小 E 更加信任了,有关体育活动和比赛方面的事情,大家会第一个想到他,同学们相信他能带领 5 班披荆斩棘,获得胜利。而小 E 也更加自信和开朗了,他觉得自己和同学们除了长相不一样,其他没区别。通过一年的学习生活,小 E 的语言交流也已经完全没有障碍了。课间、午休时,他还会跟着我和同学们学学上海话,我也聘请他做小辅导员,每个星期让他教大家三句简单的俄语,大家互相学习,不亦乐乎。

故事三

时光飞逝,转眼到了九年级下学期,面临中考的同学们表面波澜不惊,内心却波涛汹涌,都铆足劲做最后的冲刺。我为了调节学生们的情绪,缓解他们的压力,5 班还是继续着中午的传统项目——双语时刻(上海话,俄语)。通过近四年在洋泾菊园的学习,小 E 也已经变成了一个"中国通",就连日常的上海话交流也没有问题。在"我的目标"心愿墙上,同学们都贴上了自己的心愿。其中有一张很特别,是这么写的:在菊园这几年的学习,让我深深地爱上了这所学校,这座城市,这个国家。这里是我的第二个故乡。希望我长大以后,从事"一带一路"国际交流相关的工作,搭建中国和"一带一路"国家的沟通桥梁。这是小 E 的心愿。他是这么想的,也是这么做的。为了实现理想,他在上海学习的同时,也参加俄罗斯中学的网课学习和考试。在上海初中毕业时,他也拿到了俄罗斯高中的录取通知书,目标离他越来越近……

(初中英语教师　张洁琼)

8　让美化作看得见的竞争力

——美育馆校合作之路

美育，在新的时代提出了新的要求。感知美是培养审美力的起始，而美的宽泛和抽象总是令一般人道不明理不清。作为教师，如果能运用教育者的专业知识背景和职业使命感，应该可以借助不同的教育途径、策略和学习空间，成为美育的探路者和助力者。

面对不同国籍的外籍学生，我们可以预见有着不同文化背景的学生对美的理解既有着对大美的趋同，又有着不同民族文化的各自情趣、审美力和理解力。洋泾菊园实验学校在培养外籍学生对于美的感知力、鉴赏力、创造力和审美情趣及境界上是如何探索与实施的？

这是一个具有挑战性的新问题，更是一个令人饶有兴味去尝试探索的问题。由此，我带领着外籍学生管理团队走上了一条美育的探索实施之路。

从细微之处入手，从看得见的地方起步，从外籍学生对美的共性认识出发。我们从与美术馆、博物馆的馆校合作等艺术教育开始，打开美育的启蒙。

放眼世界各国的艺术教育，尤其是教育先进国家，其艺术教育都不局限于学校课堂。馆校合作开展美育课程是对学校课堂教学的补充与延伸，有着课堂教学无法达到的真实性和丰富性，有利于搭建学校艺术教育的课程构架、补充教学资源，也有利于让充满浓厚艺术氛围的实景场馆作为环境支撑，促进学校更好地开展艺术教育，激发孩子对美的想象力和创造力。

美是看不见的竞争力，这是蒋勋先生表达的美学观点。而我们要做的就是通过馆校合作的艺术教育，提升学生对美的感知力、鉴赏力及创造力，让美化作看得见的竞争力。

列举两次较为成功的馆校合作艺术教育活动，具体谈谈我校菊华院是如何兼顾外籍学生的多元文化背景，进行艺术教学和美育引领的。

第二部分
小小联合国从梦想变为现实

泼墨显情怀　馆校促美育

一、借助馆场资源，以中国画打开学生对艺术之美的探索之门

我校于 2017 年与喜马拉雅艺术中心合作，进行馆校洽谈，了解艺术中心的公共教育资源，实地考察了可以供不同年级外籍学生进行艺术教学活动和体验活动的现场及教学资源。

在考察中，我发现当时正值喜马拉雅艺术中心在进行意大利贝利尼家族与文艺复兴特展，很多艺术爱好者慕名而来，只为一睹盛世艺术。而其他美术空间还可以为学生提供源自丝绸之路的千年古技，湿拓画的体验空间。这一西一中对比，一定会带来视觉上冲击和美的震撼，也会吸引学生探寻艺术背后的历史与人文。

我从菊华院综合课程设计的初心以及中华优秀传统文化融合点出发，考量蕴含核心思想理念、中华人文精神和中华传统美德的文化内容和载体形式，结合学生的年龄特征，以艺术教育进行有机渗透，使中国画成为启蒙之钥。艺术无国界，历史悠久且人文内涵深厚的中国画是中国艺术的文化之宝，由于中西文化差异等历史原因，在世界的艺术舞台，中国画在艺术价值上的地位和比重还有待提升。随着国力的增强，中国画将具有更强的艺术话语权和表现力。让外籍学生通过本次馆校合作的艺术活动，亲密接触中国画，在中外艺术的冲击和对比中感知美、发现美。

活动开始之前，我对馆藏进行了分析，根据学生年龄和活动目标来搭建分层课程实施方案。我带领管理团队做了活动方案和开发本次馆校合作艺术教学活动"研学单"，一切准备就绪。

活动第一步：通过赏析国画的"最美中国画——菊园读画"周活动，跨越时空、地域和语言的界限，引导学生欣赏最美中国画，学习视觉化呈现的中华文明各历史时期的自然、人文风貌，感知艺术的魅力。让学生在赏析中逐步提升审美力，感受人文精神的感召力，积淀人文素养。

第二步：艺术中心场馆现场艺术活动。带领外籍学生参观意大利贝利尼家族与文艺复兴特展，让学生在场馆专业工作人员的解说和指导下，感知艺术品在特有时代中独特的魅力和震撼，完成活动"研学单"。同时在场馆的中国画展区和体验区域，由艺术指导工作人员带领学生开展各类国画欣赏与体验活动，进行美的实践。比如中国泼墨画、湿拓画的体验活动，让学生自己动手探索美，体验制作艺术作品。

第三步："我的最美中国画——菊园作画"画廊周展示活动。转移学习空间，在学校画廊展出外籍学生在场馆动手实践、体验创作的作品，创设了浓郁且主旨鲜明的艺术氛围。

二、通过"走进来+走出去"的互动式馆校合作，赋能艺术教育

2019年，菊华院与上海震旦博物馆合作，通过"走进来+走出去"的互动方式，开

展了"国宝探秘——青花瓷之约"跨学科主题式综合活动课程中的艺术教育。邀请博物馆专业的老师走进校园，为课程教师团队指导、普及青花瓷知识，和学校课程管理团队一起开发学生"研学任务单"。带领外籍学生走出去，走进震旦博物馆的青花瓷展厅。

馆校合作是艺术教育的真实途径，学生在参观青花瓷器展的同时，也在博物馆专业老师的带领讲解和演示中，通过聆听讲解、提取信息、处理信息和同伴讨论，共同完成任务单；在博物馆的真实场景中观察和欣赏不同朝代的青花瓷特征，直观了解青花瓷的发展历程，进一步深化在不同学科中所学的知识和能力，促进对这些知识与能力的理解和运用。

菊华院管理团队创设了"青花瓷之我见"学习空间，以不同国籍、不同文化背景的外籍学生所绘作的青花瓷碟盘、花瓶的照片，以及活动课程实施中多学科课堂记录照片，学生关于青花瓷的创作小文等为材料，创设主题式走廊学习空间，将艺术感受和美的再创造在整个校园中展示呈现。

通过学生身临其境浸润式的艺术现场学习，学校和博物馆、美术馆等场馆共同设计与实施艺术教育活动，扩大了学生艺术教育的学习空间，弥补了学校艺术教育无法达到的物理学习空间。真实有效的馆校合作型艺术教育，为学生提供了更多感知美、鉴赏美的学习平台，更多发现美和创造美的动力与实践，让美化作看得见的竞争力，我们正在路上！

（校长助理兼国际部主任　浦咏晴）

9 "虎妈""虎儿"变形记

2010年,"虎妈"这个词频现网络,提及"虎妈",我班小T妈妈的身影,就会浮现在我的脑海中,因为最初她给我的印象就是"虎妈",但"虎妈"有时候并不适合所有家庭。

洋泾菊园:国际化大舞台

我校是浦东新区最早的为数不多能招收国际学生的公办学校之一。从2004年起,小学部一至五年级均已设有独立国际班,而中学阶段将国际学生平均分配至平行班中学习,2010年开始,中学部也开设独立的国际班,而我担任了中学部第一届国际班的班主任。虽说我班只有15个成员,但是他们却来自9个不同的国家,就像一个小联合国,小T就是其中一员。

"虎妈"真的很"虎"

小T的家庭背景与"虎妈"原型蔡美儿家极其相似,小T的妈妈是中国人,毕业于美国名校,与蔡美儿是校友,也是一名事业型女强人,而小T的外公外婆也毕业于同一所美国名校,还是该校学者级人物,小T的爸爸是美国人,同样是美国名校毕业,家庭环境可谓是书香门第。和"虎妈"一样,小T家庭教育的重任也是由妈妈负责,传承了东方严苛的教育模式。如此强大的家庭背景着实让人侧目。唯一与"虎妈"蔡美儿不同的是,小T家是两名男孩,而"虎妈"家是两位千金。开学伊始,我们就发现中美混血的小T虽然个性十足,但是在校表现乖巧听话,是老师们公认的好学生。

"虎儿"其实并不"虎"

可是,我们平时看到的小T并非真正的"虎儿"。"虎妈"私下告诉我,老师们眼中可爱帅气的小T,在家活像一个"小魔鬼",不爱洗脸、刷牙、洗澡,自理能力极差,和我们眼中的小T完全是两个人。伤心无奈的"虎妈"甚至还一直念叨,如果再不行,就要把小T一个人送去美国的寄宿学校学习。

人,总是有两面性,不管成年人还是孩子,我意识到这种紧张的母子关系背后的问题,是母子俩看待问题的出发点背道而驰,要解决问题,唯有求同存异。

深思熟虑后,我向"虎妈"提议,是否可以改变一下家庭教育规则,用更多的奖励机制代替一味的高压政策,以较为轻松的形式来替代原有的严肃氛围。一开始的效果还真不错,小T妈妈说小T在家能自觉做好个人卫生,注重仪表了,可没过多久,"旧病"复发,他妈妈又一次在晚上打电话向我哭诉,语速极快,情绪激动,原来小T趁妈妈出差之际,又恢复常态,而且不好好练琴,还气走了钢琴老师,于是妈妈就罚他不能看电视。谁料,趁妈妈外出时,小T一连玩了4个小时的电脑游戏,作业也没有完成。"虎妈"发飙了,电脑线拔下随身带走,小T也不甘示弱,没电脑,就看电视,"虎妈"最后把电视遥控器也藏了起来。结果矛盾升级,小T为了找遥控器将家里翻了个底朝天,还将化妆品也扔得满地都是,电话那头母子俩的吵闹声听得我也绷紧了神经。

及时指导帮助"虎妈""虎儿"

再次约谈"虎妈",让我从侧面深深感受到了小T的矛盾心理,一方面,他以强大的家庭背景为傲,但"虎妈"又给他设定了很多发展规划,有错就罚,缺少沟通。在学校里,小T是一只可爱的"小猫",一直压抑着自己,回到家就成了一只好斗的"小老虎"。我首先让"虎妈"放平心态,克制并减少家庭内部的正面冲突,让她意识到小T的情绪管理出现了问题,我会及时跟进协调,但需要妈妈的配合,小T情绪的爆发一方面是对家长的抗议,另一方面也受到了家庭环境潜移默化的影响,事业上的成功并不能复制在家庭中,亲人间的关系维护,需要更多的妥协。在学校我也和小T面对面长谈了一次,向他委婉地阐明了妈妈对他深深的爱意和歉意。同时,我们也约定了以后如果有冲突,可以采用向我投诉而非对抗的方式,学会心平气和地交流。

对抗到和谐

经过家校积极有效的配合,从我的频繁介入,到后期的逐渐退出,"虎妈"虽然还是"虎妈",但情绪上已经逐渐成为了温柔的"猫妈",和小T的良性沟通越来越多,可见,"虎妈"的强大有时候并不代表真正的强大,而强大的"虎儿"背后,往往有个睿智的

"猫妈"。

参与了这次家庭教育的辅导之后,我意识到家庭关系的和谐关键在于父母,曾在武志红老师的"为何家会伤人"一书中读到过这样一段话,让我感慨万千。即:我们必须懂得一点,如果父母真爱孩子,就要在孩子的内心种下一个良好的关系模式,让孩子生长在和谐的家庭之中。

此外,作为班主任的我,参与家庭教育时要注意自己的配角位置,不能够越俎代庖代替家长,因此明智的班主任应该放低姿态,放平心态,主动与家长沟通,及时与家长分享孩子进步的喜悦,交换教育的意见,听取家长的建议,取得家长的支持,指导帮助家长,形成教育合力,帮助家长更新教育理念,以科学的教育方法教育学生,发挥家庭教育的积极作用。

(国际部干事　虞吉)

10 我领家长进班级

之前一直听说的是"家校"这一概念，这主要是学校层面和家长之间的沟通和交流，现在我们将这个概念范围缩小化，形成"家班"的意识，即从班主任个体层面出发，通过与家长之间的各种互动，以实现家班共育，促进孩子身心的健康成长。

我在班主任岗位上，以家班共育为抓手，做了以下一些尝试。

一、家班合作，创建沟通新平台

在学校的诸多练习本中，小本子不能少，小本子的使用功能和范围也就是记录当天的作业，孩子们到家后对照上面的作业条目，逐条完成后由家长签名表示已知，然后第二天，老师收上来批阅一个日期。

不过我也觉得，在之前通讯不发达的时代，小本子承担着老师与家长之间的联系，但现在有了微信等通讯手段后，小本子的作用仅仅停留在形式，显得有些鸡肋。那么，在班级管理上能不能赋予小本子新的生命力呢？能不能让它更有创意地发挥作用呢？

答案是可行的。首先，传统的小本子质感较单调，于是班级同学购买了页数较多的约 A6 大小的彩色装订本。其次，同学们给本子起了个性化的名字，诗意的有"心语心愿"、俏皮些的有"小丫头札记"、男生则喜欢类似于"皮卡丘之旅"等，有的同学还进行了手绘，从一系列的举动中可以看出这本本子对孩子不言而喻的重要性。最后，这本本子上可以记录上自己的日常作业，以实现备忘录的功能，但更主要的是孩子们可以每天在本子上写写今天的学习感受，例如：语文学了什么修辞手法、自己在数学哪种类型的题目上犯了错、英语有哪些重要句型、科学学了哪些常识……让孩子每天花 5 分钟时间完成当天的回顾和自省。接着就是家长们的参与——家长每天用个性化的语言代替签名，给孩子以鼓励、欣赏，抑或是提出要求，通过这种方式，让家长充分参与到孩子们日常的学习中。第二天，小本子到了班主任处，也不是简单地批阅个日期就完事了，而是要给孩子们写上一句话，可以是鼓励他，也可以是对他的学习方法给出指导，还可以是对他某个行为进行小指正，虽然工作量增加了，但是这让孩子与家长、老师更亲近了,不但有利于孩子们的自省,还让他们得到了鼓舞,获得了关注,真是用点滴时间,高效地提高了班主任工作的效率。

　　附1:2011年10月9日　《回忆和鼓励》（印尼)小N

　　小N同学:如果我今天数学练习再认真仔细一点,计算题就能全对了,下次我要注意最后的结果要约分。

　　小N妈妈:文科强项要巩固、保持,数学要一点点刻苦努力地补强。良好的学习习惯要养成,更要坚持,要加油哦!

　　班主任老师:希望及时订正错题并反思自己错误的根源在哪里。平时要注重积累,要相信努力终将会有回报。

　　附2:2011年11月12日　《奶思小本本》（日本)小晴

　　小晴同学:今天我学了数学的化简与连比。英语学到了"take句型"的运用和时间的表达。在语文课上学习了古文翻译,积累了"遂"、"乃"、"从"等古汉语,并知道不能投机取巧,要靠自己进行翻译。

　　小晴妈妈:今天一到家就认真完成作业,学习方面有不好的地方也会主动告知我们。希望老师对她严格要求,让她感觉自己必须紧张起来,希望能够保持下去,谢谢老师!

　　班主任老师:小晴在昨天的升旗仪式中作了"国旗下的演讲",讲稿结合实际,不苍白,台风稳健。悄悄告诉你:别的班同学和老师夸你的声音很特别哦!希望你下次还要积极参加活动,提升自己!

二、家班共建,组织创意互动

　　学校每年三月都有一次"爱心义卖"活动,在最近的一次义卖中,班级工作充分发挥家长的特长,邀请了有关金融、法律等工作领域的家长进班级给孩子们上了一堂理财微讲座。讲座用浅显易懂的语言为孩子们介绍了投资的概念、销售的成本概念、利润概念、交易的意义等,还现场以书本为例进行了现场演绎,让孩子们对理财有了初步的感知,并且布置了理财任务:同学分小组,拿出购买方案,家委会出资500元,给项目最有前景的小组进行投资。

　　这是多么诱人的决定!

整个讲座,家长们意犹未尽,同学们也对家长们的投资志在必得,纷纷拿出各自几易其稿的投资方案。此时,家委会参与到了班级事务的决策中,经过比较、权衡之后,觉得B组的方案更具挑战性、收益浮动比较大;A组比较保守,收益相对比较平稳。于是,最终决定,A组获得200元活动投资经费、B组获得300元活动投资经费。

在这之后,两个小组的组长与组员一起起草了"爱满菊园 廿载同心"爱心公益义卖活动的小组任务书,就整个活动的活动背景、活动资金、小组任务、小组分工等进行了书面陈述。

在举行义卖的当天,家委会也参与到了义卖的现场活动之中,有的家长在柜台前加油助威,协助同学一起分点心,有的家长与同学一起收钱,还有的家长在旁边随机看有什么需要帮忙的地方,好一次热闹非凡、红红火火的义卖活动!

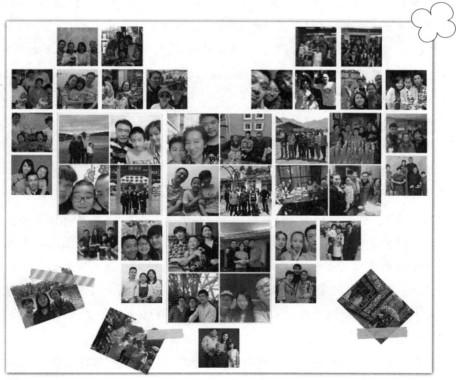

有爱集体

这次活动，不仅发挥了家长的余热，也动用家长资源给孩子们开设了一次别开生面的小讲座，更给孩子们打开了一扇生活之门，看到了生活的更多可能性，在实践中提升了学生预设的能力、与人交往的能力以及临场发挥、灵活机动的能力！

三、 家班共育，实现资源共享

以往的家长会一直是家长坐在下面听，老师在讲台上就孩子在学校的活动表现、学习情况和校园事务等事宜向家长进行介绍，形式就显得比较沉闷，互动性不强。我想：家班共育的方式可否打破这一瓶颈？

在一次家长会中，我组织班级的个别学生自己介绍参与学校的各项活动、宣传班级的正能量、谈谈目前自己对亲子关系的一些看法等。同学们的准备很让人惊喜：

在菊园，我参与了学校的军训活动、趣味运动会、"大小牵小手"公益活动等，我之前一直以为这些活动索然无味，但是真正参与了以后发现并不是这样，特别是"大脚丫"的比赛，我感受到了班级同学的团结，所以，爸爸妈妈们，希望以后你们能更支持我们参加学校的活动，当然，我们也会抓紧学习的时间，不让活动影响到学习，谢谢各位家长。

也有家长代表谈了谈自己是如何教育孩子的，例如小元（加拿大）的家长说：

孩子一到五年级都是我一手把控，学习方面都是我让她做什么就做什么，到了中学，我发现孩子这样的学习太被动了，老师很多的知识点是在课堂上教给学生的，所以上课"听"就显得尤为重要。我本身也是个性子比较急的人，一看到成绩不理想就控制不住自己的脾气。孩子现在也大了，我发现他也不像以前那样顺从了，所以在一番挣扎以后，我发现我也要改变。我现在回家就看孩子上课的笔记记得全不全，有时间的话帮她默一下。数学题也不是像以前一味地我跟她说，而是换个位，让她把不懂的题目去问老师，然后回来把错题说给我听。我觉得这样的效果比我纯粹地讲给他听要好多了，孩子学习也变得主动了。

那一次的家长会气氛热烈，家长的参与度也很高，真正做到了家班互动、好的资源互相分享，这个实例还是具有推广价值的！

在家班共育的这条路上，我仍在实践和探索，希望能够在遵循学生的成长规律和教育规律的基础上，用班主任的真心真情和充满智慧的方法，与家长合理分配角色，互相渗透教育，合力助推学生成长！

（初中语文教师　宋颖）

11 三种语言不同而内容相同的一次家长会

家长会是家校联系的重要渠道之一，班主任需要通过家长会向全体家长介绍本学期学校开展的各项活动、班级工作以及需要家长配合的事务。可是外籍班家长来自世界各国，有的懂中文，有的不要说中文，连英语都不会，开展班会用什么语言是个让人纠结的问题。原先我一直用汉语组织家长会。一方面因为我们学校是公立学校，本身就是以汉语为主；另一方面我也没有办法用多种外国语言把会议内容讲授清楚，中文讲述当然还是最为清楚的。

2020年年初的疫情暴发，导致孩子们只能在线上课，在上海市政府的努力下，疫情得到控制，市教委官宣5月18日返校复课，孩子们又能回到日思夜想的学校。我们学校根据市委防疫要求，以及教委复课精神，制定了详细的计划和预案，老师们进行多次学习和演练，并要求每个班级召开线上家长会，让每一位家长了解学校的措施，放心地把孩子送来学校，同时明确家长自己应该要做的事。

我班一共有20位学生，我按照语言分类，开了三次同样内容的家长会。

第一场家长会：中文版

我先给懂中文的8位家长开了第一场家长会。会议用微信集体电话的形式，家长们很快地了解到学校细致的防疫工作，并且明确家庭担负的工作。我讲完后，进入家长提问环节。家长问了很多问题：体育课孩子们在操场上运动时是否戴口罩？下课孩子们容易近距离聊天游戏，如何解决？等。我按照学校细致的防疫规定进行一一回答，通过这次会议让这批家长对孩子返校复课非常放心。

第二场家长会：英语版

小J的爸爸是英国籍华裔，也是外资银行高层领导，工作能力强，英语汉语表达都一级棒，会议前我和他进行沟通，希望他能够组织懂英语不懂汉语的家长召开一次家长会，告知他们返校准备工作以及复课流程。他对我委托的工作非常重视，首先把我发的学生健康表翻译成英文版，有不太清楚的地方会问我，等明确后给相关7位家长拉了一个微信群，召集大家在约定时间开第一次家长会。他把翻译好的表格发到群里,并详细解说每一栏的填写内容,家长不明白的地方当场提出,小 J 的爸爸非常详细地进行回答,保证那天参会家长清楚地了解返校复课要求。

第三场家长会:俄语版

班级中有 4 位讲俄语的家长,他们中英语都不懂,会前我与小 M 的爸爸进行沟通,他来自俄罗斯,通过我平时对他的了解,发现他中文越来越好,应该可以把我要讲的内容表达清楚,所以我邀请他主持俄语版家长会,小 M 的爸爸担心自己表达有问题,不仅参加了第一场中文版的,认真地听我说了一遍,还参加了第二场英语版,把自己的要说的内容搞清楚后,组织俄语家长开家长会。第三场家长会参会家长共 5 位,小 M 的爸爸用俄语转述了学校要求,会议非常热闹,看着他们认真的样子,我还是有点不放心,因为我一句都听不懂,不知道他们是不是真的都清楚了。

在上海市政府不懈的努力下,疫情得到了控制。一直到学期结束,没有一个学生家庭发现有疫情。我们顺利地完成特殊时期的教学工作,也让这些和平年代的孩子感受到对生命的敬畏。这一切除了有学校细致的防疫措施保障以外,也与召开了这次别样的家长会有关系。语言不通固然给我们教育教学带来了困难,但是只要有爱,任何困难都能迎刃而解。

(小学英语教师　袁渊)

和插班生家长的第一次家访

　　近几年,每学期都有纯外籍学生,由于父母工作的关系随同来到上海,转学到我校就读。这当中有很大一批家长,对学校的性质并不了解,误以为我们是一所汉语讲得比较多一些的国际学校。所以我们要在孩子入学以前,让这些插班生的家长了解学校的性质和课程,这种情况下,第一次和家长的谈话就显得尤为重要。

　　第一次和家长的见面采取什么形式呢?传统的家访当然是一种非常好的方式,可以了解到新学生的家庭环境以及学习的空间。但是外籍学生居住流动性很大,所以我

初见洋菊豆

更倾向于将这一谈话安排在学校图书馆一角。那里除了环境安静,便于谈话以外,浓厚的学习氛围也能让家长对学校的第一印象更加深刻。谈话结束后,我还会带家长到教室看看,认识一下学科老师。

对于不会说汉语的家长,我会事先通知,要求他/她带好一位翻译。虽然我自己是一名英语老师,但是在家访环节还是应该尽量和家长讲汉语。因为若想让孩子尽快适应我校的汉语氛围,必须要让家长先适应,并且一定要有中文非常好的亲戚朋友帮助,以便今后与其他学科老师沟通时可以表达顺畅。

如果有几位插班生的话,我会尽量将谈话安排在同一时间,这一方面节约了我的时间,另一方面可以让家长们互相认识,打消紧张情绪。

和插班生家长第一次谈话的目的主要是让家长了解我校是一所九年义务制的公立学校,我们的外籍学生使用本土课程,这是明显不同于其他国际学校的,家长需要对学校的办学理念有基本的认识;同时,还要了解学生的爱好特长和语言能力,主要是汉语和英语程度,通过介绍学习汉语的重要性,争取家长的认同才能配合学校一起,帮助孩子学好汉语;此外还要了解学生的家庭成员,确认联系人信息,了解家长选择我们学校的原因以及渠道,家庭的初步规划,学生大概在我校读几年等。

通过和插班生家长的谈话,我了解到每个孩子转学到我校的原因各不相同,如美国华裔小 Y 三年级从其他国际学校转学来,是因为在原来的国际学校学不到多少东西,家长希望她能在我校多学一点汉语和数学;由于妈妈是越南领事馆的领事,在上海任期 3 年,小 P 二年级入读我班,家长希望主要学习英语,尽可能多了解中国文化;乌克兰学生小 D 因为家长工作关系,三年级转学来校,初步计划可能会在我校读到中学毕业。

开学前,我会把插班生的信息反馈给相关的学科老师,根据孩子以及家庭具体情况制定不同的学习方案:如,对小 P 在汉语学习方面的要求不能太高,可以挑选一位英语比较好的华裔学生多帮助他;对于小 Y,可以在学习上对她要求高一点,甚至可以以国内班学生的要求作为标准;小 D 在上海的时间会更久一些,所以我希望他在学校能感受到中国文化,以及上海民俗。

国际部插班生教育给每个班主任都出了一道难题,和家长谈好第一次话,促进家校了解,才能真正落实以生为本,为形成育人合力做好铺垫,有效助力孩子成长。

(小学英语教师 袁渊)

13 赏识是提高自信心的动力

进入小学阶段中高年级以来,学生们的心理和生理特点都与低年级时不一样了。班上有一位来自美国的学生,在低年级的时候十分开朗活泼,中文也说得很好,很愿意与老师沟通。而到了三年级,我却发现他上课时总是低着头,无精打采,提不起一点学习的兴趣,渐渐变得越来越沉默。几个任课老师都认为,这孩子基础不差,就是缺乏了上进心。但他其实并不笨,我看在眼里,急在心上。

自此以后,我抓住一切机会亲近他,让他敞开心扉,想要通过对他的关爱来触动他的心弦。有次上练习课,大家都在认真书写,唯有他一个人在座位上"发呆"。我走过去轻声询问他为什么不写,他说没有铅笔。我不假思索地将自己的笔借给了他,并嘱咐他下次一定要带好文具。在他转身离去的一刹那,我读懂了他脸上感激的笑容!

从那以后,我发现,因为他承受了长期学习落后的打击,又缺乏爱的滋润,在班中总是默默无闻,但只要有一丁点的关爱,就能触动他的心弦。于是,我抓住一切机会亲近他。经常找他谈心,引导他用感恩的心态看待现实生活。与此同时,我找来几名同学在课间帮助他,跟他一起看书、一起写作业。让他感受到同学们对他的信任,感受到同学之间的友谊。让他感受到友情给自己带来的快乐,在快乐中学习、生活,在学习、生活中又感受到无穷的快乐!

之后,我与其他任课老师统一意见,用赏识的眼光来看待他。慢慢地,我发现,其实他身上的闪光点还挺多,在思维、运动等方面,他都有特长。我们抓住这些优点表扬他、鼓励他。即使是学习上的一点小进步,我们也不会忽视。在数学课上的一次口算中,这个沉默的小男孩居然全都对了。我非常兴奋,对他大加表扬,并说:"看来世上无难事,只怕有心人,你看,这些口算你全做对了!看来,你比有些平时学习优秀的同学都好呢!只要努力,你一定不会比其他同学差的,你说是吗?"虽然他只是轻轻地点了点头,但我还是看见了他眼中多了一些自信的眼光。

赏识是提高自信心的动力。每个学生身上都有优缺点,学困生绝大多数学习成绩差,对学习失去信心,但并非一无是处。对于学困生身上表现出来的哪怕很微弱的闪光点，很微小的进步，我们教师也要及时加以引导肯定，尽量挖掘其闪光点，努力从赞美中满足他们的心理需求，使他们产生欣慰、幸福的内心体验，增强其荣誉感、自信心、上进心，提高学习的兴趣与内在的动力。有了这次经验，在之后的学习中，我对他始终坚持"欣赏、夸奖、鼓励"的方针，慢慢地他的成绩也一步步上升了。看到他的变化，我由衷为他感到高兴！

作为一名菊华院的班主任，要搞好教育工作，首先要有一颗赤诚的爱心，用爱的甘露滋润孩子们的心田，用爱心点燃一颗颗纯洁的灵魂。对于那些在中国的小小留学生们，教师应给他们更多的爱，经常鼓励、帮助、督促他们，使他们增强学习和生活的自信心。

（小学数学教师　殷嘉滢）

非遗考察学龙舞

第三部分
小使者从菊园走向世界

在"多元交融、愉悦创新"办学理念指引下,洋泾菊园扎根中国大地办教育、创特色。双向互动与中外融合的国际理解教育,扎根本土与对外开放的国际学生教育,全球视域与文化自信的国际交流活动,开枝散叶,硕果累累。

新国际理解教育,即通过中外学生交流活动,将中国学生单向国际理解教育,创新为中外学生双向国际理解教育;通过主题综合实践活动,将外籍学生与中国学生、外籍学生与外籍学生的融合教育,转化为国际理解教育的宝贵资源。

新国际学生教育,是洋菊宝能用一口流利的普通话、一笔秀美的方块字、一篇汉语的小文章惊艳四座,是洋菊宝用九九乘法表、数学三字经学习中国数学,是洋菊宝领略中华灿烂文化,放眼世界,胸怀天下。疫情期间,外籍学生坚持在上海空中课堂学习,这就是中国教育的魅力所在。

新国际交流活动,即我们不再单方面学习西方教育,而是中外双向的学习交流。洋泾菊园数学教师积极参与中英数学教师交流活动,第一次代表中国向西方发达国家输出教育智慧和经验。

有道是:中西合璧,互学互鉴;中外交流,合作共赢。

第八章

新国际理解教育：双向互动与中外融合

国际理解教育是使受教育者在对本民族文化认同的基础上，了解、尊重其他国家、民族、地区的文化和风俗习惯，学习掌握与他们平等交往与和睦相处的修养和技能，探讨全人类共同的价值观念，以一种开放的视野、平等的态度、包容的心胸来加强彼此之间的理解与合作，共同致力于促进人类的和平与发展。所以，国际理解教育是与人类命运共同体的理念相一致的。

《国际理解教育在中国——现状与未来》报告指出，中国国际理解教育的发展思路，一方面要在吸收国际优质教育理念的同时，坚守对本土文化的自信；另一方面要站在"人的全面发展"的高度来阐释国际理解教育。学校开展国际理解教育，培养学生理解国际规则、具有国际视野、参与国际竞争的素养，正是为了学生的全面发展。

伴随着全球化的对外开放，中国学生国际理解教育越来越受到普遍重视。然而目前许多学校在国际理解教育实施上，还存在着一定的误区，比方说：为中国学生开设专门的国际理解教育课程，或者是在学科教学中渗透国际理解教育内容，再者是开展一些有关国际理解教育的主题活动等。这样的方式在一定程度上，可以让中国学生

中英数学教师交流项目

更多地了解世界，明白不同文化之间需要相互理解和尊重的道理。但在实际生活中，怎样的行为才算是真正做到了国际理解呢？只有在真实生活中，应用国际知识进行国际交往，学生的国际理解能力才能得到锻炼。因此，真实情境中体验式的国际交往活动，才是真正有效的国际理解教育。

由此可见，学校要主动寻求优秀的国际合作伙伴，建立中外友好学校关系，通过项目合作的方式，创造真实情境，为双方师生提供体验机会。师生参与国际交流活动，是实施国际理解教育最直接的手段，是促进彼此相互了解和共同发展的最佳途径。

"中英校际连线"就是国际友好学校共建项目。洋泾菊园实验学校与英国爱德华国王六世学校自2007年10月开展项目共建至今，是中英双方学校交流时间最长、效果最佳的国际合作项目。疫情期间，应用网络平台的互动交流活动也没有中断。中英校际连线项目为中英学生创造了国际交往的真实情境，让彼此了解了他们的真实生活，相互体验了不同的学习方式和学习内容，也建立了真诚的友情，在实践中不断增强双方学生开放的视野、平等的态度、包容的心胸。

除此之外，中美校际连线、中新校际连线，以及各类学生团体赴国外的研学旅行活动，都让学生体验了不同文化和地方习俗，了解了不同国家的法律和规则，开拓了国际视野，提升了他们的全球素养。

洋泾菊园实验学校国际理解教育的对象，包括中国学生和外籍学生两类主体，一是中国学生的国际理解教育，既坚守本土文化的自信，也吸收国际优质教育的理念；二是外籍学生的国际理解教育，即他们主动学习中国课程、了解中国文化、融入中国生活的国际理解教育。

如果说中英学生的互动交流，是真正的体验式国际理解教育，那么外籍学生在公办学校与中国学生朝夕相处，就是真正的融合式国际理解教育。

中国同学都会把最热情、最和善的心意传递给自己的外国同学。相互鼓励、彼此帮助的同学关系，让来自异国他乡的小伙伴们没有了陌生感，他们交到了新的中国好朋友。彼此的尊重和友好的态度，让外籍学生喜欢来上学，喜欢到学校来参加各种各样的活动，喜欢与他们朝夕相处的老师们、开心相伴的同学们。

尊重语言差异、学习差异，尊重不同国家的风俗习惯，尊重他们在饮食、民族、宗教等方面的差异，这些都让外籍学生家庭放心的把孩子送到学校，交给值得信任的老师们。共同的学习生活让不同文化背景的学生，建立起彼此尊重的交融关系，他们从小与中国小朋友之间相互理解与包容，展现了当今社会中不同族群之间国际理解与安乐共存的真实样态。

洋泾菊园的菊华院，是中外学生国际理解教育的活教材，来自不同国家学生之间的互动，成为外籍学生与外籍学生、中国学生与外籍学生之间多元交融的新生态，是中外学生国际理解教育的真实情境。坚守文化自信，吸纳外籍学生学习中国本土课程的新国际理解教育，在菊华院华彩绽放。

洋泾菊园与西方教育一样，面向世界办教育，我们全面接纳多元文化背景的学生，全身心开展国际理解教育活动，让学校成为多元文化交流与融合的实验场，成为国际理解教育的典范。

在洋泾菊园，中外学生在坚守他们本民族文化认同的基础上，相互学习相互借鉴，吸收多元化的优质营养，共同提升全球素养，因此具有双向互动和中外融合的鲜明特色。

双向互动与中外融合的国际理解教育，在当今中国是一个全新的课题，既没有前人的经验可以借鉴，也没有现成的模式可以参照；在多元交融、愉悦创新教育理念的指引下，洋泾菊园实验学校勇于接受挑战，勇于探索实践，勇于不断创新，造就了国际理解教育的新模式。

1 最美的记忆：菊园时光

——伍茜

有人说过美好的童年可以治愈一生，我想在菊园的七年至今都是我最美好的回忆。第一次踏进菊园的大门是小学一年级，已经是15年前的事了。刚入学外籍班时，我连中文都说不利索。然而在老师和同学的支持下，我渐渐地融入了菊园的生活，甚至每天都向往着上学。小学的时候我最喜欢的课是音乐课，也爱参加各种各样的课外活动。现在想来，我对表演艺术的热爱大概就是从那时候开始生根发芽。到了初中，外籍班开设了外教戏剧课，我也加入了学校的戏剧社和爱歌社，并且成为了学生会艺术部部长。六年级一次偶然的机会，我参加了中央电视台全国儿童歌曲大奖赛，并且获得了金奖，之后有幸接受邀请参加了中央电视台的《非常6+1》《少儿春晚》《音乐快递》等栏目的演出。

我非常非常感谢菊园在我兴趣爱好方面的培养和支持。也许可以说没有菊园就没有今天的我吧。上了高中，我依旧保持着对于梦想和兴趣的热爱，作为女主角参与拍摄了电影《美女与虎》，也考上了自己最心仪的大学纽约大学的教育戏剧专业继续深造。

现在，本科刚毕业的我选择了继续留在纽约大学攻读研究生。回看往事，菊园生活的一点一滴还历历在目。衷心希望母校越来越好，我也非常开心能够成为菊园大家庭的一分子。

演艺经历

2010年，2012年CCTV全国儿童歌曲大奖赛金奖

2011年《非常6+1》"非常明星"

2012年1月参加首届CCTV少儿频道春晚《龙子龙孙贺新春》节目独唱《闪亮全世界》

2010年—2013年担任"adidas"及"芝麻开门"等著名品牌服装平面广告模特

2013年1月主演好丽友"呀！土豆"tvc

第三部分
小使者从菊园走向世界

伍茜参加各类活动剧照

2013 年担任伊利学生奶粉平面广告模特

2014 年参演电影《铁血娇娃》，饰演少年阿塔

2014 年—2016 年参演电影《美女与虎》，饰演女主角公主

2015 年客串出演电视剧《功夫乐翻天》，饰演校花

2017 年与张艺兴、陈都灵共同出演可爱多海盐焦糖口味冰激凌 tvc

2018 年参演纽大戏剧教育专业出品儿童剧 *Wayside School*，饰演 Leslie

2019 年在外外百老汇剧场 Provincetown Theater 春季 showcase 音乐剧 *Damn Yankees* 中饰演 Rocky 并担任编舞指导

2019 年参演纽约大学戏剧教育出品年度大戏音乐戏剧《四川好人》，饰演男孩/神父

多元交融，愉悦创新
小留学生在菊园

2 从世界到菊园，从菊园走向世界

——来自"一带一路"的俄罗斯男孩 Emil

在王涣文校长看来，不少从洋泾菊园走出的外籍学生心中都有着浓浓的中国情怀。俄罗斯男孩 Emil 从洋泾菊园毕业时已经是个"中国通"了，甚至还能听懂上海话。他有一个心愿：将来要从事"一带一路"国际交流相关的专业和工作，搭建中国和"一带一路"国家的沟通桥梁。Emil 的心愿也是众多从这里走出的外籍学生的缩影。据统计，近年来，来自俄罗斯、越南、乌克兰、乌兹别克斯坦等"一带一路"国家的外籍学生越来越多地来到洋泾菊园。这些在洋泾菊园学习中国课程、中国文化的国际学生们将来或许就是"一带一路"各个国家的优秀人才。

——摘自《上海教育》2018 年 8 月 28 日微信报道

"中国通" Emil

我是来自俄罗斯的留学生,初中四年都是在菊园度过的。这四年,在老师的悉心培育下,我克服了困难,学会了拼音,学会了中文,甚至上海话;同时我也交了很多中国朋友。初中毕业后,我也完成了俄罗斯高中教育并通过了高考。带着那边的高考成绩,菊园老师给我的中文、英文语言知识以及自己的美术作品考上了上海的同济大学。

学会了三种语言的我,将来想为中国和"一带一路"国家搭建沟通的桥梁作一点微薄的贡献。

(Emil,2018届俄罗斯学生)

多元交融，愉悦创新
小留学生在菊园

3   中国，我的第二故乡
——你们的日本朋友井内英人

2019年5月我的一篇《心无障碍》习作，有幸刊登在日本杂志《人民中国》上，它记录了我在上海四年间的所见所闻，在菊园的所感所想。

心无障碍

事情发生在大约去年的这个时候。而我也清楚记得，母亲对于我哭诉着说"我，现在就想回到中国去！"不仅仅是感到困惑，更是展现出一副不可思议的面容。

作为一个东京出身，国籍日本，父母都是日本人，在这之前都跟中国扯不上一丁点关系的我，对于中国，我似乎并不是"想要去"，而是有一种中国是我的故乡的想法。大家似乎惊讶于我产生出这种"想要回去"的表达方式。然而对于我自己来说，"想要回

日本校友井内英人

第三部分
小使者从菊园走向世界

《心无障碍》原文

去"这样的一种说法,并不是经过什么样的思考得出的结论,而是单纯自然地说出来的话语。

　　那段时间,刚回到日本,虽然也拼了命习惯了日本中学生活,并且还有中考需要应对,精神上确实可能有不安定的情况存在。但是,经过了一年,到了现在可以很肯定地说,我内心的故乡在中国,这样的想法我以后也会永远存在,而给我带来这种想法的正是我在中国的生活。

　　其中的理由,是这样的：在 2014 到 2017 年整整 3 年间,因为父亲工作的关系,母亲、弟弟还有我都在上海生活。父亲工作调动决定之后,我们就计划了在紧挨着日本人学校的公寓入住,每天步行去上学。但是,跟日本人学校面谈的结果却是弟弟合格了,我没有合格。理由是因为我的身体有残疾。在日本,我跟大家一样普通上着学,我和父母本来也以为没有什么问题可以编入学校的,然而事实却不是这样。从高层的公寓往下眺望楼下广阔的日本人学校:"这里不是日本,这里是中国,这是没有办法的事。"我只能这样劝导自己。

然而,正是那样被日本人学校拒绝的我,最终竟然被一所上海本地的市公立学校热情接纳了。学校的王校长告诉我说:"在中国这是义务教育,每个孩子都有接受教育的权利,所以即使是希望明天开始,你也可以来上学!"当然,对于我身体残疾相关的事情,校长和其他老师完全没有过问。

学校里的课程都是中文授课,最初的时候我完全不懂老师所讲的东西,一切的一切对于我来说都是陌生的,每天都非常新鲜也非常激动,心脏扑通扑通地跳个不停。最好的事情是,和我预想的完全不同,大家对我非常和善,我有困难的时候,同学们都会聚集过来给我很多很多帮助,这也让我感觉有点不好意思,但是我也非常感激大家!当因为感激想对大家说些感谢的话语的时候,大家也都回复说:"没事,没事!"现在每

井内英人在菊园

一次回想起来，我真实地感受到了在上海上学的这段时间、这些日子里发生的种种事情，有一些甚至很细微的小事给我带来的精神上安慰和克服困难的勇气，支持着我的生活。同时，我还交到了像我家人一样可以交往的朋友。

此外，不仅仅是学校内的学习生活，在地铁上，公交上，经常有当地人给我让座位照顾我。有时我没有注意到，甚至有人会拉拉我的衣服，给我座位让我坐下。还有，有时还会听到说"多吃点豆子"之类关心我、给我各种建议的温暖的声音。在日本我还未曾被让过位子，更何况，完全的陌生人，担心我身体还能给我饮食上建议的更不会有的。在上海发生的这些事情，现在每次回想起来，我都会不由自主带着微笑的神情。

上海，不仅仅是在中国，也是在世界上的大都市。马路、人行道等设施非常完善，地铁也都配备了无障碍电梯、站台安全门等，对我而言能真实地感受到设施无障碍化在不断完善中。但是，相比这些，我更加能感受到的是，不论是语言交流障碍的时候，又或者是我需要无障碍设施的时候，这里没有也不会让我感到烦恼的状况。在我看来，可以给我带来我自己希望的自在生活的，或许正是中国人心中那"真正的无障碍"品质！

我现在在日本的高中学习中文。今年暑假准备拜访朋友，去北京进行家庭寄宿。我刚发出了请求之后，就立刻收到了两个"了解"的回复。当机立断是我认为中国人优秀的特点。将来，我想从事的工作，就是要让大家了解中国人本质上的好！

（本文翻译者为洋泾菊园实验学校2011届毕业生陈剑立，现就读于日本东洋大学）

文化纽带

2017年，回到东京就读高中的他学习中文的热情依然高涨，他总是会用中文在微信圈和远在上海的我们，分享他在东京的学习生活和文化游历，仿佛他依然在菊园和我们一起。

4 校园因交融而精彩，课程因互鉴而丰厚

2016年12月6日，中英高级别人文交流机制第四次会议在上海举行。当天下午，带队访华的英国前教育大臣、国会议员贾斯汀·葛林（MP Justine Greening）女士特地到访上海市洋泾菊园实验学校。

2007年11月，当时的浦东新区社发局邀请了一批英国优秀公办学校校长来访，安排了"中英校际连线"中英校长见面会，上海市洋泾菊园实验学校与英国爱德华国王六世学校（King Edward Ⅵ School）一见钟情，双方表达了合作交流的迫切愿望。2009年1月，在浦东新区社发局和英国驻上海总领事馆的支持和见证下，两校共同签署了"中英校际连线"合作备忘录，正式结为国际友好学校。

14年来，上海市洋泾菊园实验学校与英国爱德华国王六世学校合作共建，取得了丰硕成果。

项目引领，优化学生学习方式，提升学生高阶素养

上海市洋泾菊园实验学校与英国爱德华国王六世学校合作共建的核心项目是"梦想与团队"。该项目宗旨是培养学生领导力，通过学生社团活动开展综合课程建设。

1. 梦想与团队——社团实践活动，锻炼学生领导力

两校相识后，马上开始了项目合作的准备工作，成立了中英学生笔友会，在项目组教师的指导下，通过电子邮件的方式，让中英学生相互认识、相互交流。2009年1月两校正式签约后，当年就开启了互访活动。在爱德华国王六世学校的实地观察和学习体验，让菊园师生深受启发，学生社团活动及领导力课程，是该校提升学生综合素质和领袖气质的秘密武器。

回来后，学校项目组对原有学生兴趣小组、运动队等进行了梳理，升级为"梦想与团队"学生社团联盟，以"创建一个团队，提高个人才艺，开展志愿服务，实现人生梦想"为目标，组建了艺术、人文、体育、科技、公益服务等五大社团组织，设计开发了《学生领袖手册》《教师指导手册》《学生领导力社会实践手册》等管理手册，社团数量

也由10多个发展到近50个。同时,针对学生社团指导教师和学生社团领袖,每学期项目组都设计和开展系列化主题培训,帮助指导教师和学生领袖带领团队开展社团活动。

　　社团综合实践活动既有全纳性,也有各自的特色。全体初中学生都参与社团活动,20%左右的学生在各类活动中起到策划、组织、实施的关键作用,其沟通交流、团队合作、自主管理等领导力得到充分锻炼;60%左右的学生加入了各类社团活动,提高了梦想与目标意识,责任心和自信心不断增强;对缺乏参与意识的学生,也为他们创造锻炼的机会。学校为社团创设提供平台,社团学生不仅可以代表学校参加各类竞赛,也在接待、宣传等活动中展示风采。

　　2. 影子小伙伴——学科探究活动,培养学生创新力

　　随着双方的深入了解,我们不断发现各自不同的长处,交流不再局限于学生社团活动,自然而然拓展到了科学、地理、历史、语言、数学等多学科的交流。特别是上海在PISA测试中取得世界第一的佳绩,中国学生的数学优势吸引了英方学校主动提出向我们学习数学教学,并派出数学教师团队前来取经。

　　其实,在每次赴英交流活动中,菊园学生都会走进英国学校课堂。为了方便中英学生在异国他乡的学习生活,"影子小伙伴"活动应运而生,他们结对子并如影随形,体验不同教师、不同语言、不同课堂、不同课程的浸润,还会相互陪伴体验不同的家庭生活和社会生活。英方学校生动的学科教学方式,让菊园师生耳目一新。杰夫校长亲自执教《威尼斯商人》,情境化的课堂演绎引起了师生的共鸣;历史老师从爱德华国王六世学校的建校背景导入,将学校历史与英国的发展史融为一体;地理课的学习空间走向了大自然,让学生们带着问题和任务,实地考察水土流失的海岸,了解人类对大自然的破坏作用,结合书本知识去思考如何解决问题,这些都让学生对学习充满兴趣。探究性、项目式、任务型等学习方式,让学生将生活实际与知识学习关联起来,启迪学生创新精神和实践能力。

　　"影子小伙伴"不仅是"跟随小伙伴去上课"那么简单,这既是精神上的互相支持,也是生活中的相互陪伴,更是学习中的相互交流。

　　3. 世界小公民——主题拓展活动,提升学生国际理解力

　　随着了解的不断加深,为学生提供更多的学习机会,拓展更多的交流主题,成为双

方共同的迫切愿望。每年的交流活动，在培养学生领导力这一规定动作的前提下，双方经过讨论，再增加一个对学生有帮助、有价值、有意义的主题。戏剧与艺术、演讲与辩论、信息与科创、生涯与劳动、数学与科学、语言与人文等多领域、多主题的双向互动，如火如荼地开展了起来。

比如2019年的中英校际连线，我们发现英国非常重视学生生涯教育，并且有长期的实践经验。经过讨论双方发起了"中英学生生涯发展路径"的交流主题，通过学生问卷、师生访谈、职业体验、职场调研等形式，调研中英学生生涯教育的异同，中英职场人士生涯发展观的异同，引导学生在国际视野下思考未来。

随着交流主题的不断拓展，英方学生赴中国交流的热情与日俱增，客观正面理解中国文化与当代中国现状，与中国同伴结下了深厚的友谊。同时，菊园学生在交流活动中，提升了语言交际、团队合作、同理心、胜任力等素养及国际理解力。

4. 大手牵小手——校园志愿活动，增强学生社会责任感

爱德华国王六世学校经常会安排中学生到他们附近的小学，带领小学生开展一些体育、智育、美育等活动，目的是为了锻炼学生的领导力，培养他们的社会责任感。

洋泾菊园是九年一贯制学校，初中生不用出校门，就可以带领小学的弟弟妹妹开展活动。项目组策划了每位初中学生每学期至少参加一次到小学部的志愿者活动。首先是做小辅导员，培训一、二年级小学生儿童团少先队的知识，带领小学生开展入团入队活动；其次是做小先生，在元宵节、端午节、中秋节、重阳节等传统节日来临之际，班级结对子，给学弟学妹上中华传统文化课；还要做小教练，在学校的艺术节、体育节、科技节等主题节日中，带领他们开展各种主题活动。

在每年的赴英交流期间，洋泾菊园的"小先生"也会为英国小学生设计许多大手牵小手活动，用"九九乘法表"教数学，用"象形文字"教汉字，用"中国儿歌"教汉语，用"功夫表演"教健身，让英国小学生了解中国文化并充满向往。

文化交流，拓展学生学习时空，提升学生全球素养

14年来，借国际友好学校共建之机，双方也成为了中英文明的传播实践者、积极推动者。

1. 人文之光——传承历史文明，共享人类智慧

菊园学生到访英国学校，多次欣赏、体验英国现代舞、古典芭蕾、戏剧、现代服装设计、抽象画等；英国学生到访上海，也会学习中国文字、书法、剪纸、民族舞、戏剧、武术（如太极拳），了解民乐、舞龙、舞狮、中国画、京剧脸谱、刻纸、藏书票等。

2016年，菊园师生赴英之际，正值莎士比亚逝世400周年纪念季，项目交流主题为——"纪念莎士比亚&汤显祖，走近经典戏剧"。菊园学生带去了中国戏剧大师汤显祖及其代表作《牡丹亭》的第十出"惊梦"以及英文版莎士比亚戏剧《威尼斯商人》的第四、五幕。菊园学生演绎的京剧花脸唱腔，"以形传神、形神兼备"的生旦净末丑京剧脸谱秀，诠释了中国国粹的魅力。

2. 家乡之游——组织社会考察，见证时代变迁

在中英友好学校共建交流活动中，我们积极展示当代上海的文化精神。"一百元游上海"中，中英师生乘坐磁悬浮、摆渡船，骑着共享单车，穿梭在城市的大街小巷，探究他们的课题"真正的上海"。古老的豫园、朱家角、七宝古镇、松江广富林遗址，现代化的上海中心、世博会场馆、进博会展馆等，让他们由衷赞叹：上海是一座有着深厚历史底蕴的现代文明之都！

此外，菊园学生们还深入英国社区，传播中国文化。例如，在英国萨福克社区，学生们采访当地居民对中国文化的了解程度，并赠送他们中国风的小礼物。学生们通过调研发现，不少英国人不太了解中国文化，这正说明中英交流的必要性，从而增强了学生们做文化使者、不断提升中国文化影响力的使命感。

3. 温馨之夜——深入家庭访问，体验幸福生活

在中英家庭温馨夜活动中，师生们深入体验了不同的家庭生活。在"上海家庭温馨夜"中，英国师生第一次走进了菊园师生的上海人家，传统与现代相结合的人文气息、多元交融的家庭氛围给他们留下了深刻的印象。中英"临时家庭"同游石库门，听居民们拉家常，参与制作传统美食饺子、馄饨、汤团，体验书法、茶艺、武术、做香囊，零距离感受上海人的家庭文化。

在"英伦之家"，我校师生走进英国友好学校师生家庭，领略私人庄园，DIY当地传统菜肴，体验英式生活，了解英国家庭成员的相处模式，同时也参与了喂马、打保龄球、英式桌游等"家庭总动员"式的娱乐。中英家庭温馨夜活动是中英友好学校共建亲如

家人的折射。

4. 才艺之秀——搭建交流平台，促进友谊发展

中英友谊赛是交流的传统项目，比赛涵盖篮球、足球、橄榄球、板球等。2011年，英方老师特地带来了该校刻有历届优秀学生名字、见证学校百年历史的"冠军"银杯以资鼓励。从此，"冠军"银杯往返于中英两校，见证着两校共建的友谊。此外，英国师生也体验了抖空竹、踢毽子、跳长绳等中式传统体育项目。

2017年，正值洋泾菊园20周年校庆暨中英友好学校共建10周年纪念庆典之际，中英学生通过线上沟通、实地排练，同台表演了中国武术和汉唐风韵舞蹈《风中月》，为庆典画上了浓墨重彩的一笔。2018年，在爱德华国王六世学校的校园开放日中，菊园学生开设的中国教室，吸引了很多英国学生和家长的到来。学生们教授他们中国文字，根据英文名为他们精心构思中文名字，表演蒙古族舞蹈……中国文化教室成为英方学校校园开放日最受欢迎的教室。

习近平主席曾说："文明因多样而交流，因交流而互鉴，因互鉴而发展。"洋泾菊园与爱德华国王六世学校14年的交流共建，让彼此收获所需，让学校特色发展，让学生素养提升，让教师专业成长，在区域内也引发了蝴蝶效应，上海市洋泾中学、立信会计附校、吴迅中学、东昌东校、杨思中学、洋泾外国语学校、大桥小学、进才中学国际部、华二国际部等兄弟学校纷纷参与了我们的交流互动。爱德华国王六世学校的两任校长均表示，与洋泾菊园实验学校的共建，拓宽了该校国际化视野，凸显了该校在英国的办学特色。

关注领导力，提升执行力
——2015年伙伴研修项目培训总结

一、伙伴研修项目概述

1. 研修背景

2015学年第一学期，在上海市教委人事处和国际交流处、上海市师资培训中心的精心组织和周密部署下，上海市洋泾菊园实验学校三位管理干部组建的伙伴研修团队，赴上海市外籍人员子女学校——协和国际学校，参加了为期三个月的研修学习。

2. 研修目的

本次伙伴研修项目活动的开展，是上海市教委该项目的第二轮实施，是为上海具有国际化特色的公办学校提供的体验式的学习机会，是了解和借鉴其他国家先进教育理念和管理方法而搭建的平台，为与国际学校建立长期友好交流关系奠定了基础，为上海公办学校和国际学校双向学习创造了条件，是多维度教育培训，也是开展比较教育研究学习的实践探索，为办好学生家门口的好学校，开启了一种新的培训模式。

3. 研修团队

本次参加伙伴研修项目由三人组成，上海市洋泾菊园实验学校校长王涣文、国际部主任浦咏晴、国际部副主任兼小学部德育教导厉一文。申报项目时，学校讨论分析研究决定，除了校长之外，要选派学校在国际化办学方面的管理人员参加这次难得的研修活动。目的是为了学有所用，在未来的学校改革中具有顶层设计的能力，为适应时代对教育不断发展的要求而创新教育，提高管理人员的领导力。

4. 伙伴学校概况

上海协和国际学校创办于1998年，是一所12年一贯制的美国教会学校，由小学部、初中部、高中部组成，还有运营部主要负责接待、招生及校园文化建设，信息技术支持部负责学校各部门的网络运用及软件支持平台。教学部门与服务部门的界限非常清晰。目前学校有学生1 180名，来自世界各地。学校使用的交流及教学语言是英语。

5. 伙伴学校总体印象

上海协和国际学校是一所位于浦东新区碧云国际化社区的外籍人员子女就读学校，也是一所非常典型的美国教会私立学校，但是也有许多与美国本土私立学校不同的特色与做法，教育教学质量高端，外籍家长的认可度较高。

二、办学特色与学校亮点

（一）教师专业发展及校本研修

1. 网络课程是教师自主研修的重要方式

第一天正式的培训开始了，参观完校园之后，协和国际学校初中部的执行校长克瑞斯把我们领到了图书馆，坐在了苹果一体机前，打开了网页后告诉我们，所有到学校来工作的人员，也包括我们这些短期见习教师，必须首先学习美国法律方面的网络课程——预防对未成年人的"性骚扰"安全知识讲座。讲座一共有9个视频组成，收看学习完了9个视频讲座，还有24道题目等着我们去完成。做完这24道题目并且成绩达标，给我们每人颁发了一张合格证书。网络课程的教师培训形式是协和国际学校经常性运用的一种培训方式。

2. 职业规范是教师专业培训的首要内容

协和国际学校为我们三个人制作了工作证，工作证上的身份是实习教师，进入校园必须在校门口刷卡，看来学校的安全保卫工作的确非常严格。学校还要求我们提供由上海公安机关开具的"无犯罪记录"的证明，这让我们很惊讶。但是回想起学习过的网络视频课程的主题"预防校园'性骚扰'"，就很容易理解这样的做法了。课程中提到了美国性骚扰的现状是怎样的？我们在性骚扰理解方面有哪些误区？如何教育孩子免受性骚扰的伤害？如果发现了性骚扰或怀疑可能要发生该如何应对？等。这让我们认识到，学校必须把好孩子的人身不受任何侵害的关。无犯罪记录并不是针对某个人的做法，而是学校管理中对每一个在学校里工作人员的规范与要求。

3. 专业引领是教师团队建设的突出特点

学校负责招聘教师的人员告诉我们，教师招聘时要选拔能适应上海生活和工作的教师，选拔在价值观方面能够认可学校文化的教师。

教师团队一般分为两个层次，一个是基于学科的年级团队，相当于我们的备课组，一个是整个初中部的学科团队，相当于我们的教研组。备课组活动主要是集体讨论教学进度及教学中需要解决的问题，教研组活动主要是设计学生评价方案、分析教材、出试卷、组织考试、分析试卷等，通过发现的问题找出学困生，提出教学改进的建议，设计解决问题的方案等等。

初中部还有两个重要的人物，即学科导师，也可以叫做教学顾问，一个是分管数学与科学学科的教学的，一个是分管英语和社会学科教学的。两位教学顾问会收集、整理与分享教学资源，设计教学环节，带教新教师，给教师上示范课等。整个初中部还有一个总的导师，不仅要管理这两位学科顾问及四个学科，还要管理外语、艺术、体育等学科的教学工作。

4. 培训福利是教师专业发展的激励机制。

初中部的行政管理部门还要做的一件重要的事情就是安排教师的学习培训工作。学校会为每位教师提供每年1500美元的培训经费，培训的内容既有校内培训，也有外出学习。校内培训一般由部门或教学顾问来设计主题、安排内容等，这与国内学校的主题教研活动很相似。同时，学校还鼓励教师为提高学历水平和专业水平参加校外的各类培训与进修。每位老师的待遇与他的工作年限及专业水平挂钩，学历水平是专业水平的主要标准，最高级别是博士学位。学校鼓励每位老师学习进修，如果取得了博士学位，学校可以为他提供学习所需要的全部经费。

（二）课程建设及学生评价

1. 课程设置

第一，必修课程。协和国际学校五至八年级的课程设置大致可以分为必修课和选修课两类。必修课被称为核心课程（Core），分成三大类：数学和科学，英语和社会学，外国语。一个核心课程一般会安排两节课连上，每节课45分钟，两课中间休息5分钟，在相对较低的年级（五、六年级）基础性的课程（数学和英语）学生一般是整班上课，同一班级内同时上课的学生人数较多，一般为20人左右。相对较高的年级（七、八年级）学生开始分层学习，不同的老师面向不同层级的孩子在不同的教室上课，同一教室内同时上课的学生人数较少，一般为9人左右。

第二，选修课程。选修课程通常为体育课、艺术课、外国语。这些课程的选修项目非常丰富：体育课的内容涵盖了田径、球类和游泳等多个项目。艺术的内容也很多，有传统美术、电脑制图、泥塑、乐器类和戏剧等等。

2. 学业评价

第一，学生阶段性学术评价。各学科任课老师会在教学顾问的指导和团队协作下，制定一份本学科的学生学术评价框架。内容会因学科和年级而有所差异，通常会涵盖三方面的内容：学习习惯（表格式）、学习要点达成度（表格式）、评语式。在学习习惯表格中会详细罗列评价指标名称：学习准备、学习过程、课堂参与、时间管理、小组活动、及时努力完成学习任务、自主学习等，会使用偶尔、有时、经常、坚持等标准化语言进行评价。在学习要点达成度方面的评价则使用达到、基本达到、未达到等标准化语言进行评价。在评语中，会用一段鼓励性但也不失客观的语言来评价学生。

第二，学生日常行为评价。学校为每位学生建立了电子档案，每位教师都通过Aspen系统与家长、与学生、与校长建立直接联系。对于每个学生每天在校的表现，教师都可以记录并选择与家长、校长进行联络，并选择合适的管道对学生进行有针对性的教育。学生主要是用作业来进行平时学习的评价的。作业主要分为两类，一类是平时的日常性作业，另一类是当堂要完成的作业。不管哪一类的作业，都是要按时完成的。如果不交作业或不按时完成作业，就要找本人谈话，或采用取消其他活动来惩罚，严重的还要记录在本人的学习表现评价中。如果有抄袭别人的作业的问题，那将是很严重的问题了，是欺骗行为的一种表现，惩罚措施也非常严厉，甚至会被开除。看来美国的诚信教育并不仅仅是德育部门的事情，而是渗透在学校生活的每一个环节中的，日常学习过程是诚信教育最重要的方式。

（三）学生社团建设及领导力培训

1. 学校顶层设计，专业团队管理

学校的核心课程（Common Core Curricular）以 Core 为教学单元，其中的共建课程（Co-Curricular）由社团（Clubs）、体育运动（Sports）及社会实践教育活动（Educational Visits）组成。CCA在设计时，充分考虑了学校整体而全面的育人目标，既根据学生需求，又考虑教师的教育背景，整合教师团队的优势资源，梳理形成了一年三期的CCA课程。教师需完成一年15到30小时的社团指导教学任务，学生按个人兴趣在网上报名参加一个社团。CCA的管理教师，在校园网上公布每个社团的课程介绍，以方便学生和家长了解社团活动内容和时间等,为作出最好的选择提供便利。同时对于报名学生减少,运作质量不高的社团,学校会采用淘汰机制进行 CCA 课程更新,使 MUN、Master Chef 等明星社团发展得越来越好,极大地提高了学生的参与兴趣。

2. 年段衔接,整体规划

上海协和国际学校是一所有小学部、中学部、高中部的学校,在 CCA 课程设置上同样考虑到课程的年段衔接,有利于学校全面育人目标、课程一体化的落实。初中部的社团课程在设置的同时,参考了高中部的社团课程需求,衔接高中部开设同样的社团课程,在初中部预设的社团课程方案中,会重点扶持和着力开发高中社团课程所需要的类型,注重初高中的衔接,对学生的知识能力的长期培养目标明确,途径更加通畅。

3. 打造明星社团,培养学生领导力

上海协和国际学校在学生领导力的培养上,是通过学生社团来培养和锻炼学生的领导力的。学生大使社团(MS Student Ambassadors)的成员是经过推荐选拔的方式产生的。高年级的大使学生会与新同学一对一结对子,帮助新学生尽快熟悉校园环境和学校生活,为新学生尽早适应校园学习生活,建立学习自信心而付出努力。学校还通过更加直接有效的团队小组结对学习的方式,邀请高年级学科能手帮助低年级段的学生补习数学、科学等功课,锻炼他们的管理能力、指导能力等等,实现两部分学生互赢的效果。明星社团——模拟联合国(MS MUN)全面锻炼学生的组织策划、演讲能力、提升对时事政治等敏感度和关注理解力,全球公民意识通过 MUN 社团得以加强。

除此之外,学校还会邀请国际上在学生领导力培训方面的专家和团队,开展学生领导力的专题培训。

4. 借助社会力量,提高社团专业化水平

社团设置既考虑学校发展需求,也满足学生培养的需求。体育运动类社团是最受学生欢迎的社团和俱乐部,大约占到了全部社团的 70%。依靠学校资源,能基本上解决球类、田径、舞蹈等社团需要的人力物力资源。但是对于 Biking 这样的社团,就需要社会力量和专业团队的支持和配合。Biking 社团的产生得益于学校对教育社会实践活动(Educational visits)的反思,在社会实践活动中有些活动需要学生骑自行车考察体验,而对不会骑自行车的学生而言就会失去学习的机会。为什么不让学生们在活动前都学会骑车呢？这样的反思促成了一个新的社团的诞生。针对不同技术水平的学生，分为基础社团 Biking01 和花式社团 Biking02，满足了不同需求的学生需要。由于学校没有这方面的资源，就引进了销售和培训自行车骑行的专业商家来合作，既解决了社会实践活动中的困扰，又提升了社团的专业化建设水平。

三、研修收获与努力方向

1. 职业规范培训是依法办学的首要任务

无论是长期工作人员还是临时参访人员，学校都对其个人语言和行为有规范的要求；无论是学校的管理还是培训，首先要把保护学生人身安全的主题放在第一位，教师的培训也首先要进行职业规范的培训。学校作为未成年人学习和生活的重要场所，首先应该保障青少年在学校的人身安全不受侵犯，这一点协和国际学校的做法可圈可点，是值得我们学习的。

2. 智慧校园建设是现代化学校建设的必由之路

学校全面应用信息技术进行管理，学生管理也全方位采用电子平台软件。克瑞斯告诉我们，美国的大部分学校基本上都是应用电子平台软件来管理学生的。特别是学生评价系统——Aspen 系统，具有评价的科学性和及时性。在专业教学指导（Instructional Coach）的协助下，评价指标和评分体系都得到了最科学化、最人性化的设计。学生的每次学科作业或测试，都在数据分析师（Data Analyst）的指导下，引导教师做科学分析，使教师和学生都能够明确学生在学科学习中存在的优势和问题。信息技术如何运用到学生管理，美国学校走在了我们的前面，也是学校管理现代化的重要标志。

3. 自主学习和合作学习的分层指导是课堂教学的重中之重

在初中部低年级的课堂上，教师会采用先集中后分散的学习方式来开展教学活动，老师会把孩子们先集中在讲台和黑板跟前，开展新授课的讲解。新授课讲解完毕后，老师会马上给学生布置学习任务，孩子们就回到自己的座位上进行自主学习或小组讨论学习。同时，老师会不停地观察每一个孩子的学习过程，了解和帮助他们解决在学习过程中遇到的问题。在教学的某个环节上，教师也会为学生提供的一个网络空间，学生通过访问网络资源开展相关内容的学习，或是解决相关的学习问题。高年级学生的学习，更是针对不同能力层级的孩子由专任老师提供更加有针对性的学习指导。看来，在课堂教学中关注每个学生的学习，不应该注重孩子发了几次言，而是更应该注重学生在自主学习和合作学习中遇到了困难该如何指导他们去解决问题。

4. 开放性与个性化作业设计是拓展思维提高能力的有效途径

老师通常会在新授课后，给孩子们一份学习清单，学生需要在老师提供的学习材料或者网络空间里寻找清单上所有问题的答案。作业的设计也常常是开放性和个性化的。比如语言课上，老师给孩子们布置的作业是写一个故事，作业的形式是连环画配文字，评分标准包括：故事的完整性、故事的情感内容、故事的时间跨度、积极的中心思想、拼写和语法等五个方面。当老师把学生完成的作业在教室中展出时，每一个作品后都附上了老师依照评分标准的五方面要求而打出的分数，学生对自己作业在五方面的优缺点就一目了然了。美国学校的教师大都比较擅长设计开放性和个性化的作业，也非常重视优秀作业的展示和点评，作业完成的质量高低正是学生学习能力高低的外在表现。

5. 日常性学生评价是教师教学反思的直接依据

学生在课堂上对学习任务的掌握情况，我们往往用布置作业、上交作业、批改作业、发现问题的流程来了解。在协和国际学校，下课时学生在走出教室之前，每个人都要把一根木棍贴在教室门的背后，门板上有三种颜色划分的区域：绿色区域、黄色区域、红色区域。绿色区域代表本节课的学习任务完全理解和掌握了，黄色区域代表还有部分问题不理解或没有掌握，红色区域则代表基本没有理解和学习有困难的。学生对自己的评价可以给教师及时提供信息，教师可以依据学生对学习任务的掌握情况及时调整教学进度和教学难度，以提高教学质量。

6. 岗位设置专业化是提高工作效率的科学方法

在协和国际学校工作的人员可以大致分为教学顾问、学科教师、学生顾问、管理人员、行政人员、服务人员、工勤人员等。学校的管理人员一般是不上必修课的，但是一些有特长的人员会开设学生社团微课程或指导学生俱乐部工作。克瑞斯是初中部的执行校长（副校长），他曾经是体育教师，所以他担任了学生棒球俱乐部的带教导师，经常会带领棒球队去参加在中国举办的国际学校棒球联盟的比赛。行政秘书是不上课的，她们的日常职责就是帮助校长及执行校长打理初中部各种各样的事务性工作。学校岗位的专业化能够让每个人更加专注于岗位职责,更加集中精力完成好本职工作。

7. 学生社团建设是培养学生领导力的最佳平台

学生领导力的培养常见于欧美学校,学生领导力也是 21 世纪世界公民的基本素养之一。学生借助团队的力量,共同开展社团活动,共同服务于社区和社会的意愿能够实现。所以,通过社团来锻炼学生领导力、执行力、沟通协作力、创造力、跨文化能力等,从而强化学生信心,树立积极向上的人生观和价值观,培养他们是社会责任感,是学生社团建设的积极意义。作为社团建设的 CCA 课程的评价非常重要,因为社团是否能够延续下去,CCA 课程的评价会为指导教师提供改进的依据。当然,社团管理人员会非常人性化地与社团指导教师进行面对面的沟通,共同分析社团存在的问题,积极寻求改进对策。

(王涣文)

第九章

新国际学生教育：扎根本土与对外开放

多元交融，愉悦创新
小留学生在菊园

在浦东开发开放的30年里，大量来自世界各国的高层次人才来到中国工作和生活。对于那些携子女一起到上海生活的家庭来说，上海给他们家的"小留学生"提供的教育服务水平怎么样呢？

《上海教育》资深记者官芹芳在深入探访了洋泾菊园实验学校后，找到了自己想要的答案。

官记者在报道中写到：浦东新区外籍学生最多的义务教育公办学校——洋泾菊园实验学校，小留学生在菊园学习完整的中国本土课程，老师是菊园自我成长的中国本土教师；菊园可以为上海公办学校教育质量代言，是基础教育阶段公办学校对外开放的有益探索。洋泾菊园实验学校在探索国际教育的一种新形式，即外国学生学习中国本土课程的国际教育。

以本土开放和文化自信为特征的新国际教育，教育部党组书记、教育部长陈宝生在党的十九大记者招待会答记者问时，是这样展望的——他说：到2049年，中国将成为世界各国人民向往的留学目的国，各国将有意愿和中华文化实现交流融合；中国版的教材，汉语发音的教材将走向世界。

洋泾菊园外籍学生学习中国课程的典型案例，印证了陈部长的展望是有迹可循的。

洋泾菊园的新国际教育形式，即外籍学生用汉语学习中国本土课程。在2020年第十七届上海教育博览会上，作为典型案例，以视频形式进行了展示。在浦东教育访谈中，对洋泾菊园本土教育与国际教育双向融合的特殊案例，作为中国国际教育的第三种形式进行了诠释，即外籍学生在中国的公办义务教育学校就读，以中文为母语完整的全日制学习原汁原味的中国本土课程。与会嘉宾、著名中国学者鲍鹏山教授有感而发，他说，过去大部分情况都是我们的学生用外语向西方学习他们的课程，洋泾菊园实验学校的外国学生学习中国课程的模式，是不多见的国外用中文向中国学习我们的课程，这在当代中国具有开创性的意义和价值。

教博会浦东教育访谈——洋泾菊园作为中国的第三种国际教育模式的典型案例播出后，也引起了媒体的极大反响。2020年10月5日，澎湃新闻浦江头条《外籍学生用中文全日制学中国课程，来看上海浦东教育对外开放》，将洋泾菊园国际部——菊华院里汉语教学的中国课程，看作是浦东教育对外开放的缩影。

猜一猜中英双语灯谜

以往，社会关注更多的是来华留学的高等教育项目，实际上来华的小留学生数量也在不断增加。伴随着改革开放和不断发展，面对日益国际化、多元化家庭教育的需求，为国内家庭和国际家庭提供优质的本土课程和中国教育，成为了义务教育学校的双重任务，也体现了公办基础教育对外开放的文化自信。

习总书记高度重视教育对外开放，他曾在一些重大场合，多次向世界宣示中国将扩大教育开放。全国教育大会也为新时代教育对外开放描绘了宏伟蓝图，做出了顶层设计。《教育部等八部门关于加快和扩大新时代教育对外开放的意见》也明确指出，加快推进教育现代化建设教育强国的目标任务，就是要打造来华留学重点项目和精品工程,多措并举推动来华留学实现内涵式发展,要做强留学中国品牌。

洋泾菊园的外籍学生中,一部分具有华裔背景,这样的家庭本身就对中华文化有强烈的认同感和归属感;还有一部分是中外联姻的国际家庭,父母双方在子女的教育归属中,中方越来越有优势,这与中国的日益强大有着直接关系;而完全的外籍人员家庭,特别是"一带一路"国家家庭给予子女的教育选择,完全可以选择西方文化的外国课程学习,但是他们放弃国际课程,选择中国课程汉语教学,读公办学校。究其原因主要有:一是与他们所从事的工作有关,比如在上海的俄罗斯籍家长,主要从事领事馆、贸易、法务、旅游等工作,掌握汉语交流、了解中华文化,会极大地方便开展业务,提高工作质量和效率;二是在工作生活中,他们发现中国的发展充满活力,他们对中国未来越来越有信心;三是"一带一路"成员国的家庭,对中国倡导的人类命运共同体有极大的认同感和美好期待。

外籍学生家长也欣喜地发现,中国公办学校的教育质量越来越好。随着上海教育改革的不断深入,学校积极推进素质教育,以人为本促进学生全面发展,特别是在PISA测试中名列前茅,充分证明了上海教育在世界上也是占有领先地位的。

自古以来,中国就秉承有教无类、因材施教的育人理念,洋泾菊园菊华院针对外籍学生的本土教育开放,是多元文化交融的愉悦创新,是探索中外融合的新国际教育,更是中国文化自信的具体体现。

1 "国宝探秘——赴一场'青花瓷'之约"主题式综合课程(2019)

【方案篇】

参与人员：菊华院全体国际学生　活动安全小组成员（详见附表1）

活动时间：

12月23日　优秀国际学生颁奖仪式

12月24日　参观"震旦博物馆"（每场参观人数有限制，故安排如下）

三、五年级　　10:00—11:15

一年级　　　　11:30—12:45

二、四年级　　13:00—14:15

活动地点：1.校园各教室；2.震旦博物馆

活动主题：国宝探秘——赴一场"青花瓷"之约

活动目的：

1. 通过各学科联手，让这些来自世界各地的孩子了解到"青花瓷"是中国陶瓷史上极为重要的品种，通过"丝绸之路"传播到了欧洲、亚洲、非洲等地，备受世人喜爱。

2. 借圣诞节之际，通过亲子活动，让来自世界各国的学生和家长，共同参观"震旦博物馆"中珍藏的佛像、玉器、青花瓷器，达到艺术欣赏、教育推广、多角度地了解文物内涵，了解中国热爱上海。

活动准备：

1. 11月30日前，与"震旦博物馆"进行详尽沟通，了解参观内容形式，以及确认任务书内容。

2. 从12月2日第十四周开始，各学科老师根据布置要求，推进各自教学任务。

3. 各学科具体课程目标、要求、时间点如下：

学科	指导形式和内容	时间节点	负责老师
外教（英语）	指导参观博物馆时,主要用英语形式,内容由博物馆提供。	12月16日—12月20日	Alex,Kiwi
语文	用汉语讲故事比赛,班级中初赛,选出优秀的学生参加校级比赛	12月2日—12月6日	张敏慧,张莺,张红珍
美术	参观结束后,指导完成青花瓷设计	12月23日—12月27日	姚华
班主任	1. 教室布置筹备交换圣诞礼物 2. 利用校班会课介绍青花瓷的历史 3. 确认参观学生家长人数,收费 4. 评选2位优秀国际生	12月4日起	成毅君,李伟文 殷嘉滢,袁渊 吴奕
音乐	配合青花瓷主题,欣赏古风的歌曲或音乐	12月9日—12月20日	林明晨,程红霞
自然	初步了解青花瓷的材料以及烧制成形过程	12月9日—12月20日	吴伟群

上海市洋泾菊园实验学校　菊华院

2019年11月25日

【报道篇】

国宝探秘——赴一场"青花瓷"之约

——2019菊华院主题式综合课程报道

洋菊豆,聚震旦,迎圣诞

2019年12月24日,正值圣诞来临之际,菊华院全体师生以及家长,将近160人齐聚震旦博物馆。

参与"国宝探秘"教育体验课程,在专业导览讲解与指导下,洋菊豆们出色地完成了课程任务书,零距离地观察青花瓷,感受到了底蕴深厚的中国文化。

校内外相结合跨学科主题式校本课程,获得来自家长们的好评,也受到了洋菊豆们的欢迎。

巧安排,精设计,跨学科

跨学科主题式校本课程,灵感来源于习主席在今年五月亚洲文明对话大会开幕上

第三部分
小使者从菊园走向世界

镇馆之宝，made in 菊华院

的讲话："一起来感受多元文明之美，文明因多样而交流，因交流而互鉴，因互鉴而发展。"如何让洋菊豆们在庆祝西方传统节日的同时，又能领略博大精深的中国文明呢？

  虽然只有短短两小时的参观时间，但是前期国际部年级组长袁渊三度前往震旦博物馆实地考察，与博物馆负责人沟通落实细节，并且撰写的详细的活动方案，与国际部主任浦老师、副主任厉老师以及虞老师讨论活动细节，成立家委会安全小组，为活动保驾护航。校务会商议讨论，落实活动方案，使得活动得以顺利开展。

多元交融,愉悦创新
小留学生在菊园

菊华院出品,必属精品

第三部分
小使者从菊园走向世界

跨学科,中外教师齐上阵

在赴这场"青花瓷"之约前,为了让来自世界各国的洋菊豆对"青花瓷"有所了解,菊华院全体任课教师可谓是煞费苦心。

历时一个月,校内外相结合跨学科主题式校本课程,获得来自家长们的好评,也受到了洋菊豆们的欢迎。

圣诞礼,用心思,乐分享

我们在浓浓的节日气氛中,分享学习的快乐,学习不同国家的文化与习俗,还有来自家人、朋友和老师们的礼物。洋菊豆们除了收到礼物之外,各科任教老师们都纷纷在卷首留言,送上祝福。

是什么魔力让洋菊豆们如此喜欢菊园？答案很简单：尊重、理解、用心、引领。孩子们是最聪明不过的，他们用心去感受，当真正体会到了老师们的关爱，所有美好的闪光点都会一一展现！通过此次跨学科主题式校本课程的设置，我们的老师更像是引领者，激发出洋菊豆的创造力与想象力，让他们通过不同国家文化探索，学会多元文化的交流，提高鉴赏美的能力，享受学习的过程，并且乐在其中，这个过程中孩子们的成长远比一副完美的青花瓷作品更值得我们期待和珍惜。以国宝为点，引文化之线，让洋菊豆也成为中国文化的传承者和传播者。

"境外学生看浦东"主题式综合课程（2020）

【方案篇】

一、活动背景

该活动立足浦东新区丰富的非物质文化遗产，用世界的眼光让驻沪境外学生了解非遗，传承非遗，传播非遗。

二、活动指导思想与目标

1. 增进浦东新区境外学生对浦东文化的了解，促进他们发现浦东，认识上海，读懂中国；

2. 激发更多境外学生学习浦东文化，让更多的境外学生会讲浦东故事，爱讲中文故事；

3. 从而更好地理解和认同中国灿烂的非物质文化。

三、活动指导单位

指导单位：上海教育国际交流协会

主办单位：上海市浦东新区教育局

上海市浦东新区文化体育和旅游局

承办单位：上海市浦东教育发展研究院（浦东新区教育国际交流中心）

上海市浦东新区文化艺术指导中心

四、非遗主题

小学部

1. 龙舞（国家级）
2. 芦苇编制（市级）
3. 古船模型制作工艺（市级）
4. 鸟哨（市级）
5. 华拳（区级）

中学部

1. 龙舞（国家级）
2. 芦苇编制（市级）
3. 古船模型制作工艺（市级）
4. 鸟哨（市级）
5. 上海绒绣（中小学有一个不同的主题）（国家级）

五、活动安排

（一）非遗考察阶段

参赛学段	考察主题	人数	是否非遗项目入校园	请填写合适的考察时间（截止日期12月11日）
小学一、二、三年级	龙舞	67	□是　□否	11月11日下午
小学四、五年级	华拳	30	□是　□否	11月11日下午
中学六、七、八年级	上海绒绣	30	□是　□否	11月11日下午

备注：部门协调：

1. 校务：需提前预定车辆外出（上表为我校提供时间，最终时间区内会协调后通知）；

2. 教务：提前告知时间段，个别教师、班主任换课，参与此次活动；

3. 德育：中小学需组织家长志愿者，共同参与此次活动；

4. 教学：从学科角度出发，按照学生年龄特点设计PBL形式的考察任务，与我校"基于"项目有机整合。

（二）风采展示阶段

参赛队伍：小学1—2支队伍（主题不同）　中学1支队伍　参赛人数：1—3人

展示形式：个人演讲或表演，团队合作。可通过情景对话、场景模拟、唱歌等多样的形式，同时可以辅以服装、舞台道具、背景音乐、多媒体等手段进行展示

备注：部门协调：

1. 校务：外聘相关舞台剧、武术教师对2支参赛辅导；

2. 教学：除指导老师以外，需协调学科教师共同参与剧本撰写、修改、打磨，以及舞台设计和道具；

3. 德育：与学校元旦庆祝活动有机结合，设立国际学生展示环节，与国际部圣诞庆祝活动形成系列课程，与圣诞节博物馆课程有效整合；

六、活动推进安排

时间	区内安排	我校推进安排
2020年9月30日	确定活动方案，下发活动通知	获悉
2020年10月13日	举办启动会&通气会	与会
2020年10月19日		沟通会，确认非遗考察主题、学段及人数
2020年10月23日		上交非遗考察报名表
2020年11月—12月11日	非遗考察：进校园展示互动	初定非遗考察时间为：暂定为12月初
2020年11月—1月22日		小学：华拳 中学：上海绒绣 复赛剧本撰写、修改、服装、道具等打磨
2021年1月22日—1月25日		复赛视频录制，并上传指定邮箱
2021年2月或3月	确定晋级决赛名单	
2021年5月		举办决赛及颁奖典礼

备注：部门协调：

1. 校务：请购制作相关的道具、租借服装，外聘相关舞台剧、武术教师对2支参赛辅导，并录制视频进行复赛；

2. 教学：除指导老师以外，需协调学科教师共同参与风采展示彩排与录制；

上海市洋泾菊园实验学校　菊华院
2020年10月23日

【报道篇】

探中华文化　扬传统魅力

——2020·"境外学生看浦东"主题式综合课程合活动报道

今年是浦东新区开发开放30周年，在这片传奇之地，不但有现代化的高楼大厦，

多元交融，愉悦创新
小留学生在菊园

高科技的工业园区，也有悠久的历史积淀和深厚的文化底蕴。在上海教育国际交流协会的指导下，浦东新区教育局和区文化体育和旅游局的共同策划下，首届"境外学生看浦东"中文风采展示活动，正式启动。此次活动由非遗考察和学生中文风采展示两个部分组成。在非遗考察体验期间，我们菊华院境外学生，在非遗传承人的指导下，与3项国家级和市级非遗文化项目零距离，亲身感受中国文化的魅力。

一、刚柔并济学太极

太极拳是以中国传统哲学为理念，集养性修身等多种功能为一体的中国传统拳术，讲究内外兼修、刚柔相济，有极强的艺术观赏性和超强的技击性。2015年，太极拳被列入第五批上海市非物质文化遗产名录。

阳光明媚，风轻云净。12月1日，太极拳非遗传承人走进了菊园，与菊华院（小学部）境外学生相聚菊园篮球馆，开展了别开生面非遗考察体验活动。

第一部分：通过表演展示，增进我们对太极文化的了解，激发学习太极拳兴趣。

第二部分：通过介绍讲解，我们可以更好地理解和认同非物质文化，更加了解浦东。

第三部分：通过互动教学，让我们亲身体会太极拳刚柔并济，近距离感受非遗之魅力。

在这次活动中，我们初步了解了龙身蛇形太极拳，体会到了非遗传承人的坚持不懈，在一招一式中感受中国传统文化太极拳的魅力，也深深地被非遗文化所吸引。

二、穿针引线习绒绣

上海绒绣是中国刺绣技术和西洋美术工艺融合产生的一种海派绣艺。它以色彩艳丽、典雅大气著称，享誉海内外。2011年，上海绒绣被列入第三批国家级非物质文化遗产名录。

12月2日下午，菊华院（中学部）境外学生，走进了上海绒绣传习所（洋泾馆）。绒绣传承人带领大家参观了上海绒绣传习所，欣赏了精美的绒绣作品。

传承人耐心讲授针法和绒绣的制作过程，并手把手演示操作。我们认真练习，于一针一线中体会上海绒绣文化。

在传承人的指导下，我们学会了上海绒绣最基本的针法。瞧，这些作品还不错吧！

非遗考察习绒绣

在传承人的采访中,有一句话令我们印象深刻。当询问传承人累不累时,她这么回答道:"只要孩子们喜欢就好。"这句话的意思等同于"只要非遗文化传播出去了就好",让我们感触很深。

三、龙腾虎跃绕龙灯

龙舞(浦东绕龙灯)是浦东地区传统节庆活动的重要组成部分,集戏曲、武术、舞蹈、民族鼓乐等于一体。其形制主要由龙珠、龙头、龙身、龙尾组成,借助龙珠和龙体器材在音乐的烘托下共同完成。2011年,龙舞被列入第三批国家级非物质文化遗产名录。12月2日下午,三林镇舞龙队走进了校园,他们的精彩的演绎,受到了菊华院境外学生们的欢迎和喜爱。

表演结束后,按捺不住好奇心的我们跃跃欲试,在传承人的专业指导下,学习了舞龙的基本动作,将一条蓝色小龙舞得"活了起来"。我们既体验了舞龙的乐趣,又感受到了团队的力量。

多元交融，愉悦创新
小留学生在菊园

非遗考察学龙舞

这十几位非遗传承人化身文化交流使者，他们对非遗项目的精益求精、坚持不懈，对于浦东发自内心的热爱，深深地打动了我们。

菊华院的老师们，还设计了非遗考察研学任务单，在非遗体验、互动、交流之后，在"留白"的学习空间里，通过个人资料收集，集体非遗考察，团队合作研后传播，让我们一步步地走近非遗，了解非遗，传承非遗，传播非遗。

3 "探秘大世界 非遗嘉年华"主题式综合课程(2020)

【方案篇】

参与人员：菊华院全体国际学生 活动安全小组成员（见附表1）

活动策划小组成员：

组长：浦咏晴 副组长：厉一文 活动联络人：袁渊 虞吉 组员：吴奕 成懿君 李伟文 殷嘉滢

活动时间：

12月24日 "探秘大世界，非遗嘉年华"——上海大世界非遗考察亲子研学活动

12月28日 优秀国际生颁奖典礼

活动地点：1. 学校室内体育馆 2. 上海大世界

活动主题：探秘大世界 非遗嘉年华

活动目的：

1. 通过各学科融合，让来自我校菊华院来自世界各地的学生了解非遗，传承非遗，传播非遗；

2. 借助圣诞节活动的契机，让菊华院学生和家长，以亲子活动方式，共同参观大世界，体验中国传统文化的精妙，零距离接触匠心精神，感受非遗文化与海派风情。

活动准备：

1. 12月2日起，与"上海大世界"进行详尽沟通，了解参观内容形式，以及确认任务书内容；

2. 从12月9日起，各学科教师根据非遗与学科融合要求，推进教学任务；

3. 11月30日—12月2日，菊华院国际学生，线上学习有关浦东新区非遗文化相关内容，寻找自己喜爱的项目，并完成非遗考察研学单，研学前板块内容；

4. 12月2日—12月9日，菊华院国际学生通过现场考察非遗项目，完成非遗考察研学单，研学中板块内容；

5. 12月10日—12月16日，菊华院国际学生（四至八年级学生）自行组队，完成研

学后任务,争当"小小非遗讲解员",前往中学部六至八年级以及菊华院一至二年级各班级进行非遗宣传巡讲;

6. 12月24日上午9:30—12:30参观上海大世界非遗考察,戏剧体验,非遗手作等。

各学科具体课程目标、要求、时间点如下:

学科	指导形式和内容	时间节点	负责老师
外教（英语）	1. 非遗考察：太极拳,舞龙相关词汇教学 2. 了解自己国家的非遗项目,用一句话简单介绍一下	12月16日—12月20日	Alex,Kiwi
语文	学一学：一至二年级　了解二十四节气 三至五年级　学习背诵有关二十四节气的诗歌	12月16日—12月26日	张敏慧,张莺 钱荟
美术	画一画：一至三年级　舞龙或者龙 四至五年级　二十四节气：你最喜欢的节气	12月23日—12月27日	姚华
班主任	1. 教室布置筹备交换圣诞礼物 2. 利用校班会课介绍非遗太极拳、龙舞 3. 确认参观学生家长人数,收费 4. 评选一年级3位,二至五年级2位优秀国际生	12月4日起	成懿君,李伟文 殷嘉滢,袁渊 吴奕
音乐	配合非遗主题,学唱二十四节气童谣	12月9日—12月20日	林明晨,程红霞
体育	配合非遗主题：太极拳,龙舞, 练一练： 一至二年级　太极拳动作起势,收势,行礼和马步 三至五年级　学会一套简单的太极拳	12月9日—12月20日	李双

上海市洋泾菊园实验学校　菊华院
2020年12月10日

【报道篇】

探秘大世界　非遗嘉年华
——2010菊华院主题式综合课程报道

2020年圣诞节,菊华院师生们,走出校园,走进大世界,以"非遗文化"为圣诞"大餐",开展了一场独特的非遗体验综合课程文化之旅。

创设空间　浸润学习　收获满盈

菊华院境外学生的学习空间从教室延伸到了校园的其他角落,创设浸润式的学习环境,为学生们提供自主讨论、学习、思考的空间。学习空间在不停地创设与转换,学生们参观了上海大世界,通过聆听观摩、手工实践,让他们懂得非遗文化并不只是博物馆展柜中的精美展品和图片,更是可见、可参与的文化,也是融汇了世代人的智慧、才艺和创造力的实践。潜移默化间,在境外学生心中种下这颗非遗的种子。

巧手做非遗,共学掐丝画

多元交融，愉悦创新
小留学生在菊园

学生掐丝画作品

中华民族传统文化需要保护，更需要传承，因为传统文化是"智慧"，这些"中国智慧"是未来创新的源泉。通过12月系列非遗体验综合活动，菊华院境外学生更了解和关注非遗文化，传承并弘扬中华传统文化，争当小小传承人！

4 "春意一盏闹元宵"菊华院主题式综合课程(2021)

【方案篇】

一、活动主题

元宵节是中国最重要的传统节日之一,又是春节的重要组成部分,是中国人民辞旧迎新,平安团聚的日子。元宵节包含了富含趣味性的民俗活动以及丰富的文化内涵。通过"春意一盏闹元宵"主题式综合实践活动,能够让学生亲身体验、感受和了解中国传统节日的文化内涵和精髓,感受中华民族文化的魅力所在。

二、活动时间

2021年2月22日—2月26日(元宵节)

三、参与人员

菊华院一至六年级

四、活动组织

组长:王涣文　浦咏晴

联络员:厉一文　虞吉

组员:赵胤兴　袁渊　吴奕　成懿君　殷佳滢　李伟文　顾晶婧

摄影:王文雄、吕蔚以及国际部各班班主任

摄像:贾迅涛

五、活动内容

1. 开展"元宵春意一盏闹元宵"大手牵小手主题教育活动

围绕元宵节辞旧迎新、团圆平安、孝老爱亲、感恩的主题,组织高年级学生走进国际部学生的课堂,开展"元宵春意一盏闹元宵"大手牵小手主题教育活动。与六年级国际部元宵节小小宣讲员欢聚一堂,通过大手牵小手了解传统节日的内涵,深刻感受中华文化的博大精深,体验传统节日的浓厚氛围和独特魅力。

2. 依托"春意一盏闹元宵"主题式综合课程研学单,开展"元宵民俗通关小达人"活动

通过阅读图书、上网学习等方式了解元宵节的民俗内容外,完成有梯度、分年级设

计的主题式综合课程研学单,让学生在玩中学、学中思、思中做的过程中,全面了解元宵佳节。

一年级:读一读了解元宵节的由来;画一画元宵节习俗;

二年级:读一读了解猜灯谜的习俗;猜一猜中英双语灯谜,比一比西谜语的异同;

三年级:诵一诵古诗文了解元宵节;连一连古诗了解元宵节;学写一首元宵节童谣;

四年级:读一读了解灯笼的制作过程;连一连认识不同的灯笼;画一画设计一个灯笼,写一写制作步骤;秀一秀设计款灯笼;

五年级:读一读了解汤圆制作过程,列一列购物清单,做一做汤圆;画一画汤圆;

六年级:读一读了解元宵习俗舞龙;看一看欣赏舞龙之美;说一说元宵节以及元宵节的习俗(大手牵小手)。

一起动手做汤圆

猜一猜中英双语灯谜

3. 传统文化聚能量,开展"包(尝)一次汤圆,猜一次灯谜,拉一回灯笼,诵一首古诗,讲一个故事"的"五个一"体验实践活动

在学校创设的元宵主题学习空间中,外籍学生走出课堂,猜一猜灯谜,拉一拉兔子灯,体验元宵节民俗活动;走进课堂,尝一尝汤圆,诵一诵古诗,品尝传统美食,体会古诗中元宵节之魅,分享一个有关元宵的故事。

上海市洋泾菊园实验学校　菊华院
2021 年 2 月 22 日

用征文活动激励外籍学生写作

2019年的春天,我们洋泾菊园实验学校承办了浦东新区第十届国际学生汉语征文比赛,主题是"上海,我想对你说……"。这样高起点、高规格的比赛,对国际学生来说是一次难得的机会,而且主题贴近学生生活,内容涵盖面广,对素材的选取包容性大,有利于学生抒发对上海生活的所思、所感,体现出了命题者对学生生活体验的关注和尊重。

一、告知赛项,鼓励参与

恰巧,我们班就有一名国际学生——马来西亚籍的小琳同学,当我得知有这一赛况的时候,马上唤来了小琳,告诉她这个好消息。

小琳很平静地听,反应并没有我想象中兴奋,她说:"这样的比赛要求一定很高吧,我也并不擅长写作,这个比赛还是不参加了吧。"

我一听,读懂了孩子背后的顾虑:一方面是不知道怎么写,另一方面是觉得即使自己写出了成品,获奖概率也不高,还是别费周折了。

我看着孩子,微笑地说:"小琳,我们参加一个活动,不是仅仅着眼于最后的结果,我们更应该关注其中的过程,即使最后的结果可能不尽如人意,但在过程中只要有成长、有收获,那么这个活动就是有价值的。同时,一篇文章,一幅作品,一个活动,它应该是一步一步去做的,不要被未知的困难吓倒,当你完成一个个小目标之后,这项工程也就完工了。"

孩子若有所思地点点头,接受了我的建议——参加此次汉语征文大赛。

二、启发思路,筛选素材

过了些时日,我叫来小琳关心一下孩子写作的进程。孩子吞吞吐吐,很不好意思地说:"老师,我还没写,我不知道可以写什么。"

我让孩子坐下,试图唤醒激发孩子记忆深处的感受,以帮助孩子筛选出切题的素材。

"你对上海最大的感受是什么?"我问小琳。

"上海很现代化,有很多高楼。上海的食物很好吃。我在上海生活感觉很便利。"小琳脱口而出。

这的确是大多数外国人对上海最直观的感受,但是写这样的主题需要挖掘上海这座城市最具个性化的生活体验。

"那么,你觉得在上海生活,与马来西亚的生活相比,有没有一些不同呢?"我试着追问。

"上海的课程比较丰富,活动也多。"

"那么,这么多的课程中,你最喜欢哪一门,为什么呢?"我进一步试探。

"我喜欢语文,特别喜欢文言文,这是我在马来西亚学不到的内容。"

"那好呀,那你就写写上海是如何启蒙你的文言文的兴趣、发展你阅读文言文的能力,这就是一篇很有立意的好文章!"

"对啊,我就写这个,谢谢老师!"孩子满是惊喜,眼中闪烁着兴奋的光芒。

三、多就少改,肯定过程

谈话后的第二天,小琳就带着自己作品来找我了,我看了下全文,语言虽然稚嫩青涩但是真挚感人,写作思路虽然普通但是流畅自然,处处流露出一个外国学生本真的心声,而这也是我认为写作最动人的地方——用孩子的语言来讲述孩子的生活。于是,我仅对孩子的详略给予了一些指导意见,即不但要生动具体地呈现事情本身,也要体现自己在这个过程中的心理历程,这样可以让叙事更生动完整,如果结尾处能有一些个人的感受、感悟、思考就更好了。

接着,孩子就自己的能力尽力修改了文章,而我也将之投递到了相关平台,参加了征文比赛。

最后,小琳的作品从800余篇作品中脱颖而出,获得了优秀作品奖。

孩子得奖后很高兴,觉得这次的经历不仅更进一步体验了写作、修改作文的乐趣,也从中对自己的生活有了更进一步的思考和认识,是一次值得尝试、有价值的经历!

作为指导教师的我也颇有些感慨:一项活动不应该视为一次任务的布置,而应该以活动为一次提升学生素养的机会，真正走进学生内心，了解他的实际需求、解决他的实际困难，要给学生一定的方向指引，但是不能越界，更不能给予学生能力不可及的高标准、高要求，而是要保护孩子的积极性，如果能进一步点燃他参与活动的热情就更好了！让孩子本真地参加活动，在过程中尽自己所能，以活动为契机，获得愉悦的成长体验！

（初中语文教师　宋颖）

第三部分
小使者从菊园走向世界

6　用教"洋菊豆"的方法教英国学生

　　菊园国际部有着许许多多来自世界各国的"小留学生",他们被亲切地称为"洋菊豆",他们和千万上海孩子一样学习着各种知识,感受着中国文化。我,作为一名数学教师,担任国际部的教学工作也有 6 个年头了,在这其中我也有幸参与了教育部与英国共同创办的"中英数学教师交流项目"。而这段给英国本土孩子上数学课的经历也让我深深感受到许多在国内时适用于"洋菊豆"的教学方法到了英国同样收到了让人欣喜的效果。

　　2019 年 1 月我和一群优秀的上海数学教师一起来到英国,开始了为期两周的中英数学交流活动。一开始我对这次的英国之行充满焦虑,陌生的环境,陌生的学生,不同的语言和文化背景……这些都让我心有余悸,担心到了之后会无所适从,尤其是面

匡老师在英国执教

多元交融，愉悦创新
小留学生在菊园

对着英国的学生，他们现有的知识储备情况以及学习能力水平，对于我所准备讲授的内容是否能够完全接受和掌握，这些也全都是一个未知数。但是后来在真正的上课过程中，我渐渐发现在菊园教"洋菊豆"的经历给了我很大的启发，甚至可以说有些方法是"信手拈来"。

在英国时，我负责教授那里 Year 6 的孩子"分数"这个单元的相关内容，当时与英国老师沟通交流后了解到其实这个年级的英国孩子已经学过分数了，无论是几分之一、几分之几，或者是分数的加减法他们都已经学会了。但是，在我上第一节课的时候就发现，其实他们所谓的"学会"可能只是会读、会写，对于分母具体代表什么意思，分子具体代表什么含义，什么时候我们能够用分数来表示一个量，这些涉及严谨概念性的问题，英国的孩子并不是理解得很清楚。

我们上海数学有被英国老师称之为"小步走"的"掌握式"学习这一特色，它将相关内容分成一个个渐进的小知识点，每次只走一小步，确保这一小步走稳后再进入下一步，对于每个概念和小知识点都"挖"得比较透彻。这样一来孩子们就可以比较牢固地掌握好每个知识点，特别是一些容易混淆的内容也能够梳理清晰。

回想起在菊园国际部教授分数这一内容时，按照这样"渐进小步往前走"的教学模式，几乎每一个"洋菊豆"都学得游刃有余。

因此我调整了教学节奏和内容，从最基础的"平均分"讲起，直观展现小伙伴们分披萨的场景，让孩子们感受并理解：每一份一样多才是平均分，在平均分的前提下我们才能够用分数来表示一个量。接着是几分之一和几分之几的学习，我继续延用分披萨的情境，让孩子们在大屏幕上观察如何把一个整体平均分成几份，那么总共的份数就是我们的分母，然后从里面取几份，取了的份数就是分子，分数线表示平均分，三者一起就构成了一个完整的分数。

经过了观察和分析，他们深刻理解了分数中各个组成部分的含义，这样一来他们很快就能用正确的分数表示出量，也能很快判断出分数表示得是否正确。有了这些清晰的概念作为铺垫，再开展后面的分数学习就水到渠成了，孩子们接受起来也变得更容易了，大大提高了学习的有效性。

在菊园教"洋菊豆"的经验无疑为我的英国之行增加了不少底气，在英国备课遇到瓶颈时，我总会不经意回忆在国内时是如何教会"洋菊豆"们的。

具有上海特色的数学教学已经获得了越来越多的认可,它带着独特的教学模式和方法已经走向了英国,相信在不久的未来它也一定能走向世界!

(小学数学教师　匡莹颖)

7　中教外教齐携手，共助菊豆笑颜开

小留学生们在菊园的学习，立足于中国的本土课程、教学体系，同时我们国际部也十分重视外教英语课程。为了让孩子们能够拥有资深优秀并且认真专业的外教老师，国际部老师们花了大量的精力时间去寻找；同时邀请初中部英语教研组的老师们一起参与考聘，高标准、严要求，最终确定。事实也证明，外教老师进校后，得到了教师和家长的褒奖，孩子们的喜爱。至今他们一直坚守在菊园，从未离开。

当然这也得力于我们初中英语教研组和国际部外教老师们共享教学资源，研究学情，磨合教法、学法，为小留学生们创造最好的中外融合的学习环境。

因为在外教老师刚进课堂教学时，我们学校并未就此放任他们，而是纳入到整个学校的教师专业发展系统，成立了菊华院教学管理部。我作为初中英语教研组长就被聘为菊华院专家教师，经常被邀请去听课，了解小留学生们的课堂学习情况和师生课堂契合度。

我在观课中发现外教的发音标准，教态自然。但同时也存在着不少问题：有的外教老师课堂表达并不丰富，课堂氛围呆板，让小留学生们哈欠连天；有的外教在选取教学内容上比较随意，缺乏针对性和系统性；有的外教的教学进度过快或过慢等。

针对这些问题，我们在菊华院的领导下，定期或不定期召开了多次教学研讨交流会。

初中英语教研组老师们和外教积极交流，对小留学生们英语水平有差异、接受能力有高低等方面做细化分析，分享我们在教学五环节中一线教师的诸多种做法；和外教老师们一起探讨教学应对措施。不仅如此，我们对教学教材进行了认真的研读和筛选，对内容选择给予了建议。考虑到小留学生们丰富的求学背景，我们提供了更多素材的整合，并积极地让小留学生参与到课堂中，成为课堂的主人，分享自己的经历。他们成了一份份"小教材"。

在这样的氛围下，教研组老师们给外教老师们无私"传授"了各种在英语课堂内应对某些"特殊"事件的"绝招"。外教们在小留学生的课堂里更游刃有余了。

English Seminar
23/10/2019
"Reading for Real"

中外携手话未来

  同时外教们也和教研组的老师们分享了不少教学资源和专业技法。老师们在一线教学过程中受到了启发,并得到了更多教学资源的扩充。

  除了参与课堂教学研讨,在主题教研活动中,中学英语教研组也经常邀请外教们一起参与,分享他们的经验,了解小留学生们的学习情况,让教研的程度更深,探讨的角度更多样化。

  多年下来,我们和外教的相互研究、共同成长已成为我校一道靓丽的风景线。当然受益最多的是我们的小留学生们,他们在菊园享有了这么优质的教育教学资源,得到了多元文化交流机会,感受着多样化的教学风格,他们必将成为具有国际化视野,适应高科技未来的一代人。他们行走之间也会多一份从容和自信,相信他们会更勇往直前地面对未来精彩的人生。

(初中英语教师　沈敏屹)

第三部分
小使者从菊园走向世界

8 灵活运用教材，探秘数学之美

　　数学，在小留学生的学习领域中，不仅仅是一个学科，也应该是他们了解中国的窗口。小留学生与本土学生的家庭背景，文化理解基础不一样，学习的节奏也不等同于本土学生。他们对探究性的，动手操作性的知识特别感兴趣。他们对数学问题的思考也很少受到课外补习班的"污染"，他们思考问题的方式非常淳朴，接近本质。

　　如何用好教材，发挥教材的德育作用，让小留学生通过教材不仅能够学习数学知识，还了解中国，认识上海，理解中国文化；如何灵活地使用教材，根据小留学生的学习能力、学习节奏合理调整教材内容呈现的顺序，从人本主义出发合理调整教学进度，这都是在国际部任教的数学老师希望解决的问题。

小留学生学数学

我校作为直接面向境外招生的学校，已经汇集了百余名外籍学生，他们来自不同的国家，有着不同的文化背景，讲着不一样的语言。

我们的定位不是国际学校，也不针对外籍学生使用国际课程教材，而是让外籍学生彻底融入本土课程。他们需要学习我们国家规定的课程，使用与国内生一样的教材，适应相同的学习进度，接受相同的教学测评。因此我们需要让小留学生乐学好学，学有收获。

一、作为国际部数学教师，我们尊重教材，挖掘教材的优势，再现教材提供的生活化的学习情境，充实并设计活动化学习过程，让学生亲身体验知识获得的过程，促进学生主动参与构建数学知识，提高课堂有效性。

我在实际教学工作中，补充了课本上的例题场景，带领学生充分了解中国，了解中华文化。例如，在教学三年级第一学期的"元角分——用小数表示"时，我充实了主题图的"逛大卖场"的学习情景，让学生体会到数学就在身边。生活化的学习场景、使得学生以高涨的热情、饱满的学习积极性，练习了小数的读法，并可以拓展学习小数的大小比较，促进知识的迁移，使学生产生强烈的求知欲和主动探索的兴趣。

再比如在四年级第一学期的"四舍五入法"和"平方千米"中，我们可以看到有关上海市历年人口普查的数据，以及上海市和我们国家的国土面积的数据。我会组织孩子查找自己国家大城市的数据来进行交流。

二、教材在知识的获得上体现了过程和递进，十分有利于激发学生的学习热情，也有利于开发学生的创造思维能力。我在教学中创造机会，留出充分的时间和空间，让学生体会学习的过程，不急于呈现学习结果。而经过孩子们充分思考，结果的出现会水到渠成。

例如，在二年级第一学期教学"长方体和正方体"时，我提供橡皮泥和三种长短不一的小棒若干根，让学生小组合作，在搭一搭的过程中体验长（正）方形棱和顶点的相同点和不同特点；并且通过小组合作，填写调查表，再通过观察、操作、归纳、类比、猜测、交流、反思等活动获得结论；最后小组内推选代表展示、介绍；通过组际评价等方法让学生经历学习的过程。

三、我在教学时会根据教学实际推进的状况，学生的能力水平，在现有教材的基础上，进行增简并联，深化发展，二度开发。

（一）增：目前教材的学习内容编排体系是螺旋式上升的。一些前期初步接触过的知识点，在下一个学习周期会再度出现，并进行适度的深化。如：三年级第二学期的"分数的初步认识"，在四年级第一学期，深化成为"分数大小的比较以及同分母分数的加减法"。二年级第一学期中"5个3加3个3等于8个3"到了三年级第一学期中运用它解决了"用一位数乘"的算理，在三年级第二学期中提高为"分拆成几个几加几个几"，到四年级第一学期中进而归纳成为"运算定律"。三年级第二学期中的"估算与精确计算"，到四年级第一学期总结产生"四舍五入法"。这样的例子还有很多。

根据教材的编排特点，我往往在进行前一个浅层次知识点的教学过程中，适度提前介入教学难点，将教学内容进行适度的"增"。

例如：在教学四年级第一学期"相等的分数"以及"分数墙"的时候，引导学生观察相等分数的分子分母之间的关系，从而帮助他们建立"分数的分子分母同时乘以或者除以一个相同的数（0除外），分数的大小不变"这样的概念。那么这就提前为下阶段的"商不变的性质"打下了伏笔，再进行下一个新知识的学习的时候学生就比较容易在教师的引导下得出新的结论。

（二）简：我发现，教材中会出现知识容量偏大或偏小的情况。对于有的知识点，学生熟悉它的问题情境，解决问题的策略也不需要复杂的探究过程，知识技能的掌握比较容易。对于这样的知识点，就可以根据学生的实际，对教材进行改组，运用简化手段调整教学内容，并结合学习的内容进行与下一个关联知识点之间的并联，使其更适合学生实际，这是创造性使用教材的另一个重要方式。

（三）并和联：有时，教学的前一个内容与后一个内容联系非常紧密，学生可以利用前一个知识点的正迁移来完成后续知识的学习，这就需要我们分析学生的前概念，根据学生的思维特点，重新排列组合教学内容，从而创造性地使用教材。

例如，在进行二年级第一学期"5个3加3个3等于8个3"的教学时，学生理解了其中的关系，那么，顺水推舟，引出下一个内容"5个3减3个3等于2个3"，学生很容易就理解了。也就不必按部就班的分为两课时来教学，倒是可以在第二课时中进行巩固练习和变式练习。

目前的数学教材在每册的最后一个单元安排了整理与提高，其中的内容是本册的前面某个内容的深化，那么在实际操作过程中，我就往往在教学前面的内容时，与"整理与提高"中的内容相联系。

  我班上的小留学生们,对学习数学兴趣浓厚,他们会主动进行学习反思,也会饶有兴趣地进行基于数学知识应用的创作,在他们的作品中,我可以看到他们体会到了数学之美,数学之趣,这都是源于数学课学习中对教材的合理重构,激发了学生的学习兴趣,提升了学习的有效性。

(小学数学教师　厉一文)

9 探索国际教育的第三种形式

在上海，说到基础教育国际化，很多人会认为不外乎有两种形式，一是指外籍及港澳台学生就读的"上海境外人员子女学校"，这种形式的国际教育是把外国学校的课程直接照搬到中国来的模式；二是指包括中国大陆学生在内的所有学生都可以就读的双语学校、国际学校、国际部等，其提供的是系统的外国课程供学生选择学习，比如 IB、A-Level、IP 等，义务教育阶段的中国大陆学生，还要必修语文、道法、历史等中国课程。

实际上，上海基础教育国际化还存在第三种形式，是与以上两种形式截然不同的国际教育，即：外国籍学生到中国的公办学校就读，以中文为载体完整地学习原汁原味的中国本土课程。上海市洋泾菊园实验学校就是这种基础教育国际化第三种形式的典型样本。作为上海市直接境外招生学校，外籍学生在洋泾菊园与中国学生学习完全一样的中国本土课程，学校从最初的无先例、无经验、无师资、无制度到创新师资培训、开发课程，到培育管理文化、形成完善的管理制度，已发展成为上海市义务教育阶段接收外籍小留学生时间最长、规模最大、得到外籍学生家庭充分认可的一所公办学校。截止目前，先后有近千名外籍学生曾在洋泾菊园学习和生活过，学校现有 100 余名来自近 30 个国家的外籍学生在籍在读。

洋泾菊园实验学校作为一所地地道道的义务教育公办学校，依托上海浦东陆家嘴国际化地域优势，紧跟国家教育对外开放的政策指向，以中国国家课程为核心，秉承"多元交融、愉悦创新"的办学文化，不断探索和实践教育国际化的新路径，卓有成效地开展了中英、中美校际连线及项目合作，并将国外优秀教育经验本土化。同时，向国外输出数学教育、外籍学生教育等优质教育资源，成功开启了崭新的中国基础教育学校对外开放的新模式。以中国教育资源支撑的国际教育第三种形式，央视"百家讲坛"主讲人、著名中国文化大咖鲍鹏山教授认为，在当代中国具有开创性的意义和价值。

背景：参与浦东开发开放迎接教育国际化挑战

1990 年国家实施开发开放浦东新区战略，浦东迎来了改革开放和社会发展的契机,也迎来了众多的外籍人士到浦东工作和生活,还有他们外籍身份的子女。伴随着陆家嘴国际社区的不断发展,海内外各类人才极速云集。工作稳定后,外籍身份子女的入学成为了迫在眉睫的问题。既然来到中国生活就要了解中国、融入上海,就要主动学习中文、体验中华文化,因此,许多家庭把公办教育列入了子女入学的选择。

坐落于浦东陆家嘴的上海市洋泾菊园实验学校,前身是黄炎培等先贤于 20 世纪初创建的震修学堂,1997 年成为了浦东新区第一所九年一贯制的实验学校。在浦东新区社发局的支持下,学校开始接受少量留学归国人员、海外侨胞、外籍人士子女到学校就读。2007 年 10 月,市教委批准了 59 所"上海市直接境外招生学校",洋泾菊园实验学校正式成为浦东新区具有直接境外招生资质的学校之一,成为了招收外国学生在中国留学的定点学校。开始深入致力于国际理解教育,致力于中外文化合作交流,致力于基础教育国际化新模式的实践探索。

成效: 辛勤耕耘结出中外融合教育的硕果

公办学校的国际教育虽然没有前人的经验可以借鉴,也没有现成的模式可以照搬,但只要我们尊重不同国家学生的文化差异,不断创新教育教学的方式方法,像关爱中国学生一样去关爱外籍学生,就会赢得中外学生和家长的信任和爱戴。

1. 为基础教育国际教育化提供了典型样本。时至今日,学校不仅成为了老百姓家门口的好学校,以外籍学生学习中国课程为特色的第三种国际教育形式,率先在上海浦东陆家嘴这块沃土上扎根成长,学校也成为了大规模接收外籍学生学习中国本课程的先行先试的楷模,成为了当代中国基础教育多元文化理解交融的典范学校。

2. 有力支持了国家教育对外开放战略。自学校开始招收外籍学生以来,先后有来自世界上 40 多个国家的近千名外籍学生在菊园学习过中国课程,他们的年龄从 6 岁到 15 岁不等。近年来,选择到洋泾菊园读书的外籍学生从过去主要来自韩日、东南亚、北美等少数国家的华裔学生,转向越来越多的非亚裔、华裔学生,"一带一路"国家的学生数量明显增多,目前占外籍学生总数的近 40%。

疫情期间,菊华院的外籍学生跟菊园的上海同学们一样,不管是在中国还是海外,都通过上海的空中课堂坚持学习,都通过互联网平台开展师生互动交流。虽然还有 28 位外籍学生滞留在国外、境外,但是他们表示不会放弃在中国的学业,并且在积极申请早日回到中国的学校。

3. 为促进中外文化交流作出了贡献。随着家长工作的变迁,外籍学生也会陆续离开上海,但是他们的心跟菊园的老师和同学们贴得更近了。特别是当他们申请到自己理想的学校时,当学习成绩优秀受到了表扬时,获得了心仪的工作岗位时,都是第一时间向上海的母校和老师报喜;当他们遇到烦恼、困难时,也会向菊园的老师、同学们倾诉。他们还会利用假期,带着家人和国外的朋友到中国观光、旅行和考察,领略中华锦绣大地,了解中国社会巨大变迁,体验中国人民的幸福生活:分享中国舌尖上的美食,体验快捷方便的电子支付、网购外卖。

做法: 积极探索实践为教育国际化提供样本

第一,为外国籍小留学生成立专门的国际部

学校紧跟上海市和浦东新区课程改革的步伐,教育教学质量大幅提升,办学成效有口皆碑,慕名而来的外国籍小留学生也越来越多,国际教育的办学规模也日渐扩大。学校的小留学生来自亚洲、美洲、欧洲等不同的地区,有不同的母语,有不同的家庭背景和宗教文化差异,特别是只会用非中文母语交流的学生,上课根本听不懂,家校沟通也存在较大的障碍。为推动外国籍学生在菊园大家庭快乐学习中国课程、深入理解中华文化,学校成立了由外国籍小留学生组成的国际部,美其名曰"菊华院"。菊华院就像一个小小联合国,接纳来自世界各地的外籍学生到公办学校学习中国课程。为了进一步做好外籍学生的管理工作,2004年9月,在时任浦东新区社发局领导的关心下,第一个由外籍学生组成的国际班诞生了。学校专门成立了外籍学生管理办公室,制定了相关的管理制度,专门管理由外籍学生组成的独立建制的班级。

第二,创建国际理解与文化交融的校园

1. 探索丰富多元的教育教学方式,增强外籍学生的学习兴趣。我们首先要解决不同文化背景的外籍学生的语言问题,让外籍学生用最快的速度掌握中文并进行人际交流和听说读写。另外,不同国家的教育水平、学生个体的智能发展水平也存在着较大的差异,还要从不同个体多元智能发展的水平出发,探索多种行之有效的方式方法,让来自不同国家的孩子都很快适应中国学校的学习生活。

2. 开展多姿多彩的校园活动,为外籍学生创造了充分发展和自我展示的机会。

外籍学生在家里交流使用英语、俄语、日语、汉语或是其他各种各样的语种，这代表着他们身后不同的家庭文化背景。随着对蓬勃发展的中国了解得越来越深入，对海纳百川、热情好客的中国人越来越喜欢，尽快融入中国的生活，能够与中国人友好交往，学习中文、了解中国成了外来人士家庭的迫切需求。共同的学习生活让不同文化背景的学生，建立起彼此尊重的交融关系，他们从小与中国小朋友之间相互理解与容纳，展现了当今社会中不同族群之间国际理解与安乐共存的真实样态。

第三，课程建设让外籍学生和老师教学相长

1. 确立菊华院"学科＋综合、拓展＋融合"的课程原则。外籍学生家长送孩子到上海的公办学校读书，就是看中了上海基础教育的优势，希望自己的孩子跟上海学生具有同等的中文水平和数学能力。经过不断的探索，从公办学校特点及外籍学生需求出发，规划了以国家基础课程为主体，以综合活动课程为补充，再辅之以中外文化、艺术体育科技等拓展类校本特色课程的课程体系，建设具有基础性、人文性、多样性、开放性的课程特色。

菊华院的主体课程与国内部的基础课程同步开设，课堂教学内容也完全相同，大部分教师既带教国内班也带教国际班，教学进度与教学评价也完全一致。菊华院外籍学生一般都能掌握三门语言：中文、英语和母语，她们能够熟练应用普通话和规范字来表达、朗诵、演讲、写作。牛津英语基础课加上英语外教的阅读拓展课，保障了外籍学生英语学习的时间和内容，增强了他们的英语水平和能力；数学学习是外籍学生家长最满意的，因为他们的孩子完全能够跟上同年级上海学生的学习进度，能够达到上海同龄小朋友的学习程度。

2. 开设具有中国特色的文化类课程。除了基础课程外，外籍学生家长还希望孩子了解和熟悉中国文化，将来成为一个了解中国、热爱中国、与中国友好交往的人。为此，学校专门为外籍班学生开设了经典诵读、中国舞、中国功夫等中国文化类拓展课，基于中华优秀传统文化和传统节日的主题式综合活动课，比如爱上青花瓷、茶文化、国画赏析、小花旦等等，培养他们的跨学科综合实践能力，以及热爱人类共同优秀文化的情感。

3. 组建一支国际教育的管理团队和教师团队。为了把国际教育的经验本土化，学校汇聚专业力量，组建了国际部的管理团队和教师团队，开发实施了国际教育第三种形式的校本培训项目,凝聚智慧摸索国际教育实施中问题的解决方案,帮助教师拓展国际视野,增进跨文化理解力。2015年学校申报参加了市教委组织的"中外学校伙伴研修项目",全面学习了上海外籍人员子女学校的先进理念和办学经验;2018年学校加入了浦东新区教育局组织的"惠灵顿浦东国际教育课程联盟",通过与联盟校之间的紧密互动和交流学习,取得了合作共享、成果孵化的共赢局面。菊华院数学教师凭借扎实的教学功底和国际教育经验,多人入选中英数学教师交流项目,连年不断地接纳英国数学同行来校观摩学习,并远赴英国本土学校开展数学教学示范活动。

(本文原载《上海教育》2020年第6B期,作者王涣文)

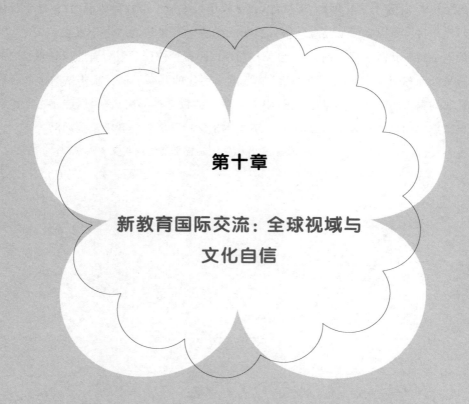

第十章

新教育国际交流:全球视域与文化自信

国际交流是世界各国之间把自己已有的文化、经验提供给对方的一种交互活动。国际交流自古就有，郑和下西洋、马可波罗中国行、鉴真东渡等等，国际交流能够极大地促进各国经济社会文化的发展与繁荣。

　　教育的国际交流随着社会发展也越来越频繁、越来越深入。各类教育组织纷纷成立的国际交流中心，在对外开放中，促进了国际间相互学习先进教育理念和经验。

　　洋泾菊园实验学校的教育国际交流中心，主要包括外籍学生管理、教师全球素养培训和国际交流活动等方面的工作。学校为每位教师提供参与国际交流活动的机会，每位教师也或多或少涉及外籍学生教育工作，因此菊园老师都是奋斗在对外交流战线上的"外交家"，国际化培训、国际交流活动成为了教师专业发展的重要组成部分。

　　为了帮助教师拓展国际视野、增进跨文化理解力，通用素养专业培训是必不可少的。学校充分挖掘国际教育资源，组织教师开展英语语言素养、人际交流礼仪等专项培训；鼓励教师外出参加高质量国际教育培训，如英国大使馆文化教育处（BC）与西交利物浦大学联合举办的"教育国际化引领下的学校课程构建与实施"主题研修班等。在专业培训基础上，学校组织教师分享延伸，及时将共性理论转化为实践能力。除了

相互学习，不断进步

走出去,请进来也是教育国际化培训的重要形式,学校先后聘请国内外知名教育专家,开设了 STEM 课程、国际公民素养、澳洲国际学校融合课程和澳洲英语教学等专题讲座。学校还积极参与上海市教育国际交流学术活动,承办了上海市教育学会主办的"校际连线和国际交流合作"国际教育论坛活动。

借鉴国际教育先进理念和经验的学习考察活动,对外籍学生管理和教师全球素养提升,也发挥了重要作用。伴随着对外开放,踏出国门学习先进教育经验不再是奢望,上海为教师提供了难得的学习机会,双语教学培训、英语教师培训等等,极大地促进了教学改进和质量提升。上海作为一个国际化的大都市,国际教育发展成熟,外籍人员子女学校、双语学校林立,也为我们提供了在本土向国际教育学习的机会。学校积极参与市区国际教育研修活动,2015 年加入市教委中外学校伙伴研修项目,与协和国际学校成为中外伙伴学校,从课程建设、教师专业发展、学生社团建设、学生综合评价等方面,全面学习了上海外籍人员子女学校的先进教育理念和实践经验。在浦东新区国际教育交流项目中,成为惠灵顿浦东国际教育课程联盟校,在教学研究、教师培训、生涯教育等领域形成了合作共享、成果孵化的共赢局面。学校也多次组织教师赴华二国际部、进才中学国际部、协和双语、包玉刚学校等考察学习,探讨外国学生管理经验,借鉴外籍学生教学方式。

学习成果的内化,实践经验的分享,校本研修交流活动是教师同伴互助最有效的手段。菊华院管理团队每学期精心策划设计,组织教师团队开展务实接地气的培训。班主任培训主要是管理新技能与素养提升、特色建设与亮点的分享交流,团队之间互通有无,探讨外籍学生家校合作的新思路,分享班级文化建设的心得体会,学习跨文化新技能。在教师素养提升上,通过项目活动推进培训的进度与力度,组织参加"上海市曹灿杯青少年诗朗诵大赛"、浦东新区国际学生汉语写作征文比赛的总结汇报会;组织语数英等学科教师开展国际班与国内班同异对比等教学经验分享会,摸索国际教育实施中的问题、解决方案与智慧。

在开拓国际视野,提升全球素养的同时,学校还抓住机会,对外输出教育智慧,开展双向的国际交流活动。作为中英高级别人文交流机制的重要成果之一,中英数学教师交流项目是中国与发达国家之间最大规模的教师交流项目。该项目不仅展现了上海基础教育改革的积极成效,也展现了中英互学互鉴、人文交流的丰硕成果。洋泾菊园数学教师不负众望，凭借扎实的教学功底，入选历年所有批次的中英数学教师交流活动。除了接纳英国教师到中国学校学习交流，数学教师们也远赴英国学校开展数学教学交流活动。

中英数学教师交流项目为国际交流提供了更多的机会，在中国教育国际交流中具有里程碑的意义。参与了所有年度交流活动的厉一文老师，提起交流活动感受良多。她说："上海数学关注每一个孩子数学能力和思维品质的提高。面对英国学生，需要重构数学教材，挖掘教材的优势，充实并设计具有地域特色的活动化学习过程，对教材进行增简并联，让英国小学生的数学学习更生动贴切，激发了他们学数学的兴趣。同时，我们也向英方教师学到了许多好经验，英国教学模式的具象化，信息技术的应用，充分使用学具等等，都值得我们学习。"厉老师回国后，学校也专门举办"在数学教育国际化之路上"经验分享交流会，将她在英国学到的好经验好方法分享给同伴。

成懿君老师被派遣到英国约克郡 EBOR 集团下属小学进交流，她的工作态度和专业水平得到了英方学校和集团的大加赞赏，他们表达了希望到成老师所在的上海学校来学习交流的愿望。借中英数学教师交流项目的契机，2018 年洋泾菊园实验学校与英国约克郡 EBOR 集团旗下学校签订合作意向，持续开展双方多领域的合作交流。

多元交融，愉悦创新
小留学生在菊园

2018 年开启新一轮中英数学教师合作交流

金秋时节，伴随着首届进博会的召开，洋泾菊园实验学校也再次迎来了英国教育部、英国卓越教师教学中心的尊贵客人。

上海——合作交流的起点

基于上海基础教育数学教学"注重细节，设计紧凑，相信每个学生都能学好数学"的信念，英国教育部与中国教育部再次签约，开启"中英数学教师交流项目"合作的新篇章。

菊园——合作交流的基地

洋泾菊园实验学校及 3 位数学教师再次被项目组选拔成为新一轮交流的项目学校及交流教师，这也是我校连续第五年参加项目交流工作。

2018 年英国教育标准司司长 Paul Kett 先生及卓越教师到访

第三部分
小使者从菊园走向世界

深度参与中国数学课堂

相互学习,不断进步

多元交融，愉悦创新
小留学生在菊园

英国教师体验中国教学魅力

中英数学教师共同教研

继英国教育部及卓越教师中心 VIP 的先行访问之后，8 位来自英国不同地区的中小学数学老师分两批来到洋泾菊园。他们不仅参与数学教研组活动，还每天与菊园的数学老师进行听课前和听课后的交流和讨论。

课堂——合作发展的基石

深度参与课堂教学，体验中国数学教学魅力，分享风格迥异的组织教学方法及课堂呈现方式，让中英双方老师大呼受益匪浅。

在此期间，英国数学老师还对我们的英语课、科技课、魔方拓展课、机器人、人工智能等创新实验室产生了浓厚的兴趣。

未来——合作共赢的时代

交流让我们相互学习，沟通让我们相互了解，更增进了彼此的友谊。学会合作，分享成果，不断进步是我们共同的愿望！

多元交融，愉悦创新
小留学生在菊园

中英牵手互为良师益友，取长补短实现合作共赢

2019年被网友们称为"长长久久"的一年，中英数学教师交流项目新一轮的合作又开始了。洋泾菊园实验学校厉一文、成懿君、匡莹颖三位教师跟随项目团队，再一次赴英开展小学数学交流活动。交流期间，继爱德华国王六世学校和英国EBOR教育集团与我校建立了长期合作交流关系之后，本次交流的又一所英国小学，在项目组的牵头下向我们递来了合作交流的橄榄枝。2019年真是长长久久的发展之年啊！

三位数学老师每天都要进行公开教学，开展主题教研活动并主讲，还会指导英国青年教师备课。

互为良师益友

同时她们也向英国老师学习了许多教育教学方面的特色，比如教具的使用、主题

公开教学1

第三部分
小使者从菊园走向世界

公开教学 2

公开教学 3

多元交融，愉悦创新
小留学生在菊园

公开教学 4

当地报纸报道 1

第三部分
小使者从菊园走向世界

当地报纸报道2

化教学和日常管理注重细节等等。

交流成果向社会辐射

虽然中英数学教师交流活动已经进入了第五个年头,但是英国社会各界对这个项目还是充满了热情和肯定。洋泾菊园实验学校数学老师的教学方式被 Maths Hubs 组织所认可,她们的公开教学吸引来了当地报纸电视等众多媒体的争相报道。

多元交融，愉悦创新
小留学生在菊园

3 "真正的上海数学"从菊园走向世界

你有没有听过，在全球PISA测试中，上海数学成绩能够稳居全球第一？

你有没有听过，我们中国的"九九乘法表"对世界文化做出了重大贡献？

你想不想知道，到底我们的数学魅力何在？

如何引导国际部孩子了解中国数学的成就，从而真正地喜欢上我任教的数学课呢？虽然我有着良好的英语基础，但毕竟数学课更注重学生计算能力、探究能力和逻辑思维的培养，我要怎样做才能结合上海教材和孩子们的不同文化背景来实施教学呢？

这个问题在我十年的教学经历里，时常困扰着我，同时也激励我不断地研究探索，并且寻找着答案……

直到2016年，我开始参加中英数学教师交流项目。2016年的11月，我们接待了来自英国约克的两位数学专家Helen和Janet老师。在这一周积极的探讨氛围中我们与英国老师进行着听课、评课与互动。我们就"课堂教学改进"、"学生作业设计"、"目标达成"等方面进行了交流，英国老师对菊华院的数学课赞不绝口，认为有非常多值得他们学习和借鉴的地方；同时也就英国的课程标准与我们讨论了课程结构的问题。这时我才发现，原来在国际部教授数学课，英

Windhill21, Bishops Stortford. Teachers from Shanghai visiting school to demonstrate Maths teaching techniques. l-r: Sarah-Jane Pyne (Windhill21 teacher went to Shanghai), Ms Xia Zheng, David Grant (Matrix Maths Hub), Philippa Moore (Head), Loren Carter (teacher who went to Shanghai), Ms Yi Jun Cheng, Kirsty Pettinger (

成老师中英数学交流官方报道

语关只是第一步,原来之前,我一直都在闭门造车。

后来,我有幸赴英国约克 EBOR 集团 Robert Wilkinson 小学进行为期两周的教学与研讨。我负责教学的是 YEAR 4(相当于上海的三年级学生)分数单元,对于这样整单元的教授,我们按照"真正上海数学"的单元模块设计,并按照学生的实际情况进行调整和课时的重新划分:Whole and Part(整体与部分),Unit Fraction(几分之一),Non-unit Fraction(几分之几),Comparing Fractions(分数的大小比较),The Addition and Subtraction of Fraction(分数的加减法)等。在最后的 Showcase 中,我们的"真正上海数学"的"掌握式教学"和"小步教学法"得到了英国同仁们的高度评价和认可。

在我设计的"两位数加减整十数"和"两位数加减一位数"两节课中,我运用到多种学具的结合研究方式,比如:数射线(number line)研究、小圆片(counters)研究、数条片(stripes)研究等,学生通过多种研究方式能够"掌握"知识,而不是"学会"方法或"听懂"知识。在练习设计环节,我运用到"真正的上海数学"中的部分习题,删减了重复,降低了难度,增加了层次,从而实现了真正的"小步教学法",国际生们能够在计算学习中学得有兴趣、学得扎实。

值此时机,我才感受到,"真正的上海数学"的魅力在于海纳百川、广泛汲取,精细研究、实践融合,在"真正的上海数学"海派文化影响下的数学课堂教学,既要有扎实的英语基础,更重要的是要强调基本概念和技能的多角度理解,还要有有效的师生和生生互动。

我希望,"真正的上海数学"从菊园走向世界只是第一步,我们要让"真正的世界数学"走回上海、走回菊园,才是真正得益于上海的学生、菊园的学生。路漫漫其修远兮,我们在研究学习的过程中,踏出了重要的一步,但也是微小的一步。相信在未来的日子里,我们将依托于项目,立于更高的高度,去思考"真正的世界数学"。

(小学数学教师　成懿君)

4 从摆手到携手：国际部家长委员会

近年来随着国家一带一路的战略和方针的实施，外籍人员的孩子在洋泾菊园实验学校就读率呈现上升趋势。外籍家长们的职业从专家、职业经纪人、外国驻上海商会商人、艺术家、留学生，到领事馆领事等各行各业。洋家长们的国籍多元化、行业多元化，其所受教育和文化的多元差异，对孩子的培养目标与预设各不相同，对学校的需求也各不相同，各种问题随之而来。

外籍家长中时有对学校教育教学和管理方式摆手现象，有对英语阅读读本选定持不同观点的，有对学校活动不配合的，有对中国教师教育方式不理解的等。国际部管理办公室不时地会对外籍家长类似的问题进行咨询解答、沟通处理等。透过问题表象深入分析，我意识到这不仅是文化差异的问题，也是家庭教育价值观等的差异。

外籍家长群中有这样一个特殊的群体，一群受过高等教育的洋妈妈们，她们中有硕士、博士，甚至有的是某个领域的精英和翘楚，有的为了孩子教育，成为全职妈妈，

家校携手　共育英才

她们有充裕的时间来交流孩子的学习,讨论学校的活动安排等。如一个英语外教课中,对于英语读本的选材问题就产生了矛盾——美籍家长偏向选美国出版社的阅读读本;英籍、澳籍、新加坡籍等家长认为应选英国出版社的读本;而日籍、韩籍等家长又有他们的观点。尤其是教育背景优秀的这个特殊的家长群体,更是自信满满,都想表达自我观点,想要说服他人,影响学校对读本的选定。

如何面对这样一个文化多元、教育程度有差异、个性张扬的洋家长群体,如何调用策略与方法,得到他们的认同和尊重,来解决冲突和问题?如何更好地调动家长们的积极性、借助他们的专业背景知识,和学校工作产生联动?

借助学校家委会的做法,我带领菊华院管理团队成立了洋家委会。洋家委会的故事开始了。

一、取得文化认同,打下外籍家长家校共育基石

无形却有强大影响力的文化,犹如纽带会链接人群,会让人心有归属。有了文化的认同,外籍家长就会因为一次活动、一节观摩课、一次家长会,发自内心地发现我们属于同一团队,我们一起合力在做一件有意义的事情,我们为了同一目标而在一起共事。

召开系列外籍家长会,介绍学校的办学文化和外籍学生的课程设置理念,介绍管理团队和教师团队,探讨外籍学生管理中碰到的困难和困惑及学校的思考,同时对比国际学校等其他学校在外籍学生管理、教育教学上的思路与方法;在认识、理解的基础上,逐步取得外籍家长们对学校办学理念的认同,从而达到文化认同。有了文化的认同,我们正式启动外籍家长委员会工作,从班级与年级进行推选能代表各类层面家长的家委会候选人,与自荐相结合,组织召开家委会选举会。经超过半数外籍家长同意、本人自愿后当选为校级外籍家长委员会委员,洋家委会正式成立了。

2006年成立的洋家委会第一件事就是协助学校解决英语外教阅读读本的选定。通过学校外籍学生管理团队和洋家委会的合力,召开了一次独特的外籍家长代表会议,向各班外籍家长代表展示了3类不同国家学校的英语阅读读本的特点与局限;分析了我校外籍学生的英语水平的差异性和实际问题,结合学校英语课的开设目标等,规避了原来每位外籍家长只从个人认知和个体家庭对孩子的学习需求和预设目标出发的局限性,和顺地通过学校推荐使用的英语阅读读本。洋家委会的功能逐步显现。

二、创设菊华院"求同存异,多元交融"家校文化,携手共培优秀国际学生

尊重个体,听取家委会的建议,从而推动洋家长群体在全校的接纳和包容。洋家委会是服务于每位洋家长的组织,通过尊重和平等的对话和沟通,让每位家长有机会表达真实的意愿和想法。不同的国籍、不同的文化,我们为了共同的目标,携手做了很多有意义的事情。

1. 携手参与课程

外籍家长们善于分享、乐于公益,有一些能够尽自己的能力贡献的家长,非常积极参与并提供教育资源。在学校的综合课程实施过程中,学校与洋家委会经常会携手合作,为学生提供丰富的体验与实践。比如在每年3月慈善义卖主题活动中,在职业体验日中,邀请有金融知识和职业背景的外籍家长,在活动前期开设金融课堂,普及金融知识和生活中的金融,在活动实施中给予适当的指导并提供真实的体验场所。有博物馆美术馆等馆场资源的外籍家长,在综合课程的策划和实施活动中,和学校一起联动,提供专业知识和场馆资源。

菊华苑管理团队

每年度的圣诞联欢活动暨综合课程展示活动,是菊华院最受学生欢迎、最丰富多彩的特色活动。活动需要外籍家长们的鼎力支持,而洋家委会就是最好的后援团和智囊团。他们参与学校活动策划方案,成立智囊团,分工明确,鼎力合作。他们化身为舞台布景师、道具制作者、化妆师、课程展示节目的摄影师等等,他们活跃于学校活动场景中,其乐融融。

2. 携手管理学校

洋家委会定期参加学校学期工作会议,知晓学校发展规划,共参与策划重要活动。如他们参与学期教学质量调研会,和外籍学生管理团队一起听课,和学校一起监督教学质量等等。洋家委会配合学校召集家长志愿者团队,外籍家长纷纷参与校门口的交通安全员、护导员等志愿者岗位,他们是一道多彩靓丽的风景线。

从摆手到携手,十多年的外籍家长家校共育提高了学校对外籍学生的管理效能,助力提升了教育教学水平,凝聚了外籍家长对学校的向心力,为学校、社会的和谐作出了一定的贡献。

附: 上海市洋泾菊园实验学校国际部家长委员会章程

第一章 总则

第一条 洋泾菊园实验国际部家长委员会是学校的参谋和咨询机构,是家长会议的常设机构,是家长参与学校管理的群众组织,是民主办学的重要形式,隶属上海市洋泾菊园实验学校家长委员会。

第二条 洋泾菊园实验国际部家长委员会的宗旨:团结全校学生家长,密切学校与家庭的联系,充分发挥家长对学校教育、教学工作的参谋、监督作用,宣传有关教育政策法规,加强学校的管理,把学校教育与家庭教育有机结合起来,提高外籍家长教育子女的水平,促进学校教育改革,提高教育质量,走向国际化教育的桥梁和窗口。

第二章 国际部家长委员会组织结构

第三条 外籍学生家长委员会的机构设定:小学一至五年级单独设立的国际班,中学部外籍学生群体。

第四条 国际部家长委员会的产生方法:

1. 国际部家长委员会成员由关心孩子成长,热心教育,支持学校或班级工作的我校在校国际部学生的家长组成。

2. 国际部家长委员会成员的组成必须能代表各个层面家长，由班主任或年级组推荐候选人，或家长自荐，经国际部家长选举（半数同意）产生，征求个人意见后确定，并由学校发给聘书。

第五条　国际部家长委员会成员条件

1. 了解和关心教育，懂得一定的教育规律，具有认真负责的工作态度，关心学校，能为学校的教育教学和日常管理提出意见和建议。

2. 有良好的行为表率，有比较丰富的家庭教育经验和较好的教育效果。

3. 热心听取并向学校积极反映家长们所关注的问题。

4. 能主动为学校事业的发展提供一定的支持与帮助。

5. 具有某方面特长，能为学校开辟课外教育渠道提供帮助。

6. 根据学生变动及家长委员会成员工作实绩，每年对外籍学生家长委员会成员进行调整、增补。

第三章　国际部家长委员会职责

1. 广泛搜集家长对学校办学的建议和要求，定期召开家长会议，交流家庭教育的情况和经验。

2. 通过参与学校的重大活动或组织听课等，关心、了解学校工作，对学校的办学方向、教育质量、教师工作、行政管理等方面提出建设性意见，做出适当的评价，实行必要的监督。

3. 大力支持学校工作，对学校开展的重大教育、教学活动提供可能的帮助，做好学校与家长的协调工作。

4. 配合学校用正确的教育思想、方法去影响家长、影响社会，使家庭教育、社会教育、国际化教育与学校教育相一致。协调学校与社区、家庭以及国际间的重大关系，增强教育的整合力。

5. 力所能及地协助学校解决办学中的问题和涉外问题，向有关部门反映情况，争取支持，不断改善办学条件。

6. 每学期召开大约两次的工作会议，提出并研究学期工作计划，期末做出总结。

第四章　附则

1. 国际部家长委员会办公室设在国际部办公室。
2. 国际部家长委员每年为一届，可连任，学生毕业离校后卸任。
3. 本章程在全体委员会议通过之日起生效，在实践过程根据实际情况，经讨论可对本章程进行修改和补充。

（校长助理兼国际部主任　浦咏晴）

多元交融，愉悦创新
小留学生在菊园

2019—2020 中英数学教师交流项目举办

"6 是两个 3，9 是 3 个 3"……随着孩子们清脆的童声，数学知识在趣味的教学活动中得到了传授，海派课堂的风格也给前来交流的英国教师留下了深刻的印象。

2019—2020 年中英数学教师交流项目于近日举办。从 11 月 11 日起的两周时间里，来自英国的 107 名中小学数学教师将分别走进上海中小学数学课堂，感受海派教学的风格与魅力。

作为中英高级别人文交流机制的重要成果之一，中英数学教师交流项目是中国与发达国家之间最大规模的教师交流项目。该项目不仅展现了上海在基础教育改革理念、措施、方法等方面的积极成效，也展现了中英互学互鉴、人文交流的丰硕成果。据介绍，本次交流项目是历年来沪交流的英国教师和专家数量最多的一次。在 11 月 11

英国数学教师观摩中国数学课堂

日的启动仪式上,英国教育部基础教育司司长安德鲁·麦卡利指出,该项目给英国的学生及学校带来了真正的改变,"7岁儿童数学能力得到了明显提升",部分学校七7岁学生的数学水平已接近期望值。日前,英国已尝试在中小学中推广上海的数学教学方法,预计到2023年,将辐射近1.1万所英格兰学校。本次来沪交流期间,英国教师共走进上海市9个区的中小学数学课堂,全方位开展教学交流。12日下午,英国教师来到教研交流的第一站浦东洋泾菊园实验学校。青年教师殷嘉滢为二年级的小学生们带来"3、6、9的乘法之间的关系",向英国教师展现了上海信息化数学教学以及同伴互助教研模式的成果。

课堂上,学生们分成一个个小组,采用圆桌讨论的形式,与教师距离更近,能和同学展开更多的交流。同时引入iPad进课堂,通过传统学具演示和信息技术并重的方式,学生们可以直接在屏幕上用动画展现乘法的演算过程,更清晰地了解3、6、9之间的倍数关系。

中英教师教研互动

信息技术的加入对于传统教学方式产生了突破和冲击，学生可以即时与教师展开互动，通过网络系统进行互联，学生与学生之间也可以更多地互动。教师能在第一时间接收到学生的反馈，了解学生的学习进度和想法，更能激发学生的学习热情以及小组的合作精神。教学方式具有趣味性，使得孩子们获得知识的途径更多样化，也更加符合小学生从具体思维到抽象思维的转变过程。

英国教师在旁听的过程中认真记录了自己的想法与感受，与在场的学生以及老师进行了互动，充分参与课堂之中，在课后还提出了自己的问题与建议。

与此同时，英国教师还参加了数学教研组举行的教研活动。洋泾菊园实验学校的数学教研组组长吴剑鹰告诉记者，本次活动的一大特色在于向英国教师展现中国同伴互助的教学模式。据了解，中国教师往往采用集体教研的模式，首先由教师进行独立备课，再通过试教听取其他教师的意见，进行备课组研讨，从而继续改进、精益求精。

在教研活动上，洋泾菊园实验学校的老师首先介绍了教研活动的意义和流程，然后对于殷嘉滢老师本次的试教进行了点评，向她提出了鼓励与建议，充分展现了中国学校日常化的教学状态，给在场的英国教师留下了深刻的印象。

今年是洋泾菊园实验学校第四次参与中英数学教师交流互访项目，提起之前交流的感受，曾多次参与其中的厉一文老师说自己收获良多。"英国的教学模式在具象化上做了很多的尝试，他们对于信息技术的运用以及学具的使用都非常有特色，值得我们进行学习，这样的互学互鉴会带来共惠双赢的效果。"

据洋泾菊园实验学校校长王涣文介绍，借着中英数学教师交流项目的契机，2018年洋泾菊园实验学校与英国约克郡的 EBOR 集团旗下学校签订了合作意向，未来将会继续开展双方合作，为中英两国的教学实践作出更多的贡献。

此后两周里，上海师范大学还组织上海数学教师代表与英国教师共同参加模拟数学课堂的工作坊，并就中英数学课堂教学进行深入讨论。2020 年 2 月底，上海将陆续分派出 70 名小学数学教师及 24 名中学数学教师赴英格兰的中小学，在展现海派数学课堂魅力的同时，学习英国数学教学的精华所在。

近年来，英国积极推动与中国的教育交流。中英数学教师交流项目自 2014 年执行至今，如今已步入了第六个年头。教育部中外人文交流中心副主任杨晓春表示，希望两国教育交流能够更加深入,也期待越来越多的英国教师以及社会各界人士积极参与到中英人文交流行动中,让教育合作的成果惠及两国更多的青少年学生,推动中英人文交流务实发展。

  (本文为人民网上海2019年11月26日报道,作者朱悦洁、姜泓冰)

6 英国教师走进洋泾菊园实验学校，感受这里的魅力课堂

11月12日下午，上海市洋泾菊园实验学校迎来一批特殊的客人。他们是来沪参加中英数学教师交流项目的几位英国教师，此行的目的就是来了解上海的数学教育。走进洋泾菊园实验学校二年级的教室，一片片柠檬黄铺面而来，在11月份的深秋天气，传递出一份属于夏天的活泼泼的气息。

柠檬黄来自孩子们的校服背心，也来自教室里错落有致排布的课桌。这间宽敞洁净的教室一共摆放了8张桌子，7张属于孩子们，右后方的一张则围坐着参加中英数学教师交流项目的几位英方教师。课桌从形状、颜色到造型都很像柠檬，只不过划分柠檬的不是丝丝络络，而是一个个梯形，共同拼成合作学习的"柠檬课桌"。

上海市洋泾菊园实验学校教师殷嘉滢执教数学课现场

今天数学课的主题是"2、4、8的乘法之间的关系""3、6、9的乘法之间的关系"。执教的殷嘉滢老师利用相同长度但不同格子数量的条片,巧妙地导入2、4、8之间的乘法关系。不同颜色的格子构成一个"格子群",若干格子群相连接拼成相同长度的条片。有了颜色鲜明、具体可感的格子作为学具,又有教师层层深入的引导,学生们很快就在轻松的氛围中领悟到了 2(个数)×4(绿格子)= 4(个数)×2(红格子)= 8(个数)×1(黄格子)。

随后,课堂进入合作探究的"跳格子游戏"环节。学生们每6人一组,每2人配对开始在 iPad 上忙活了起来。每3格一跳、每6格一跳、每9格一跳,一组组、一对对跳得不亦乐乎。有的组发现3格跳和6格跳有重合,有的组发现3格跳、6格跳、9格跳都会跳到数轴上的18处。

此时,旁听的英方教师们早已按捺不住,纷纷走到各张桌子旁边,俯身观察孩子们的小组活动,轻声提出问题,并不时发出赞叹之声。

中英数学教师交流项目始于2014年,上海学子在经合组织的 PISA 项目中的优秀成绩,引起国际瞩目。英国设立专项资金,在中小学推广"上海掌握教学模式"(Shanghai

英国教师观摩,与中国师生互动

中英教师一起交流研讨

Mastery Model for Teaching and Learning),覆盖了5 000所英国当地学校。通过该项目,已吸引多批英国数学教师前来交流。其中,英国教师们最关注的两个点就是如何营造活跃、有吸引力、主动学习的课堂氛围;以及如何以教师的集体备课、观课和评课的机制,打造这样的主动学习课堂。

据悉,洋泾菊园实验学校是首批参加中英数学教师交流项目的学校,总共四次接待了来访英方教师。学校数学组建立了成熟的教研机制,从独立学习(听课、阅读、实践、反思)、备课组交流(基于问题的交流、反思、学习)到教研组主题研讨,教师们逐渐从个人的积累、思考阶段过渡到越来越大群体之间的探讨和分享。

洋泾菊园实验学校的这节数学课不仅呈现了学生合作学习的魔力:生动、活跃、投入的课堂,更有力地展示了课堂背后教研组主动学习带来的集体智慧。

在英国教师看来,从中可梳理出一个教师版的主动学习(Active Learning)的经典策略——思考—配对—分享(Think-Pair-Share)的清晰过程。正是因为有了教师的主动学习,才会呈现出洋泾菊园实验学校这样的学生主动学习、气氛活跃的课堂,不但有利于学生对数学概念的理解,还强化了对他们高阶思维的培养。这样的课堂正契合了柠檬黄传递的第一印象：活泼。

11月11日，来自英国的107位中小学数学教师在上海师范大学开启了2019—2020年中英数学教师交流项目的学习、分享之旅。11月12日是本此交流活动的第二站。英方教师们在课后的教学研讨会上，由衷表达了对洋泾菊园实验学校以教师的集体智慧打造主动学习课堂的赞赏。而上海教师则通过交流，了解了英国数学教育的特色亮点。

据悉，此后两周，英国教师们还将走进上海市更多的中小学数学课堂，全方位开展教学交流活动。明年2月底，上海还将陆续派出70名小学数学教师及24名中学数学教师赴英格兰中小学开展为期2周的数学教学实践与交流活动。

（本文转自上海市教委新闻办上海教育，2019年11月13日）

7　中英教育深入合作：交流，原来可以改变这么多

　　12月6日上午，由中国教育部主办，上海市教委、上海师范大学和英国文化教育协会、英国大使馆文化教育处承办的中英基础教育论坛在上海举行。此次论坛以"加强中英合作提升教育质量"为主题，是中英高级别人文交流机制第四次会议的配套活动之一。

　　论坛上，来自中英双方的官员、学者、中小学校长和教师代表就基础教育问题讨论热烈。论坛之外，中英校际连线、汉语桥英国中小学校长访华、中英数学教师交流等活动收获颇丰。中英教育合作正迎来前所未有的"黄金时代"。

从小学到大学，合作更加多元与深入

　　2000年开始的"中英校际连线"项目，已经促成了超过70对中英区域伙伴关系以

中英基础教育论坛现场

及超过1 000对中英校际合作伙伴关系;2007年启动的"汉语桥英国中小学校长访华"项目,已有超过500名英国中小学校长通过该项目对中国中小学进行深度访问,并发展校际友好合作关系。

以上海为例,上海与英国教育合作近年来发展势头良好,目前上海与英国有近30个合作办学项目。在上海与利物浦、大伦敦和金融城三个友好城市的合作框架下,双方开展了一系列教育领域内的师生交流、学术论坛等活动。自2009年至今,利物浦市已连续8年选派学生参加"上海国际友好城市青少年夏令营"活动。截至2015年底,在上海高校学习的英籍留学生人数达1 086人。

2014年,英国与上海正式启动中英数学教师交流项目,作为中英高级别人文交流机制的一部分,英国和上海分别选拔数学教师,派至对方学校进行短期数学教学工作,并接受专业发展培训。这一项目由上海市教育委员会、上海师范大学、英国国家教学与领导力学院、英国卓越数学教学中心共同实施。

除了将经验带到英国,我们的基础教育也在升级

3年来,中英双方共互派370多名数学教师。今年11月7日,第三批70多名英国小学数学教师来到上海,开展了为期12天的教学交流。他们先在上海师范大学参加一天专业培训,然后走进43所小学数学课堂,现场听课、参加备课研讨以及模拟数学课堂工作坊。

上海教师的示范教学已经在英国中小学校引起教学变革,英国将上海的"数学教学模式"定名为"上海掌握数学模式"。今年7月,英国政府宣布,未来4年中将投入4 100万英镑,继续开展这一交流项目,并让英格兰8 000所中小学参与学习上海数学教育经验。

中英数学教师交流项目也为上海的中小学校打开了一扇面向世界、走向世界的窗,拓展了上海教师对教育改革的视野和思考。

"我们基础教育也在不断变革。"上海师范大学教授张民选说,"从今年9月起,上海小学中高年级语、数、外不再进行分数评价,全面实行'等第制',就是为了遵循学生身心发展规律和教育规律,回归育人本源。"

多元交融，愉悦创新
小留学生在菊园

中英基础教育论坛现场

交流让双方更清楚地认识自己，带来更多机会

就在中英基础教育论坛召开的前一天，英国教育大臣贾斯蒂·格里宁访问了上海市洋泾菊园实验学校和东华大学，考察上海基础教育和高等教育。"这不仅是教育领域的合作，更是民众之间的合作，双方在教育政策上的交流和实际教育过程中的创新将带来更多发展机会。"格里宁说。她表示，未来的交流合作可以拓宽到更广领域、更高层次，比如高校之间的合作。

在东华大学，格里宁参观了服装创意专业学生作品展，并为东华爱丁堡创意中心揭牌。12月6日，中英高级别人才交流机制大会举行的当天，由清华大学、复旦大学、英联邦大学联盟共同主办的"中英大学人文对话"论坛也在上海成功举办；"中英高等教育人文联盟"倡议启动仪式同期举行；复旦大学与伦敦政治经济学院签署合作协议，建立两校战略伙伴关系，共建复旦伦敦政经全球公共政策学院，并计划于2017年正式启动实质性办学。

"从更多层次、更广泛的交流中,我们能更清楚地看到自己的优势,也了解到自身的不足。"张民选说,"我们也在不断反思,所有这些变革都是一个长期过程,通过开放交流逐渐完善。"

(转摘自《人民日报》,2016年12月7日,记者:郝洪)

后　记

记录着上海市洋泾菊园实验学校菊华院发展与愿景的《多元交融，愉悦创新——小留学生在菊园》一书终于付梓了，手捧着厚厚的书卷，想到在领导、专家的指导下，管理团队、任教外籍学生老师们的支持下，按照既定计划完成了本书的出版，内心充满了深深的感恩之情；同时收获到的坚持的力量也会成为我继续在办学实践中探索创新的动力！

在社会上，很多人都以为，国际教育就是中国学生学习外国课程、接受外国学校教育。其实，国际教育还有另一种形式，就是外国学生学习中国本土课程、接受中国学校的教育。

洋泾菊园实验学校就是这样一所接收外国小留学生在上海学习本土课程的中国义务教育公办学校。当社会上对国际教育的理解还不够全面的时候，我曾经常、反复地进行解释，我们的国际教育对象虽然是外国学生，但我们不开设外国课程，他们跟中国孩子一样学习中国本土课程。但大多数人还是不能清楚、全面地了解。

这也许就是我编著这本书的初衷。一是要消除大家的误会，不要片面地以为，国际教育就是中国学生学习外国课程；外国学生学习中国课程也是国际教育，洋泾菊园就是样本学校。二是满足许多人的好奇心，回答大家都会问的一个问题：你们是怎样让完全没有中文基础的洋娃娃，融入中国学校的学习生活的，中国老师又是怎样教这些小留学生的。

在国家加快和扩大教育对外开放的新形势下，洋泾菊园的国际教育新形式，也引起了媒体的高度关注，《上海教育》杂志于 2020 年 6 月，以"小留学生在菊园"为主题，头版头条进行了报道，详细介绍了外籍学生在菊园接受中国教育的情况。2020 年 10 月的上海教育博览会上，浦东教育对外开放展示的典型事例，就是洋泾菊园外籍学生学习中国本土课程，并引起了社会及媒体的广泛关注，与会嘉宾、著名学者鲍鹏山教授的点评是:这在当代中国具有开创性的意义和价值。

小留学生选择洋泾菊园就读,首先是学校的地理位置在陆家嘴国际社区,方便外籍学生就近入学;但更重要的是,洋泾菊园的办学理念和育人目标,切合了外籍学生的发展需要。我期望通过此著作,呈现办学理念与教育实践的完美结合,展现理念在实践中怎样开花结果。所以,这是一本分享集,教育理念引领学校面向世界、面向未来,开拓国际理解教育的新视野,创新国际学生教育的新形式,丰富国际交流活动的新主题等,具有前瞻性;这也是一本成果集,反映了洋泾菊园实验学校扎根中国大地办国际教育的全新探索,勇于挑战砥砺前行的实践自觉等,具有真实性;这又是一本案例集,一个个生动的育人故事,描绘了"菊华院"的洋菊宝们在老师的呵护下健康茁壮地成长的故事,具有可读性。

灵感来自经验,思想源于实践。进入到了最后的校对阶段,再次翻阅一篇篇教师的经验案例,一章章管理团队的课程设计,一幅幅生动的学生作品和活动照片,这些亲切的文字和画面,真实地记录着每一个"小留学生在菊园"愉悦成长的难忘经历,见证了"菊华院"从诞生到发展的昨天和今天,也憧憬和预示着它美好的未来。

让我感到无比欣慰自豪的是,小留学生在菊园,成就了菊华院的诞生发展,成就了菊园教师的成长发展,也成就了学校的办学品牌特色。从一两个小留学生,到成百上千个;从解决就近读书问题,到慕名而来;从一个汉字都不认识,到成为小小"中国通";有教无类、因材施教,多元交融、愉悦创新,传统与现代理念交相呼应,我们始终以积极乐观的态度,直面困难和挑战,用开拓创新的智慧,教别人没有教过的学生,做别人没有做过的事情。我们扎根中国大地办国际教育,我们用文化自信讲好中国故事。

撰文至此,感激之情溢满字里行间。我要代表学校,感谢在菊园小留学生工作中,给予我们大力支持的各位领导和朋友们。感谢时任浦东新区教育局长尹后庆先生,大力扶持菊园直接境外招生工作,让菊园成为基础教育对外开放、先行先试的排头兵;感谢田志明校长,带领学校创新实践,开启了新国际教育的先河。特别要感谢的是,菊华院管理团队从无到有、锐意进取的精神,菊园教师团队不怕困难、与时俱进的精神;是你们在国际部教育教学探索中实践了学校的办学目标、理念,将学校多年的办学理念实践升华到新的教育教学境界与高度,奠基了本书的出版,成就了菊园的精彩! 在此,对所有参加本书案例和成果分享的老师们表示诚挚的谢意!

由于缺乏经验，此书的编著过程中，我们也遇到了许多困难。幸运的是，华东师大的李宝敏教授、张丹教授，华东师大出版社的彭呈军老师，给予了我们悉心的专业指导；谭淑云老师夜以继日不辞辛苦，指导每一位老师和整本书的文稿修改。邓喆、浦咏晴、虞吉、厉一文、袁渊、丁丽等老师，一遍遍组织教师梳理成果、撰写案例、整理书稿、对接出版社；谢晓晨、冯源、岳秋等老师帮助老师们记录和整理案例等等。

即将搁笔之际，思想感情的潮水在内心澎湃着，今天挥笔泼墨重温学校成长之路，明天我们又将唱响学校未来的发展之歌。

王涣文

2021 年春　于上海浦东